プリント形式のリアル過去問で本番の臨場感！

宮城県公立高等学校

2025年春受験用　解答集

本書は，実物をなるべくそのままに，プリント形式で年度ごとに収録しています。
問題用紙を教科別に分けて使うことができるので，本番さながらの演習ができます。

■　収録内容

・解答集（この冊子です）

書籍ＩＤ番号，この問題集の使い方，最新年度実物データ，教科別入試データ解析，
解答例と解説，ご使用にあたってのお願い・ご注意，お問い合わせ

・2024（令和６）年度 ～ 2022（令和４）年度　学力検査問題

・リスニング問題音声《オンラインで聴く》　詳しくは次のページをご覧ください。

○は収録あり	年度	'24	'23	'22		
■ 問題(第一次募集)		○	○	○		
■ 解答用紙		○	○	○		
■ 配点		○	○	○		
■ 英語リスニング音声・原稿		○	○	○		

全教科に解説
があります

注）国語問題文非掲載:2023年度の第二問

問題文の非掲載につきまして

著作権上の都合により，本書に収録している過去入試問題の本文の一部を掲載しておりません。ご不便をおかけし，誠に申し訳ございません。

本文の一部を掲載できなかったことによる国語の演習不足を補うため，論説文および小説文の演習問題のダウンロード付録があります。弊社ウェブサイトから書籍ＩＤ番号を入力してご利用ください。

なお，問題の量，形式，難易度などの傾向が，実際の入試問題と一致しない場合があります。

教英出版

JN131983

■　書籍ＩＤ番号

リスニング問題の音声は，教英出版ウェブサイトの「ご購入者様のページ」画面で，書籍ＩＤ番号を入力してご利用ください。

入試に役立つダウンロード付録や学校情報なども随時更新して掲載しています。

書籍ＩＤ番号　194506

（有効期限：2025年9月30日まで）

【入試に役立つダウンロード付録】

「ラストチェックテスト(標準／ハイレベル)」

「高校合格への道」

【リスニング問題音声】

オンラインで問題の音声を聴くことができます。

有効期限までは無料で何度でも聴くことができます。

■　この問題集の使い方

年度ごとにプリント形式で収録しています。針を外して教科ごとに分けて使用します。①片側，②中央のどちらかでとじてありますので，下図を参考に，問題用紙と解答用紙に分けて準備をしましょう（解答用紙がない場合もあります）。

針を外すときは，けがをしないように十分注意してください。また，針を外すと紛失しやすくなりますので気をつけましょう。

① 片側でとじてあるもの

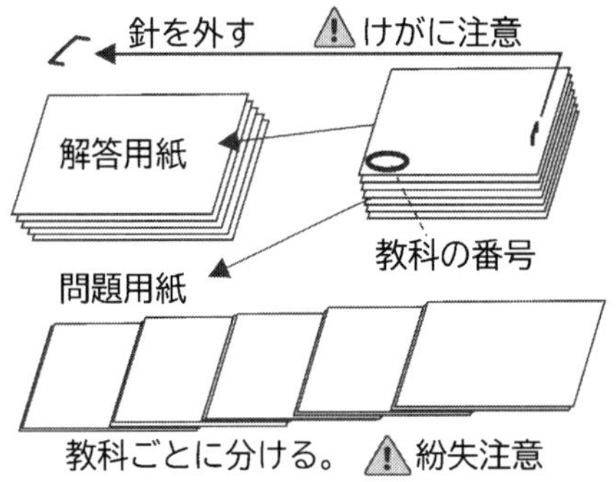

② 中央でとじてあるもの

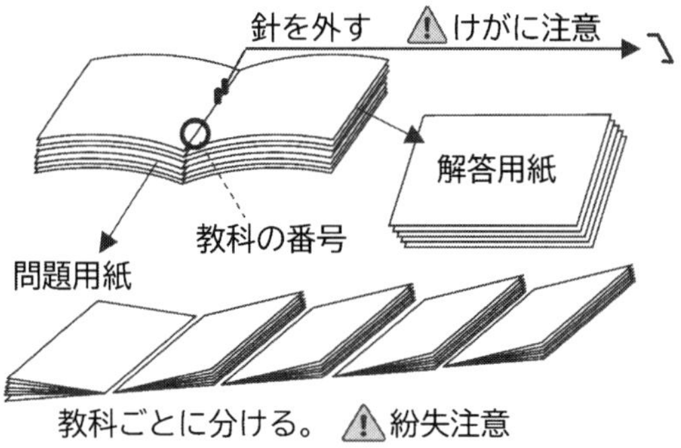

※教科数が上図と異なる場合があります。
解答用紙がない場合や，問題と一体になっている場合があります。
教科の番号は，教科ごとに分けるときの参考にしてください。

■　最新年度　実物データ

実物をなるべくそのままに編集していますが，収録の都合上，実際の試験問題とは異なる場合があります。実物のサイズ，様式は右表で確認してください。

問題用紙	Ａ４冊子(二つ折り)
解答用紙	Ａ３プリント(問題表紙裏)

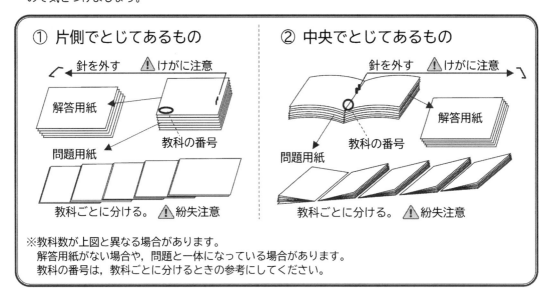

宮城県　公立高校入試データ解析　国語

分野別データ			2024	2023	2022
大問の種類	長文	論説文・説明文・評論	○	○	○
		小説・物語	○	○	○
		随筆・紀行文			
	古文・漢文		○	○	○
	詩・短歌・俳句				
	その他の文章		○	○	○
	条件・課題作文		○	○	○
	聞き取り				
漢字・語句	漢字の読み書き		○	○	○
	熟語・熟語の構成				○
	部首・筆順・画数・書体		○	○	
	四字熟語・慣用句・ことわざ			○	○
	類義語・対義語				
文法	品詞・用法・活用				
	文節相互の関係・文の組み立て				○
	敬語・言葉づかい				
文章の読解	長文	語句の意味・補充			
		接続語の用法・補充			
		表現技法・表現の特徴	○	○	○
		段落・文の相互関係			
		文章内容の理解	○	○	○
		人物の心情の理解	○	○	○
	古文・漢文	歴史的仮名遣い	○		
		文法・語句の意味・知識	○	○	○
		動作主			
		文章内容の理解	○	○	○
	詩・短歌・俳句				
	その他の文章		○	○	○

形式データ	2024	2023	2022
漢字の読み書き	7	6	6
記号選択	11	13	14
抜き出し	4	4	2
記述	8	6	7
作文・短文	1	1	1
その他		1	1

2025 年度入試に向けて

2024 年度は，大問が六題だった。第一問で漢字の読み書きや漢字に関する知識などを問われ，第二問として，話し合いをもとに発言の意図などを問う問題が出された。第三問は小説で，心情の読み取りが中心だが，表現に関する問いも出題されていた。第四問は論説文。例年，長文問題の設問では，字数指定のある記述問題が出されている。第五問の古典は，和歌を中心とした内容だった。歴史的仮名遣いや古典知識なども復習しておこう。第六問は作文で，字数は例年どおり 160～200 字だった。過去問を使って，短時間で簡潔に考えをまとめる練習をしておこう。

宮城県 公立高校入試データ解析 数学

分類		2024	2023	2022	問題構成	2024	2023	2022
式と計算	数と計算	○	○	○	小問	[1] 1～5．計算問題 7．平方根の大小 [2] 4．碁石の個数と規則性	[1] 1～6．計算問題 素因数分解 [2] 4．連続する自然数と規則性	[1] 1～6．計算問題 [2] 3．連立方程式または1次方程式の文章問題
	文字式	○	○	○				
	平方根	○	○	○				
	因数分解	○						
	1次方程式	○	○	○	大問			
	連立方程式		○	○				
	2次方程式		○	○				
統計	データの活用	○	○	○	小問	[3] 1．箱ひげ図	[1] 8．[2] 3．	[2] 4．ヒストグラム
					大問			
	確率	○	○	○	小問	[2] 1．さいころを2回	[3] 1．座標と三角形	[3] 1．7個の球
					大問			
関数	比例・反比例	○	○	○	小問	[1] 6．反比例 [2] 3．放物線と直線 [3] 2．文章問題	[1] 7．直線，双曲線 [2] 2．文章問題 [3] 2．座標平面上の三角形の面積	[1] 7．反比例 [2] 1．放物線と直線 [3] 2．1次関数の文章問題
	1次関数	○	○	○				
	2乗に比例する関数	○	○	○				
	いろいろな関数							
	グラフの作成	○		○	大問			
	座標平面上の図形	○	○					
	動点，重なる図形							
図形	平面図形の性質	○	○	○	小問	[1] 8．回転体の体積 [2] 2．円と角度	[2] 1．おうぎ形の面積と弧の長さ	[1] 8．角度，三角形 [2] 2．円すいの体積と体積比
	空間図形の性質	○		○				
	回転体	○						
	立体の切断							
	円周角	○		○	大問	[4] 平面図形 三角形	[4] 平面図形 台形と三角形	[4] 平面図形 円と三角形
	相似と比	○	○	○				
	三平方の定理	○	○	○				
	作図							
	証明	○	○	○				

2025年度入試に向けて

大問３は問題文が長いので，下線を引くなどして条件を整理しながら読んでいこう。読み取りさえ間違わなければ計算自体は単純である。大問４の最後の問題はかなりの難問なので，時間をかけ過ぎないようにしよう。大問１と２は基礎問題が多いので，ここで確実に点を積み重ねよう。

宮城県　公立高校入試データ解析　社会

分野別データ		2024	2023	2022	形式データ	2024	2023	2022
地理	世界のすがた	○	○	○	記号選択	4	6	5
	世界の諸地域 （アジア・ヨーロッパ・アフリカ）	○	○		語句記述	1	1	2
	世界の諸地域 （南北アメリカ・オセアニア）			○	文章記述	2	1	1
	日本のすがた	○	○	○	作図			
	日本の諸地域 （九州・中国・四国・近畿）			○	計算	1		
	日本の諸地域 （中部・関東・東北・北海道）	○	○					
	身近な地域の調査							
歴史	原始・古代の日本	○	○	○	記号選択	7	8	6
	中世の日本	○	○	○	語句記述	3	2	1
	近世の日本	○	○	○	文章記述	1	1	2
	近代の日本	○	○	○	並べ替え	1	1	2
	現代の日本		○	○				
	世界史	○	○	○				
公民	わたしたちと現代社会	○	○	○	記号選択	7	5	7
	基本的人権		○	○	語句記述	1	2	2
	日本国憲法				文章記述	2	3	2
	民主政治	○	○	○				
	経済	○	○					
	国際社会・国際問題			○				

2025年度入試に向けて

記号選択と文章記述の割合が高く，単語を書くことがあまりない。つまり，一つ一つの語句を覚えるのではなく，語句とそれに関連する項目まで覚えて，文章記述の対策をすることが必要である。また，地理の資料読み取りは，２つ以上の資料を読み取って判断する問題が多い。資料のもつ意味をしっかり把握し，間違っている部分や正しい部分について自信をもって指摘できるように，日頃から資料集や教科書を読むことをおすすめする。

宮城県 公立高校入試データ解析 英語

分野別データ		2024	2023	2022
音声	発音・読み方			
	リスニング	○	○	○
文法	適語補充・選択	○	○	○
	語形変化			
	その他			
英作文	語句の並べかえ	○	○	○
	補充作文	○	○	○
	自由作文	○	○	○
	条件作文			
読解	語句や文の補充	○	○	○
	代名詞などの指示内容	○	○	○
	英文の並べかえ	○	○	○
	日本語での記述	○	○	○
	英問英答	○	○	○
	絵・表・図を選択	○	○	
	内容真偽	○	○	○
	内容の要約	○	○	○
	その他			

形式データ			2024	2023	2022
リスニング	記号選択		7	7	7
	英語記述		1	1	1
	日本語記述				
文法・英作文・読解	読解	会話文	1	1	1
		長文	1	2	2
		絵・図・表	2	1	1
	記号選択		13	12	12
	語句記述		2	3	3
	日本語記述		2	2	2
	英文記述		5	5	5

2025年度入試に向けて

ここ数年は問題の形式に大きな変化はない。様々な角度から英語の力をはかる問題がバランスよく出題されている。語句や文を入れる問題や，絵を選ぶ問題など，記号問題であっても正確な読解力がなければ解答を導き出せない問題が多い。過去問を必ずやって慣れておこう。第五問では，自分の考えを書く英作文が出題される。与えられた条件を守り，自信のある表現で書こう。今後は自分の考えを英語で表現する力がより求められるだろう。

宮城県　公立高校入試データ解析　理科

分野別データ		2024	2023	2022	形式データ	2024	2023	2022
物理	光・音・力による現象	○		○	記号選択	21	21	20
	電流の性質とその利用	○	○	○	語句記述	4	6	6
	運動とエネルギー		○		文章記述	3	3	4
化学	物質のすがた	○			作図	1	1	2
	化学変化と原子・分子		○	○	数値	4	4	4
	化学変化とイオン	○	○	○	化学式・化学反応式	1	0	1
生物	植物の生活と種類	○		○				
	動物の生活と種類	○	○	○				
	生命の連続性と食物連鎖	○	○					
地学	大地の変化		○	○				
	気象のしくみとその変化	○	○					
	地球と宇宙	○		○				

2025 年度入試に向けて

どの分野からもまんべんなく出題されている。苦手な分野や単元がある場合は，早い段階で克服できるように意識して勉強していこう。答えとなる内容は，基本的なものが多いので，教科書の重要語句やその周辺の内容をしっかり覚えるだけで，十分に対応できるだろう。教科書の問題を理解するまで繰り返し解くといった練習も有効だろう。似たような問題でも繰り返し解くことで，解く力が確実に定着し，本番でのミスが減ることも期待できる。また，色々な練習問題にふれて，作図する，計算する，説明するといった練習をしておくことも大切である。わからなければ，解答や解説をよく読み，自分の力で解くことができるようになるまで何度でも練習してみよう。

宮城県公立高等学校

《2024　国語　解答例》

第一問　問一．①つつ　②す　③りんかく　④垂　⑤綿密　⑥仲裁　　問二．簡潔　　問三．エ

第二問　問一．ア　　問二．ウ　　問三．取り組むのであれば　　問四．イ　　問五．エ　　問六．それてしまった話題を元に戻す

第三問　問一．ウ　　問二．㈠腕も気立て　㈡男が人の髪を結うことは、変な目で見られ、からかわれることだ
問三．ア　　問四．いくらなんでも先走りすぎだ　　問五．信念を持って床山の仕事に取り組み、よく知らない自分にも誠実に向き合う床芝への憧れが強まったから。

第四問　問一．㈠エ　㈡画風が似ている　　問二．目の網膜に映ったままの、世界の光景を光と色の点に分解した
問三．五感で感じる世界　　問四．自分の脳にも未知の可能性があり、芸術家と同じように、世界をとらえることができるということを知った驚き。　　問五．ウ

第五問　問一．たまいける　　問二．イ　　問三．エ　　問四．暦どおりに、夏のはじまりの日に鳴くことをやめた

第六問　（１字あける）「テレビ」と「スマートフォン・携帯電話」の割合が圧倒的に高い。私と私の家族はスマートフォンで情報を得ることが多いので、「テレビ」の割合の高さが意外だった。毎日の生活に必要な情報は、すばやく楽に入手したいので、この結果は実感としてよく分かる。しかし、情報に対して自分の考えを深めたい時には、じっくり向き合える「新聞」が有効だと思う。それぞれのメディアの特徴を生かした使い方をするのがよいと考える。

《2024　数学　解答例》

第一問　１．-14　　２．$\frac{5}{3}$　　３．$3a-2b$　　４．-9　　５．$(x-3)(x-7)$　　６．$y=-\frac{18}{x}$　　７．エ
８．51π

第二問　１．⑴$\frac{5}{36}$　⑵$\frac{7}{18}$　　２．⑴93　⑵$\frac{13}{6}\pi$　　３．⑴$(-4,\ 8)$　⑵$\frac{9}{2}$　　４．⑴32　⑵(ア)11　(イ)288

第三問　１．⑴C　⑵すべての組の中央値が 340 秒より小さく，各組において，340 秒以内の記録であった生徒が少なくとも 20 人ずついることがわかるから。
２．⑴右グラフ　⑵(ア)３分 20 秒後　(イ)990

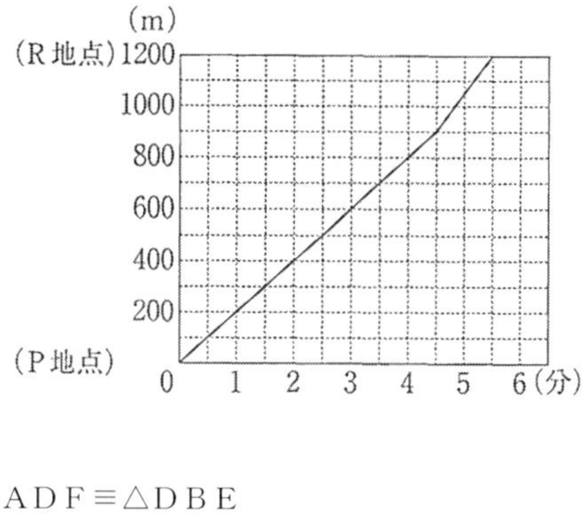

第四問　１．５
２．△ADFと△DBEにおいて
仮定から　AF＝DE…①
点Dは辺ABの中点であるから　AD＝DB…②
仮定から　AF//DE
平行線の同位角は等しいから　∠FAD＝∠EDB…③
①，②，③より，２組の辺とその間の角がそれぞれ等しいから　△ADF≡△DBE
３．⑴$\frac{32}{5}$　⑵$\frac{24\sqrt{7}}{5}$

―《2024　社会　解答例》

第一問　1．⑴エ　⑵ア　　2．エ　　3．⑴イ　⑵殖産興業

第二問　1．⑴ウ　⑵ウ　⑶イ　　2．ア　　3．インドでは，人口増加が続き，1人あたり国内総生産が上昇するなかで，国内での自動車の需要が高まり，その需要に応じ，国内販売向けの自動車の供給が増え，自動車産業が成長している。

第三問　1．ウ　　2．イ　　3．ウ→イ→ア　　4．日米修好通商条約　　5．琉球王国は，明への渡航が多く許可された利点をいかし，自国の産品と他国の産品を用いて朝貢貿易を行い，そこで得た明の産品を日本や東南アジア諸国と交易する中継貿易により栄えた。

第四問　1．⑴家計　⑵ア　　2．ウ　　3．イ　　4．消費者は，法律で定められた基準にしたがって事業者が表示した情報をもとに，安全性や健康への影響を検討した上で，安心して食品を購入できる。

第五問　1．ウ　　2．オ　　3．エ　　4．盆地　　5．東北地方の内陸部を南北に貫く高速道路から，東西方向や沿岸部へ網目状に広げることで，東北地方の都市間の結びつきを強め，移動時間の短縮や交流の活性化などが期待されている。

第六問　1．ア　　2．ニューディール　　3．イ　　4．ウ　　5．高齢化や核家族化が進行するなかで，介護が必要な高齢者やその家族を支援し，社会全体で支えるしくみを整え，介護が必要な高齢者が，適切なサービスを受けられるようにする。

―《2024　英語　解答例》

第一問　問題1．1番…イ　2番…ウ　　問題2．1番…ア　2番…エ　　問題3．1番…イ　2番…ウ　3番…エ
問題4．You should talk a lot with your classmates in Japanese.

第二問　1．⑴イ　⑵ア　⑶ウ　　2．⑴ウ→ア→エ→イ　⑵イ→オ→ア→エ→ウ　　3．⑴ウ　⑵ア

第三問　1．ア　　2．She started to practice *shogi* more and learn different skills.　　3．佳奈美が努力をしたことによって，以前より強くなったと思ったから。　　4．エ→ア→オ→ウ→イ　　5．connect with various people

第四問　1．エ　　2．メニューが日本語で書かれていて，料理の写真がなかったために，日本語を読めないジャックが料理を選べなかったこと。　　3．What are you going to do　　4．⑴He went to Kyoto.　⑵Because it reminded her of her favorite scene in the anime.　　5．⑴エ　⑵イ　⑶ア　⑷ウ

第五問　Yes, I do.　School backpacks are very strong, so they can be used for a long time.　Other types of bags are not as strong as school backpacks.

―《2024　理科　解答例》

第一問　1．⑴ア　⑵エ　⑶ウ　　2．⑴有機物　⑵イ　⑶エ　　3．⑴飽和水蒸気量　⑵①イ　②ウ　⑶ア
⑷①音の伝わる速さは，光の速さに比べて，遅いから。　②エ　③ウ

第二問　1．惑星　　2．ア　　3．イ　　4．⑴ア　⑵ウ

第三問　1．アルカリ性　　2．H_2O　　3．ア　　4．硝酸カリウムの溶解度が小さくなり，とけきれなくなった分が出てくるから。　　5．4.5

第四問　1．ウ　　2．エ　　3．⑴ウ　⑵遺伝子の組み合わせがａａであるめしべの一部が，遺伝子の組み合わせを変えずに成長し，果肉になったから。　　4．イ

第五問　1．①ア　②エ　　2．0.05　　3．⑴右図　⑵150　⑶25：4

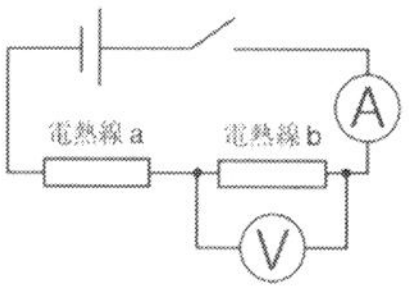

《2024　国語　解説》

第一問

問三　行書で書かれた漢字は「湯」と「茶」。ａの部分は「氵」(さんずい)、ｂの部分は「艹」(くさかんむり)。

第二問

問一　「アンケートがさらによいものになるよう」と話し合いのねらいを述べ、「これから～について話し合うよ」と話題を提示している。よって、アが適する。

問四　――線④の直前で「『頻度』という言葉は一年生には難しいかもしれないね」と対象者の語彙力を考慮し、――線④で「改めることで、質問内容が正しく伝わると思うよ」と正確な回答を得るための提案であることを語っている。よって、イが適する。

問五　「私も～という考えには賛成だよ」と賛同したうえで、「選択肢に『その他』を追加して～というのはどうかな」と工夫できることを加えている。よって、エが適する。

第三問

問一　――線①の前行で「あ。変なこと言ってしまったかも」と思っている。つまり、「変なこと」を言ってしまったことを謝ろうとしたのである。「変なこと」とは何か。それは、靖成《やすなり》が床芝《とこしば》に「若関《わかぜき》～が変わったのは、床芝さんのおかげでもあるんじゃないか」「床芝さんが毎日一生懸命髷《まげ》を結って～思いが伝わったから、あの人も優しくなったのかな」などと言ったことである。「若関だけでなく床芝のことも～ほとんど知らない」のに、差し出がましいこと、生意気なことを言ってしまったかもしれないと思ったのだ。この内容に、ウが適する。

問二㈠　――線②の直後の段落で、ここで気づいた内容が「昔、床山の仕事に惹《ひ》かれたのは～腕も気立てもいい、床芝に憧れたからだ」と語られている。　㈡　――線②の２段落後で「床山への関心を捨てた、過去の自分が～恥ずかしくなってくる。『変』とからかわれるのが嫌だなんて」と思っていることに着目する。この「『変』とからかわれる」が具体的にどういう意味か、靖成が床芝に「男性なのに髪を結ぶ仕事に就くの？　みたいな、変な目で見られることって、なかったのかなーって」と聞いていることからわかる。

問三　靖成に寄り添った、靖成に近い「三人称の視点から描かれている」。「相槌《あいづち》を打つのも忘れて～聞き入っていた」は、「一心に聞く」様子だと言える。よって、アが適する。

問四　「気づけば、言葉が勝手に口から飛び出していた」とあることからもわかるように、床芝に「床山になるには、どうしたらいいんですか？」と聞いた自分に、自分でも驚いたということ。――線④に続けて「床山になるにはどうしたらいいかなんて。いくらなんでも先走りすぎだ」と思っていることから抜き出す。

問五　「ちっとも形が崩れていなかった～丁寧に書かれた字」が、床芝の人柄を物語っていたということ。会話を通して靖成が憧れたのは、この文字に象徴される、床芝のどのような人柄かを読みとる。「『俺は相撲が好きだから、他の道は考えられなかった～』～床山としての矜持《きょうじ》(誇り・自負)が表れているかのような～きっぱりした口調だった」「『これ、俺んちの電話番号～渡しとく』～『別に今すぐじゃなくていい～本気で思ったらかけてくれ。俺が面倒見てやるから」などから、床山の仕事に対する信念や、関わる相手に対する誠実さが読みとれる。

第四問

問一㈠　――線①の直前で「画家は、たんに～描くのではない～問題なのは、人間は世界を『どう見ているか』ということだ」と述べていることから、絵画からわかるのは、エの「画家が世界をどのようにとらえているか」だと読みとれる。　㈡　本文５段落目で「セザンヌとモネ～このふたりの画家は、ほぼ同時代に活動したせいか、画風が似ている」と述べている。

問二　――線②の３段落後で「モネ～脳や目の生理学的な働きなど知らなかっただろうが、なぜか世界がそう見えることを察知し～そのような絵を描いた」とまとめていることに着目する。「世界がそう見える」については、――線②のある段落で「目のなかにある『網膜』に映った像を、そのまま～描いた」、その２段落後で「モネは、世界を光と色の点に分解する～モネには、そう見える～網膜に映るのは、そんな光景である」と述べている。

問三　――線③の９行前に「セザンヌは～画家の直感でそう考え」とあることに着目し、「そう」が指す内容を読みとる。それは、その直前の段落で「人は『目』だけで世界を見ているのか～人は～耳で聞いて、手でふれて、と五感を使ってこの世界を生きている。そこから『視覚』だけ取り出して～不自然ではないか。五感で感じる世界を、絵という視覚表現に集約する。それこそが、世界のあるがままの姿ではないか」と語られている。

問四　――線④の直前の「それ」が指す内容を読みとる。それは、「画家の『ものの見方』～それと同じ能力が自分のなかにもあることを知った驚き～まだ知らなかった自分の可能性に出会って、そうしたものが自分のなかにあることを知る」驚きである。この内容をまとめる。

問五　最初に「画家は、たんに～描くのではない～問題なのは、人間は世界を『どう見ているか』ということだ」「絵画は～脳の『実験レポート』なのだ」と自分の見解を述べ、「セザンヌとモネ」を対比的に取り上げて、「では人はなぜ～だろうか」「その『なにか』とは、なにか」「しかしぼくたちは、本当に～だろうか」などの問いかけを重ね、「芸術家とは～『脳の可能性』をつかみとって、作品というかたちにする人間である」「まだ知らなかった自分の可能性～自分のなかにあることを知る。それが芸術の感動というものの正体だ」とまとめている。この構成に、ウが適する。

第五問

問一　古文で言葉の先頭にない「はひふへほ」は、「わいうえお」に直す。

問四　夏がはじまる「四月一日」に、今日はもう鶯《うぐいす》が鳴かないということを詠《よ》んだ歌。春は昨日終わったばかりなのに、鶯は春の間しか鳴かないと決めているかのようにぱたりと鳴かなくなったと、寂しく思っているのである。鶯は春の鳥で、別名を「春鳥《はるどり》」「春《はる》告《つ》げ鳥《どり》」という。

〔【Ⅰ】の和歌の内容〕

> 春が来ると、山にも野にもうぐいすが鳴くよ

〔【Ⅱ】の物語の内容〕

> 先帝のご時世に、四月一日に、うぐいすが鳴かないことを歌にお詠ませになられた時、公忠《きんただ》が、
> 　春はつい昨日終わったばかりなのに、うぐいすが決めているかのように鳴かない今日であるなあ
> と詠んだのであった。

《2024　数学　解説》

第一問

2　与式$=\frac{7}{3}-\frac{2}{3}=\mathbf{\frac{5}{3}}$

3　与式$=\frac{6a^2b}{2ab}-\frac{4ab^2}{2ab}=\mathbf{3a-2b}$

4　$2(a+7b)-8b=2a+14b-8b=2a+6b$　　$a=-5$，$b=\frac{1}{6}$を代入して，
$2\times(-5)+6\times\frac{1}{6}=-10+1=\mathbf{-9}$

5　積が21，和が-10である２つの整数を探すと，-3と-7が見つかるから，与式$=\mathbf{(x-3)(x-7)}$

6　**【解き方】反比例の式は$y=\frac{a}{x}$，または$xy=a$と表せる。**
$xy=a$に$x=-2$，$y=9$を代入して，$a=-18$となる。よって，反比例の式は，$\boldsymbol{y=-\frac{18}{x}}$

7　$\frac{7}{\sqrt{7}}=\frac{7\sqrt{7}}{7}=\sqrt{7}$，$3=\sqrt{9}$だから，$\sqrt{7}<\sqrt{9}<\sqrt{10}$より，**エ**の$\frac{7}{\sqrt{7}}<3<\sqrt{10}$が正しい。

8　**【解き方】回転体は右図のように，①大きな円柱から②小さな円柱をくり抜いた立体になる。**

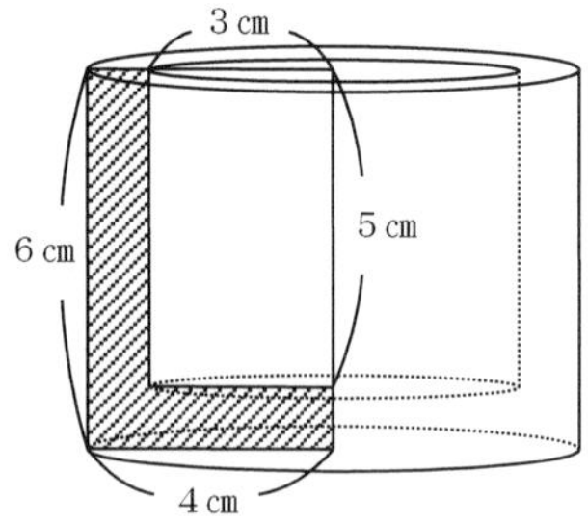

①の円柱は底面の半径が4cm，高さが6cmの円柱であり，②の円柱は底面の半径が3cm，高さが5cmだから，求める体積は，$4^2\pi\times6-3^2\pi\times5=$**51π**(cm³)

第二問

1⑴　**【解き方】さいころを2回投げる問題では，表1のようにまとめて考えるとよい。**

さいころを2回投げたときの目の出方は全部で6×6＝36(通り)ある。そのうち条件にあう出方は表の○印の5通りだから，求める確率は，$\boldsymbol{\frac{5}{36}}$である。

表1
さいころの目の和

		b					
		1	2	3	4	5	6
a	1	2	3	4	5	⑥	7
	2	3	4	5	⑥	7	8
	3	4	5	⑥	7	8	9
	4	5	⑥	7	8	9	10
	5	⑥	7	8	9	10	11
	6	7	8	9	10	11	12

表2

		b					
		1	2	3	4	5	6
		b＋1					
		2	3	4	5	6	7
a	1	☆	☆	☆	☆	☆	☆
	2	☆		☆		☆	
	3		☆			☆	
	4			☆			
	5				☆		
	6					☆	

⑵　**【解き方】$\frac{b+1}{a}$の値が整数になるのは，aがb＋1の約数になるときである。**

aがb＋1の約数になるのは，表2の☆印の場合だから，
条件に合う出方は14通りある。よって，求める確率は，$\frac{14}{36}=\boldsymbol{\frac{7}{18}}$

2⑴　**【解き方】三角形の1つの外角は，これととなり合わない2つの内角の和に等しいことを利用する。**

ＯＢ＝ＯＣより，△ＯＢＣは二等辺三角形だから，∠ＯＣＢ＝∠ＯＢＣ＝28°
よって，∠ＢＣＥ＝∠ＯＣＢ＋∠ＯＣＥ＝28°＋37°＝65°
△ＣＥＢにおいて，三角形の外角の性質より，∠ＡＥＣ＝∠ＥＢＣ＋∠ＢＣＥ＝28°＋65°＝**93°**

⑵　**【解き方】右図のように補助線ＯＤを引く。**

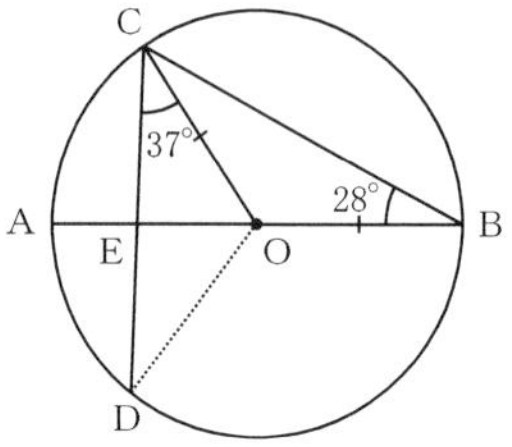

同じ弧に対する中心角の大きさは，円周角の大きさの2倍だから，
∠ＤＯＢ＝2∠ＤＣＢ＝2×65°＝130°である。
よって，小さい方の$\overset{\frown}{DB}$の長さは，$2\pi\times3\times\frac{130}{360}=\boldsymbol{\frac{13}{6}\pi}$(cm)

3⑴　**【解き方】Ａ，Ｂはy軸について対称な点である。**

Ａは放物線$y=\frac{1}{2}x^2$上の点だから，Ａのy座標は$x=4$を放物線の式に代入して，
$y=\frac{1}{2}\times4^2=8$となる。よって，Ａ(4，8)だから，Ｂ(**－4，8**)である。

⑵　**【解き方】Cのx座標をp(0＜p＜4)とおき，DC，CAの長さについて，それぞれpを用いて表す。**

ＣとＤはy軸について対称だから，Ｄのx座標は－ｐである。よって，ＤＣ＝(ＣとＤのx座標の差)＝ｐ－(－ｐ)＝2ｐ
ＣＡ＝(ＡとＣのx座標の差)＝4－ｐだから，ＤＣ＝ＣＡより，2ｐ＝4－ｐ　　$p=\frac{4}{3}$
よって，Ｃのy座標は放物線$y=ax^2$の式に$x=\frac{4}{3}$を代入して，$y=a\times(\frac{4}{3})^2=\frac{16}{9}a$となり，これが8と等しいから，$\frac{16}{9}a=8$より$a=\boldsymbol{\frac{9}{2}}$である。

4⑴　3回目の【操作】後，碁石は右図のように並ぶので，新たに24個置いた。つまり，【操作】を1回目，2回目，3回目，…と行うと，碁石の個数は8個，16個，24個，…と，8個ずつ増えていく。よって，4回目の【操作】で新たに置く碁石は24＋8＝**32**(個)

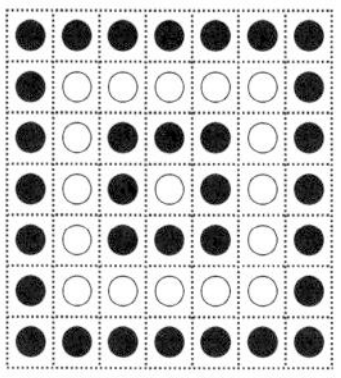

⑵　**【解き方】⑴より，n回目の【操作】で新たに置く碁石は8n個である。**

(ア)　新たに88個の碁石を置いたとき，８ｎ＝88よりｎ＝11となるから，**11回目**である。

(イ)　黒い碁石を置くのは１回目，３回目，５回目，７回目，９回目，11回目の【操作】であり，置く個数は８×２＝16(個)ずつ増えていく。よって，８＋24＋40＋56＋72＋88＝**288(個)**である。

第三問

1(1)　最小値が最も小さい組は**Ｃ組**で，220秒以上240秒未満の階級に含まれる。

(2)　４つの組の生徒数はすべて40人だから，中央値は，40÷２＝20より，小さい方から20番目と21番目の値の平均である。４つの組の中央値はすべて340秒未満だから，どの組も小さい方から20番目の記録は340秒未満である。よって，４つの組全体では，少なくとも20×４＝80(人)は340秒以内の記録だったことがわかる。

2(1)　洋平さんが計画どおりに走ると，Ｐ地点からＱ地点までは900÷200＝4.5(分)，Ｑ地点からＲ地点までは(1200－900)÷300＝１(分)かかるから，Ｐ地点を出発してから4.5＋１＝5.5(分後)にＲ地点に着く。

よって，グラフは３点(０，０)(4.5，900)(5.5，1200)を，この順に直線で結べばよい。

(2)(ア)　**【解き方】グラフを利用して，２人がすれちがうのは，洋平さんがＰＱ間，ＱＲ間のどちらを走っているときかを求める。**

明さんが計画どおりに走ると，Ｒ地点を出発してから，1200÷250＝4.8(分後)にＰ地点に着く。また，明さんがＰ地点に着いたのは，洋平さんが出発してから5.5＋0.5＝６(分後)なので，明さんが出発したのは，洋平さんが出発した６－4.8＝1.2(分後)である。よって，グラフは右のようになり，２人がすれちがうのは，洋平さんがＰ地点とＱ地点の間を走っているときだとわかる。洋平さんが出発してから，ｔ分後に２人がすれちがうとすると，

200ｔ＋250(ｔ－1.2)＝1200　　これを解いて，$t=\frac{10}{3}=3\frac{1}{3}$だから，

３分($\frac{1}{3}$×60)秒＝**３分20秒後**にすれちがう。

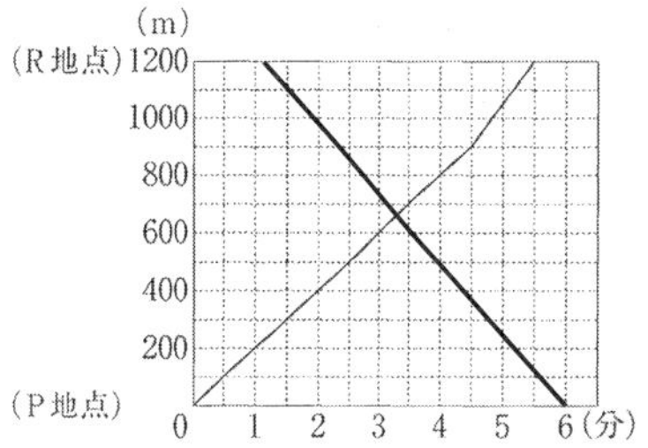

(イ)　Ｐ地点から明さんまでの距離が300ｍのとき，明さんは出発してから(1200－300)÷250＝3.6(分)走った。したがって，洋平さんは出発してから1.2＋3.6＝4.8(分)走ったので，Ｑ地点に着いてから4.8－4.5＝0.3(分)走った。よって，Ｐ地点から洋平さんまでの距離は，900＋300×0.3＝**990(ｍ)**

第四問

1　Ｄ，ＥはそれぞれＡＢ，ＡＣの中点だから，中点連結定理より，ＤＥ＝$\frac{1}{2}$ＢＣ＝**5(㎝)**である。

2　まず，問題文の仮定を図にかきこんで，証明のために必要な条件を探そう。条件が足りない場合は，問題の内容に応じて，図形の性質，平行線の同位角・錯角などからわかることもかきこんでみよう。

3(1)　**【解き方】△ＣＧＥと△ＡＣＦの相似比を利用して求める。**

∠ＣＧＥ＝∠ＡＣＦ，ＡＦ//ＢＣより，∠ＥＣＧ＝∠ＦＡＣだから，△ＣＧＥ∽△ＡＣＦである。

ＥはＡＣの中点だから，ＣＥ＝$\frac{1}{2}$ＡＣ＝４(㎝)，ＡＦ＝ＤＥ＝５㎝より，ＣＧ：ＡＣ＝ＣＥ：ＡＦ

ＣＧ：８＝４：５　　これを解くと，ＣＧ＝$\frac{32}{5}$(㎝)となる。

(2)　**【解き方】高さが等しい三角形の面積比は，底辺の長さの比と等しいことを利用し，△ＡＢＣと△ＡＧＥの面積比を求める。**

△ＡＢＣと△ＡＧＣで，底辺をそれぞれＢＣ，ＧＣとしたときの高さが等しいから，△ＡＢＣ：△ＡＧＣ＝ＢＣ：ＧＣ＝10：$\frac{32}{5}$＝25：16である。よって，△ＡＧＣ＝$\frac{16}{25}$△ＡＢＣ

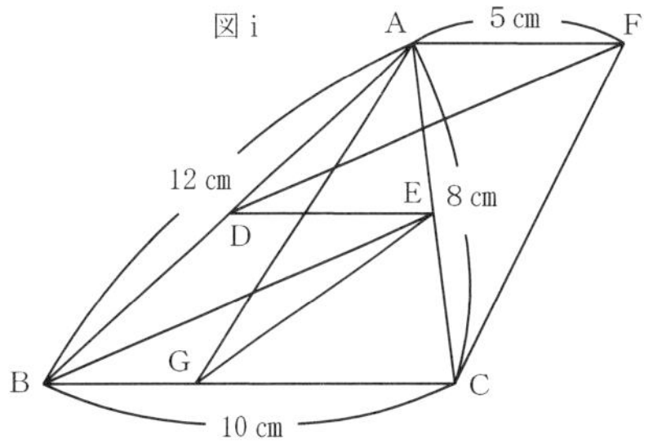

△ＡＧＣと△ＡＧＥで，底辺をそれぞれＡＣ，ＡＥとしたときの高さが等しいから，△ＡＧＣ：△ＡＧＥ＝２：１である。

よって，$\triangle AGE=\frac{1}{2}\triangle AGC=\frac{1}{2}\times\frac{16}{25}\triangle ABC=\frac{8}{25}\triangle ABC$…㋐

図ii

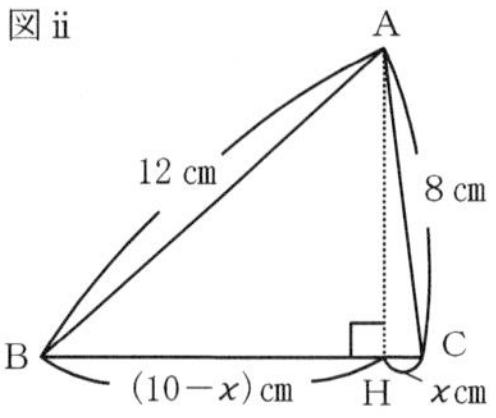

次に，図iiのように，ＡからＢＣに垂線を引き，交点をＨとする。

ＣＨ＝$x$cmとすると，ＢＨ＝ＢＣ－ＣＨ＝$10-x$(cm)となる。

AH^2について，三平方の定理より，$AB^2-BH^2=AC^2-CH^2$

が成り立つから，$12^2-(10-x)^2=8^2-x^2$　　これを解いて，$x=1$

△ＡＣＨにおいて，三平方の定理より，$AH=\sqrt{8^2-1^2}=3\sqrt{7}$(cm)となるから，

$\triangle ABC=\frac{1}{2}\times10\times3\sqrt{7}=15\sqrt{7}$(cm²)…㋑である。㋐，㋑より，$\triangle AGE=\frac{8}{25}\times15\sqrt{7}=\frac{24\sqrt{7}}{5}$(cm²)

《2024　社会　解説》

第一問

1(1)　エ　　アは内閣，イは国会，ウは市中銀行の役割。　**(2)**　ア　　日本銀行が行う経済政策を金融政策といい，国債を売買する公開市場操作が一般的に行われる。不景気のときは市場に出回る通貨量を増やすために国債を市中銀行から買い，好景気のときは市場に出回る通貨量を減らすために国債を市中銀行に売る。

2　エ　　ア．飛鳥時代末期～平安時代。イ．平安時代～鎌倉時代。ウ．室町時代。

3(1)　イ　　福沢諭吉は，『学問のすゝめ』『西洋事情』などを著し，欧米の思想を紹介した。アは徳川慶喜，ウは井上馨・大隈重信など，エは大隈重信・原敬など。　**(2)**　殖産興業　　フランス人のお雇い外国人ブリューナの指導のもと，官営模範工場として富岡製糸場が建設された。

第二問

1(1)　ウ　　経度差15度で１時間の時差が生じる。日本は東経135度の経線を標準時子午線としているので，日本とダッカの経度差は 135－90＝45(度)，時差は 45÷15＝３(時間)になる。東経の値の大きい日本の方が時刻は進んでいるので，ダッカの時刻より３時間進んだ８月 10 日午前 11 時に電話をかければよい。　**(2)**　ウ　　アはメソポタミア文明，イはエジプト文明，エは中国文明。　**(3)**　イ　　夏の季節風は海洋から大陸に向けて，冬の季節風は大陸から海洋に向けて吹くため，夏に雨が多く冬に乾燥する場合が多い。

2　ア　　イ．誤り。スリランカの食料品工業の出荷額は 272×0.357＝97.104(億ドル)，インドの食料品工業の出荷額は 12966×0.15＝1944.9(億ドル)だから，インドの方が多い。ウ．誤り。パキスタンの工業出荷額全体に占める食料品工業の割合は25.5%，繊維工業の割合は28.3%だから，繊維工業の割合の方が大きい。エ．誤り。スリランカとパキスタンの工業出荷額全体の合計は272＋1075＝1347(億ドル)で，インドの工業出荷額の１割(1296.6億ドル)より多い。

3　資料Ｃから，インド国内で生産された自動車のほとんどが国内で販売されていることを読み取る。資料Ｄから，インドでは人口増加が続き，それとともに１人あたり国内総生産も増えていることを読み取る。１人あたり国内総生産が増えれば，経済的に自動車を買うことができる人が増えることになる。資料Ｅから，インドでの自動車生産台数と自動車販売台数が急激に増えていることを読み取る。

第三問

1　ウ　　武士として初めて太政大臣に就いた平清盛は，大輪田泊を修築し，海路の安全を厳島神社に祈願して，日宋貿易を進め，巨額の富を得た。

2　イ　　チンギス＝ハンが建国したモンゴル帝国は，孫のフビライのときに国号を元と変え，都を大都とした。

3　ウ→イ→ア　　ウ(1613 年)→イ(1637 年)→ア(1641 年)　　禁教令→スペイン船の来航禁止→日本人の海外渡航・帰国の禁止→島原・天草一揆→ポルトガル船の来航禁止→オランダ商館を出島に移転する，の順番を覚える。

4　日米修好通商条約　　大老の井伊直弼は，朝廷の許可を得ずに日米修好通商条約を結び，函館・横浜(神奈川)・新潟・神戸(兵庫)・長崎の５港が開かれた。また，日本に関税自主権がなく，アメリカの領事裁判権を認めた日本に不利な不平等条約であった。

5　明は朝貢形式での貿易のみを許していて，琉球王国はその回数が日本などより多かったことを読み取る。琉球の人々は季節風を利用して大きな船を乗りこなし，中国の陶磁器や日本の刀剣などを東南アジアに運んだり，こしょうや染料などの東南アジアの珍しい産物を東アジアに運んだりした。

第四問

1(1)　家計　　家計の役割には，モノやサービスの消費と，企業への労働力の供給などがある。

(2)　ア　　消費税は，税金を納める人と負担する人が異なる間接税であり，同じ金額の商品を購入した場合，所得が低い人ほど，所得に占める税金の割合が高くなる逆進性の問題がある。

2　ウ　　ア，イ，エは国会の役割である。

3　イ　　アは消費者契約法の内容，ウはクーリング・オフの内容，エは契約自由の原則の内容。

4　必要な情報の提供を受けたうえで，選択の機会を確保しつつ，安全の確保ができることを盛り込んでいく。

第五問

1　ウ　　平等院鳳凰堂は，11 世紀の中ごろに藤原頼通によって建てられた。浄土の教えが流行する中，藤原頼通は，この世に極楽浄土を再現しようとして平等院鳳凰堂を建てた。法隆寺は飛鳥時代，正倉院は奈良時代，東大寺南大門は鎌倉時代にそれぞれ建てられた。

2　オ　　由利本荘市は，冬の降水量が多くなる日本海側の気候である。北上市と釜石市は，ともに夏の降水量が多くなる太平洋側の気候であるが，内陸部の北上市の方が降水量は少なく冬の冷え込みが厳しくなる。

3　エ　　ア．誤り。秋田県と山形県の米の産出額の合計は 876＋701＝1577(億円)で，東北地方全体の米の産出額は 389＋460＋634＋1577＋574＝3634(億円)だから，半分以上ではない。イ．誤り。福島県の野菜と果実の産出額の合計は 431＋297＝728(億円)で，福島県の農業産出額全体の 728÷1913×100＝38.0…(%)である。ウ．誤り。岩手県の畜産の産出額は，岩手県の農業産出額全体の 1701÷2651×100＝64.1…(%)と７割を超えていない。

4　盆地　　「内陸部の山に囲まれた」から盆地と考える。

5　東北地方を縦断する高速道路が設けられ，そこから東西方向に道路が延び，東北地方の都市を結び付けていることを読み取る。

第六問

1　ア　　18～19 世紀の世界の工場はイギリス，21 世紀の世界の工場は中国である。

2　ニューディール　　世界恐慌に対して，アメリカはニューディール政策，イギリスやフランスはブロック経済で乗り切ろうとした。ニューディール政策では，公共事業の拡大や農業生産の調整が行われた。

3　イ　　精神的・物理的障がいを取り除いた状態をバリアフリーという。ワーク・ライフ・バランス…仕事と生活のバランスに配慮すること。リサイクル…廃棄物を分別して再資源化すること。インフォームド・コンセント…患者への病気の告知や治療方針の説明をすること。

4　ウ　　アは公的扶助，イは社会福祉，エは社会保険。

5　高齢化が進む中で，深刻化する介護の問題を社会全体で解決するために，公的介護保険制度が導入された。

《2024　英語　解説》

第一問

問題１　１番　「ピクニックのために昼食と飲み物を持参する必要があります。晴れるので傘は必要ありません」より，イが適切。

２番　「今日，私は午後３時に本を読み始めました。私はそれを１時間読み，その後30分間ピアノを弾きました」より，ウが適切。

問題２　１番　亜美「私は英語でレポートを書いたよ。放課後に確認してくれない？」→ニック「いいよ。どこで待ち合わせする？」→亜美「あなたの教室はどう？」の流れより，ア「いいね」が適切。

２番　ニック「やあ，亜美。聞いてよ。昨日いいことがあったよ」→亜美「それは何？」→ニック「駅で有名な俳優を見たんだ」の流れより，エ「へえ，その俳優は誰なの？」が適切。

問題３　【放送文の要約】参照。

１番　質問「誰がエマと一緒に市内の動物園に行きますか？」…イ「彼女のホストファミリー」が適切。

２番　質問「『Night Zoo』が開催されるとき，市立動物園は何時に閉園しますか？」…ウ「午後８時」が適切。

３番　質問「裕也について正しいことはどれですか？」…エ「彼はエマから市立動物園のイベントについて聞きました」が適切。

【放送文の要約】

裕也：エマ，市立動物園のホームページを見ているの？

エマ：うん。1番イ実は，来週の土曜日にホストファミリーと一緒にそこに行くつもりなの。その時に，「Night Zoo」というイベントに参加するよ。とても楽しみ。

裕也：すごいね。僕は以前，友達と行ったことがあるけど，そのイベントは知らなかったな。

エマ：動物園はいつも，午前９時30分から午後５時まで開いているよ。でも，2番ウイベント期間中は午後８時まで開いているの。だから，夜に動物を見て楽しむことができるよ。

裕也：いいね。僕も行きたいな。3番エ他に何か知ってる？

エマ：ええ。3番エ来園者はツアーに参加できるよ。ツアーでは，スタッフが動物園を案内し，夜に動物がどうやって過ごすかについて話すの。

裕也：とてもいいね！僕は彼らから話を聞きたいな。家族にそのイベントのことを伝えるよ。僕も行けるかも。

エマ：行けるといいね。ツアーは午後６時に始まるよ。

裕也：わかった。ありがとう，エマ。

問題４　「私はみなさんからアドバイスをもらいたいです。一生懸命日本語を勉強していますが，うまく話せません。私は本当に日本語を上達させたいです。日本語を上達させるために日常生活で何をすればいいですか？」…(例文)「あなたはクラスメートと日本語でたくさん話すべきです」など，自分の考えを英語で答える。

第二問

1(1)　サナ「デイビッド，素敵なギターを持っているね。どうやって手に入れたの？」→デイビッド「兄が使っていたものを僕にくれたんだよ」の流れ。give＋もの＋to＋人「(人)に(もの)をあげる」を使った過去の文にする。イが適切。

(2)　子「窓を開けたけどまだ部屋の中が暑いね」→父「じゃあ，窓を閉めてエアコンをつけよう」の流れ。エアコンなどの電化製品のスイッチを入れるときは，turn on ～「～をつける」を使う。アが適切。

(3)　オリバー「今日の数学の試験の準備はできている？」→レン「うん，今週たくさん勉強したよ」の流れ。be ready for ～「～の準備ができている」より，ウが適切。

2(1)　How many students are there in your class?：数を尋ねる表現は〈How many＋名詞の複数形 ～?〉を使う。students の後ろは are there のように疑問文の語順にする。　(2)　The cake you bought me was delicious.：cake と you の間に関係代名詞が省略されていて，〈省略された関係代名詞(＝which/that)と語句(＝you bought me)〉が後ろから名詞(＝cake)を修飾する形にする。　・buy＋人＋もの「(人)に(もの)を買う」

3(1)　「もし生徒がＡＬＴと一緒に料理してみたいなら，彼らは(　　)に参加すべきです」…チラシの表の Class C「クッキーを作ってティータイムを楽しむ」より，ウが適切。　(2)　「イベントでは，生徒は(　　)」…チラシの上部の四角い枠の中の TIME「午後１時から午後４時」より，ア「午後にクラスに参加するでしょう」が適切。イ「ＡＬＴと×日本語で話さなければならない」…チラシの表の下，１つ目の・「イベント中は英語で話さなければなりません」より，正しくない。　ウ×「ＡＬＴからメールを受け取るでしょう」…チラシにそのような記述はない。　エ×「自分たちの制服を着用しなければならない」…チラシにそのような記述はない。

第三問　【本文の要約】参照。

1　「そのメンバーである」という内容から，３文前のア the local shogi club「地元の将棋愛好会」を示すことがわかる。

2　「佳奈美は初めての将棋大会の後に何をし始めましたか？」…第２段落５行目の I need to practice shogi more and learn different skills「もっと将棋を練習して，さまざまな技術を身につける必要がある」の I need to を She started to に変えて答える。

3　下線部②直前の So「だから」に着目する。理由は So の直前に書かれている。So の直前の１文を日本語でまとめる。なお，because ～「なぜなら～」の直後に理由が書かれていることも覚えておこう。

4　エ「佳奈美は公民館の将棋愛好会に通い始めました」→ア「佳奈美は初めて将棋大会に参加しました」→オ「佳奈美は将棋愛好会が開催した大会で２勝しました」→ウ「佳奈美は将棋愛好会が開催した大会の３回戦で敗れました」→イ「佳奈美は将棋愛好会の後輩たちをサポートし始めました」

5　「素敵なスピーチをありがとう。あなたはいろいろな人とつながり(＝connect with various people)，彼らと共に学べるから，将棋愛好会はすばらしいところだと言っていたよね。私もあなたの愛好会のような素敵な場所を見つけたいな」…第３段落７行目から，connect with various people を抜き出す。

【本文の要約】

こんにちは，みなさん。今日は私の好きな場所，地元の将棋愛好会についてお話しします。子どもからお年寄りまで，さまざまな年齢のメンバーがいます。私たちは月に２回，地元の公民館で顔を合わせます。4エ私は小学校５年生の時からそのメンバーです。

私が愛好会に通い始めた時，30 人のメンバーがそこで将棋をしていました。将棋の知識が豊富で，他のメンバーに将棋のやり方を教えてくれる人もいました。彼らの助けのおかげで，メンバー全員が愛好会を楽しんでいました。その年，愛好会で最強の棋士を決める大会が開催されました。4ア私にとって初めての将棋大会でした。最善を尽くしましたが，初戦で負けてしまいました。その時，私は「もっと将棋を練習して，さまざまな技術を身につける必要がある」と実感しました。私は大会後にそのことを始め，メンバーは私をサポートしてくれました。年配のメンバーが新しい技術を教えてくれたり，年下のメンバーが対局の練習をしてくれたりしました。私は少しずつ将棋が上手になりました。

６年生の時，私は再び愛好会が開催する大会に参加しました。4オ２勝できてうれしかったです。多くのメンバーが「よくやったね！」と言ってくれてうれしかったです。しかし，4ウ３回戦で山田さんに負けてしまいました。彼はよく私に将棋を教えてくれていた年配のメンバーでした。対局後，彼は「3佳奈美さん，努力の結果，以前より強くなったね。だから，もし君が努力を続ければ，今以上に技術が向上し，次の対局では勝つことができるよ」と言ってくれました。私はそれを聞いて自信がつきました。そして私は「メンバーがサポートしてくれたからすごく成長できた」と実感しました。愛好会のおかげで5いろいろな人とつながる(＝connect with various people)ことができ，彼らはさまざまなことを教えてくれました。年齢差は大きな壁にはなりませんでした。愛好会とそのメンバーは私にとって大切な存在でした。

今，私は中学生です。4イ私は愛好会で後輩たちの将棋の練習を手伝うようになりました。私はそこでメンバー間の架け橋になって，メンバーの幸せそうな顔をずっと見ていたいです。

第四問　【本文の要約】参照。

１　ルーカスの体験談の第１段落４～５行目に，we chose our favorite word and write it in kanji「私たちは好きな言葉を選んで漢字で書きました」とあるので，エ「彼は好きな言葉を漢字で書きました」が適切。

２　下線部②の直後の２文を日本語でまとめる。

３　直後の応答「町を見て回るつもりです」より，日本人の男性は「明日は何をするつもりですか？(＝What are you going to do tomorrow?)」などで尋ねたと考えられる。

４⑴　質問「ルーカスは日本を訪れた時，どの都市に行きましたか？」…ルーカスの体験談の第１段落１行目より，京都に行ったことがわかるので，He went to Kyoto.と答える。　⑵　質問「なぜリーは，美しい夕焼けを見た時うれしかったのですか？」…リーの体験談の第１段落４～５行目より，アニメの中のお気に入りのシーンを思い出したからである。　・remind＋人＋of～「(人)に～を思い出させる」

５　【奈央とソフィアの会話の要約】参照。

⑴　それぞれの体験談からエ「ユニークな」を選ぶ。ア「伝統的な」，イ「ひどい」，ウ「有名な」は不適切。

⑵　ルーカスの体験談の最後の１文より，イ「彼らの文化を体験すること」が適切。ア「そこで私たちの文化について教えること」，ウ「彼らの言語を話すこと」，エ「そこでたくさんの場所を訪れること」は不適切。

⑶　ジャックの体験談の第２段落の１～２行目などに，旅行中に現地の人と共に過ごす体験をすると，旅はよりいっそう素晴らしいものになることが書かれている。よって，ア「現地の人と時間を共にすること」が適切。イ「現地の人の問題を解決すること」，ウ「現地のツアーガイドになること」，エ「現地の食べ物を料理すること」は不適切。

⑷　リーは体験談を通して旅行中は自分の行動に気をつけるべきだと話している。ウ「観光客として良い行動を考えることは重要です」が適切。ア「良い観光客になるために外国をたくさん訪問するべきです」，イ「他国の伝統文化について学ぶべきです」，エ「現地の人と彼らの言葉で話すことは重要です」は不適切。

【本文の要約】

ルーカス：4⑴私は日本の伝統文化に興味があったので京都を訪れることにしました。観光客向けの書道体験レッスンに挑戦し，最高の思い出になりました。レッスンの初めに，先生は私たちに書道とは何かを教えてくれました。次に，毛筆で漢字を書く練習をしました。その後，1エ私たちは好きな言葉を選んで漢字で書きました。私は「light」を意味する言葉を選びました。私はこの言葉が大好きなのは，私の名前が「light」を意味するからです。先生がそれにあてはまる漢字の「光」を見せてくれたので，私は毛筆で書くのを楽しみました。私はこのレッスンを体験できてうれしかったです。

書道に挑戦することで，日本の文化にさらに興味を持つようになりました。5(2)ィ他の国の文化を体験する機会があれば，その国のことをもっと知ることができると思います。

ジャック：日本では，有名な場所だけでなく，あまり有名ではない地域を訪問するのが楽しかったです。地方の人々の日常生活を見ることができて楽しかったです。実は，滞在中に小さなレストランを訪れた際に，少し困ったことがありました。2メニューは日本語で書かれており，料理の写真はありませんでした。私は日本語が読めなかったので，料理を選ぶことができませんでした。すると，ある日本人男性が英語で話しかけてきて，おいしい料理を選ぶのを手伝ってくれました。私たちは食事と会話を楽しみました。彼は私に「明日は③何かする予定はありますか？」と尋ねました。私は「町を見て回るつもりです」と答えました。すると，彼は私に素敵な場所を紹介しようと申し出てくれました。次の日，彼は町を回るのを案内してくれて，私たちは楽しい時間を過ごしました。

5(3)ァ旅行中に現地の人に会ってコミュニケーションをとる良い機会があれば，ぜひ楽しんでほしいです。きっといい経験になると思います。

リー：私は好きな日本のアニメに出てくる町に行くために日本を旅行しました。私はそのアニメのファンの間で人気の場所をいくつか訪れました。最高の場所は町の大きな湖でした。私は夕方そこに行き，美しい夕焼けを見て楽しみました。4(2)アニメの中のお気に入りのシーンを思い出して，うれしい気持ちになりました。しかし，観光客の中には大声で話をする人もいて，非常に騒がしかったです。静かに夕焼けを楽しみたかったので残念でした。この素晴らしいシーンを楽しんでいる他の人たちもがっかりしているようでした。それ以来，私は観光客としての自分の行動にさらに注意を払っています。

5(4)ゥ旅行中の自分たちの行動には注意すべきだと思います。私たちが訪れる場所とそれを楽しむ人々の両方を尊重することが重要です。良い観光客になりましょう！

【奈央とソフィアの会話の要約】

奈央　　：私はウェブサイトの体験談を読むのが楽しかったよ。この３人は旅行中にⒶェユニークな(＝unique)体験をしたね。

ソフィア：その通りだね。ルーカスさんの体験談から，Ⓑィ彼らの文化を体験すること(＝experiencing their cultures)によって，その国についてもっと学ぶことができるとわかったよ。

奈央　　：ジャックさんの体験談は，Ⓒァ現地の人と時間を共にすること(＝sharing time with local people)で，私たちは旅行中にすばらしい体験をすることができることを教えてくれるよ。

ソフィア：そのとおりね。私はリーさんから重要なことを学んだよ。彼女は良い観光客であることについて話しているね。彼女はⒹゥ観光客としてのよい行動について考えることが重要だ(＝it's important to think about good behavior as a tourist)と言っているよ。

奈央　　：私は彼女のメッセージが好きだよ。この３つの体験談は，私たちが旅をするときに役立つことを教えてくれるね。

第五問　【本文の要約】参照。

無理に難しい文にしなくてもいいので，ミスの無い文を書こう。ＡＬＴの先生の質問に対する答えとその理由を答えればよい。３文以上の条件を守ること。(例文)「はい，いいことだと思います。ランドセルはとても丈夫で，長く使うことができます。他のタイプのかばんはランドセルほど丈夫ではありません」

【本文の要約】

次回の授業では，ランドセルの使用について話してほしいです。私たちはそれらを英語で「school backpacks」と呼びます。日本では多くの小学生がそれを使っています。しかし，私の国ではほとんどの学生が使っていません。

以下の質問についてのあなたの意見を書きましょう。

小学生にとって，ランドセルを使うことはいいことだと思いますか？なぜそう思うのですか？

《2024　理科　解説》

第一問

1(1)　アのような意識して起こす反応に対して，イ～エのように意識とは関係なく起こる反応を反射という。

(2)　感覚器官には，光の刺激を受けとる目，音の刺激を受けとる耳，においの刺激を受けとる鼻，味の刺激を受けとる舌，接触などの機械的刺激を受けとる皮膚がある。　(3)　目や耳などの脳に近い感覚器官が受け取った刺激は，せきずいを通らず，脳に伝わることに注意しよう。

2(1)　多くの有機物は加熱すると，燃えて二酸化炭素や水を発生する。なお，有機物以外の物質は無機物という。また，炭素や二酸化炭素などは無機物に分類されることに注意しよう。　(2)　液体が飛び散らないように，ガラス棒を伝わらせて液体を注ぎ，ろうとの足の長い方をビーカーの壁につける。　(3)　Aは水にとけにくいデンプン，Bは無機物の塩化ナトリウム，Cは残りのショ糖である。

3(4)②　光の速さは非常に速いので，雷が光ったのとほぼ同時に見えると考えてよい。したがって，A地点から雷が発生しているところまでの距離は340×40＝13600(m)→13.6㎞と考えられる。　③　南西の方角にあった積乱雲が近づいてきたから，風は南西から北東に向かってふいていたと考えられる。よって，ふく風の向き(風がふいてくる方角)は南西である。

第二問

1　惑星は，水星，金星，地球，火星，木星，土星，天王星，海王星の８つである。

2　明け方の太陽がのぼる前に東の空に見える金星を明けの明星といい，このとき金星は太陽のある東側(左側)が光って見える。また，太陽と金星，金星と地球のそれぞれを結ぶ直線が垂直に交わるとき，金星は半月状に見え，それより地球に近いときは半月状より欠けた形に，遠いときは半月状より満ちた形に見える。図２より，このときの金星は半月状より欠けた形に見えるから，アが正答となる。

3　惑星の１日の位置の動きは，他の天体と同じように地球の自転によって動いて見えるから，東の方角にある天体は，その後南の空の高いところを通り，西の地平線に沈む。

4(1)　金星は0.62年で１周する(360度回転する)から，９か月→0.75年では$360\times\frac{0.75}{0.62}$＝435.4…→約435度動く。つまり，１周と約435－360＝75(度)回転するから，アが正答となる。なお，このとき，地球から見て，金星と太陽が同じ方向にあるので，金星を観察することはできない。　(2)　地球と火星の間の距離が，２月22日より11月22日の方が短いから，火星の見かけの大きさは大きくなる。また，火星は地球よりも外側を公転しているので，ほとんど満ち欠けしない。

第三問

1　ＢＴＢ溶液は，酸性で黄色，中性で緑色，アルカリ性で青色を示す。

2　中和のとき，酸の水素イオン〔H^+〕とアルカリの水酸化物イオン〔OH^-〕が結びついて水〔H_2O〕が生じる。なお，化学反応式の矢印の前後で，原子の組み合わせは変わるが，原子の種類と数は変わらないことに注意しよう。

3　うすい硝酸中の水素イオンは，加えたうすい水酸化カリウム水溶液中の水酸化物イオンと結びついて水になるから，水溶液が中性になる(ちょうど中和される)まで減少する。[3]より，うすい水酸化カリウム水溶液を 20 cm³加えたところで中性になったとわかるから，アのようなグラフになる。

5　実験Ⅱで温度を0℃に下げたときの飽和水溶液の質量は 54.0−15.5＝38.5(g)である。0℃の水 100gに硝酸カリウム 13.3gをとかすと，100＋13.3＝113.3(g)の飽和水溶液ができるから，実験Ⅱで0℃の水溶液にとけている溶質(硝酸カリウム)は 13.3×$\frac{38.5}{113.3}$＝4.51…→4.5gである。

第四問

1　アはコケ植物，イはシダ植物，ウは被子植物，エは裸子植物である。また，アとイは胞子でふえる植物，ウとエは種子植物である。

2　花粉の中に精細胞，胚珠の中に卵細胞がある。

3　生殖細胞である精細胞や卵細胞は，染色体の数がもとの細胞の半分になる減数分裂によってつくられる。種子は，精細胞と卵細胞が受精してできたものだから，２つの生殖細胞の遺伝子を組み合わせたものとなる。これに対し，果肉はめしべの子房の一部が成長してできたものだから，めしべと同じ遺伝子の組み合わせとなる。

4　Ｐの種子の遺伝子の組み合わせがＡａだから，これを育てて自家受粉させてできるＱの種子の遺伝子の組み合わせと数の比は，右表より，ＡＡ：Ａａ：ａａ＝１：２：１となる。これより，Ｑの種子を育ててできる果実の果肉の色とその数の比は，白色：黄色＝(１＋２)：１＝３：１である。なお，Ｑの種子を育てて，ａａの個体の(ａの遺伝子をもつ)花粉を受粉させたから，このときできる種子の遺伝子の組み合わせと数の比はＡａ：ａａ＝１：１となる。

	A	a
A	AA	Aa
a	Aa	aa

第五問

1　①図２より，同じ大きさの電圧を加えたとき，ａの方がｂよりも大きな電流が流れる(電流が流れやすい)。
②図３の回路において，電圧計の値が２Ｖのとき，回路全体に加わる電圧は２Ｖ，回路全体に流れる電流は 0.25Ａである。図２より，ａに２Ｖの電圧を加えると 0.2Ａの電流が流れるから，図３の回路全体に流れる電流の大きさの方が大きいとわかる(図３の回路全体の方が電流が流れやすい)。抵抗の大きさは電流の流れにくさを表す値だから，図３の抵抗の大きさはａの抵抗の大きさよりも小さい。

2　ａとｂは並列つなぎだから，回路全体に流れる電圧と同じ大きさの電圧がそれぞれに加わる。図２より，ｂに２Ｖの電圧が加わると 0.05Ａの電流が流れるから，Ｐの電流の大きさは 0.05Ａである。

3(1)　電流計は電流をはかりたい部分に対して直列につなぎ，電圧計は電圧をはかりたい部分に対して並列につなげばよい。　(2)　ａとｂが直列つなぎだから，ａとｂに流れる電流の大きさは等しく 0.1Ａである。図２より，ａは 0.1Ａの電流が流れると１Ｖの電圧が加わり，ｂは 0.05Ａの電流が流れると２Ｖの電圧が加わるから，0.1Ａの電流が流れると２×$\frac{0.1}{0.05}$＝４(Ｖ)の電圧が加わるとわかる。したがって，図４の回路全体では，１＋４＝５(Ｖ)の電圧が加わり，0.1Ａの電流が流れている。〔電力(Ｗ)＝電圧(Ｖ)×電流(Ａ)〕，〔電力量(Ｊ)＝電力(Ｗ)×時間(ｓ)〕，５分間→300 秒間より，ａ，ｂで消費する電力量は，合計５×0.1×300＝150(Ｊ)である。　(3)　回路全体に流れる電流の大きさが等しいとき，電力の大きさの比は回路全体に加わる電圧の大きさの比に等しくなる。また，電力量が等しくなるとき，電流を流す時間の比は，電力の大きさの逆比に等しくなる。したがって，実験Ⅱと図４で電流を流す時間の比は，実験Ⅱと図４の回路全体に加わる電圧の大きさの逆比に等しい。実験Ⅱは２Ｖ，図４で 0.1Ａの 2.5 倍の 0.25Ａを流すと回路全体に加わる電圧は５Ｖの 2.5 倍の 12.5Ｖである。よって，実験Ⅱと図４で電流を流す時間の比は 12.5：２＝25：４となる。

2023 解答例 令和５年度　宮城県公立高等学校

《2023　国語　解答例》

第一問　問一．①なが　②やと　③ゆうち　④染　⑤領域　⑥興奮　　問二．①イ　②ア　　問三．エ
問四．(一)ア　(二)エ　(三)イ　(四)ウ　(五)合意がとれている

第二問　問一．ウ　　問二．録音を全て終えていた　　問三．A．多くの人が見届けてくれた　B．一歩踏み出した
問四．ア　　問五．ずっと抱いていた詩への思いに向き合って、人間らしく、自分も体内に満ちた言葉を詩にして読みたいという気持ち。

第三問　問一．ア　　問二．アリの巣に「怠け者」が存在する　　問三．一種類だけ植える
問四．(一)いろんな環境　(二)エ　　問五．一見怠け者に見えるアリが、実は労働量不足の事態に備え、力を蓄えて待機している予備軍だということ。

第四問　問一．ウ　　問二．右漢文　　問三．(一)イ　(二)かえるがたくさん集まって鳴く

着二キ草花一ニ

第五問　（例文）
　私は、「次のステージ」という言葉がふさわしいと考える。なぜなら、本を読んだ人は、読む前と比べて確実に成長しているからだ。本を読めば、新たな知識や視点を得たり、価値観が変わったり、思考力や想像力が高まったりする。すると、物事をより広い視野で捉えたり、より深く正確に考えたり、よりうまく表現したりすることができるようになる。つまり、本を読むことでレベルアップできるのである。

《2023　数学　解答例》

第一問　1．-7　　2．9　　3．$2\times5\times11$　　4．$a=\frac{9}{4}b-\frac{3}{4}$　　5．$x=3$　$y=-8$　　6．$5\sqrt{6}$
7．24　　8．ウ

第二問　1．(1)$\frac{8}{3}\pi$　(2)$16\sqrt{3}-\frac{16}{3}\pi$　　2．(1)$\frac{3}{2}$　(2)12　　3．1200　　4．(1)15，3　(2)(ア)$3n-2$　(イ)177

第三問　1．(1)16　(2)$\frac{3}{8}$　　2．(1)エ　(2)$y=-\frac{1}{3}x+\frac{4}{3}$　(3)$(\frac{13}{4},\ \frac{1}{4})$

第四問　1．△ＣＤＥと△ＢＦＥにおいて
仮定から　ＤＥ：ＦＥ＝２：１…①
ＢＣ＝９cm，ＢＥ＝３cmよりＣＥ＝６cmであるから　ＣＥ：ＢＥ＝２：１…②
①，②より　ＤＥ：ＦＥ＝ＣＥ：ＢＥ…③
対頂角は等しいから　∠ＣＥＤ＝∠ＢＥＦ…④
③，④より，２組の辺の比とその間の角がそれぞれ等しいから　△ＣＤＥ∽△ＢＦＥ
2．$\frac{7}{2}$　　3．(1)$3\sqrt{5}$　(2)$\frac{63\sqrt{5}}{4}$

《2023　社会　解答例》

第一問　1．(1)ウ　(2)ア　(3)ア　　2．(1)イ　(2)男女雇用機会均等法

第二問　1．エ　　2．(1)イ　(2)ヨーロッパ連合　　3．ウ　　4．ベトナムでは，経済成長のために優先する産業に対して，社会資本の整った工業団地を整備し，税金の免除などの優遇措置をとり，積極的に誘致することで，外国企業からの投資が増加し，経済活動が活発になったため。

第三問　１．口分田　　２．イ　　３．ウ　　４．エ　　５．農具や肥料の購入で，農業に貨幣が必要になり，商品作物の生産などで必要な貨幣を得られなかった農民が，土地を手放したから。

第四問　１．エ　　２．ア　　３．エ　　４．(1)直接請求権　(2)普段利用している道路の危険箇所を，早期に発見できるしくみが整ったことに加え，安全で快適な道路の維持に関わろうとする県民が増えたこと。

第五問　１．(1)イ　(2)ウ　　２．(1)ア　(2)イ　　３．商店と連携し，ドローンを活用した新たな配送の方法を取り入れることで，市内の流通の活性化を図り，山間部の住民が，買い物などで不便なく生活できるようになることを目指している。

第六問　１．(1)国風文化　(2)ア　　２．ウ→イ→ア　　３．イ　　４．子どもを主役とした行列や，親子を対象とした体験教室への参加を通して，子どもに伝統的な祭りへの親しみをもってもらうとともに，地域で長く続く祭りを次の世代へ引き継ごうとしている。

《2023　英語　解答例》

第一問　問題１．１番…イ　２番…エ　　問題２．１番…ア　２番…ウ　　問題３．１番…イ　２番…エ　３番…ウ
問題４．Because there is a nice park.

第二問　１．(1)イ　(2)ウ　(3)ア　　２．(1)meet　(2)favorite　　３．(1)イ→エ→ア→ウ　(2)エ→ア→オ→ウ→イ

第三問　１．There were four members.　　２．イ　　３．演奏を始めたときには，観客は歌わなかったが，演奏の終わりには，体育館が歌声でいっぱいになっていたから。　　４．ウ→オ→ア→イ→エ　　５．keep doing our best

第四問　１．エ　　２．様々な種類の衣服を購入せずに着ることができること。　　３．(1)She took some clothes that were too small for her.　(2)Because she wants to make her mother happy by using her old clothes again.　　４．(1)ア　(2)イ　(3)エ　(4)ウ

第五問　１．How old is he?　　２．I think a picture book is good for him.　He can use it to study Japanese because it is written in easy Japanese.　Also, he can enjoy the beautiful pictures in the book.

《2023　理科　解答例》

第一問　１．(1)ウ　(2)軟体動物　(3)イ　　２．(1)等圧線　(2)エ　(3)イ　　３．(1)ア　(2)①ａ．イ　ｂ．エ　②エ　③Ｘ線　(3)ア　(4)陽子１個，電子１個がもつ電気の量が等しく，陽子と電子の数が等しいため。

第二問　１．道管　　２．ウ　　３．エ　　４．16　　５．ｂでは細胞分裂が行われず細胞が大きくなるのに比べ，ｃでは細胞分裂が行われ，増えた細胞それぞれが大きくなるから。

第三問　１．示準化石　　２．イ　　３．ウ　　４．(1)①ア　②エ　(2)ア

第四問　１．イ　　２．質量保存の法則　　３．(1)130　(2)右グラフ　(3)30

第五問　１．ウ　　２．①イ　②ウ　　３．240　　４．ア
５．レールの左端では小球ａ，ｂは同じ位置エネルギーをもっていたが，小球ｂは小球ａより低い位置を進んだため，位置エネルギーから移り変わった運動エネルギーが常に小球ａより大きく，速さが大きかったから。

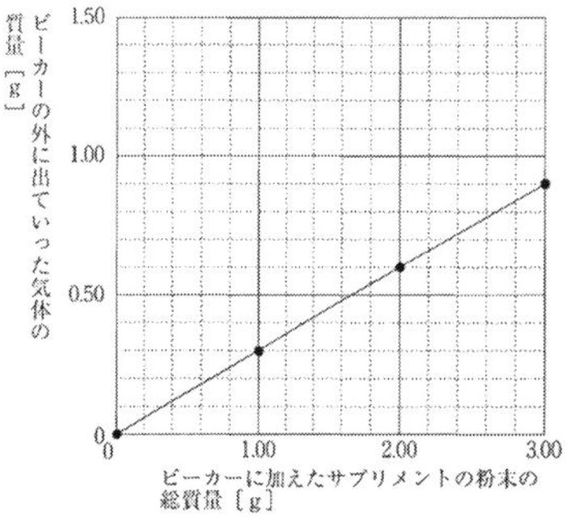

《2023　国語　解説》

第一問

問二①　「単刀直入」は、(一人で刀を持って敵に切り込む意から)直接に要点を突くこと。遠回しでなく、すぐに本題に入ること。「短刀直入」と書いてしまう間違いが多いので気をつけよう。　②　「東奔西走」は、あちこち忙しく走り回ること。

問三　ア「雲」は12画。イ「移」は11画。ウ「絹」は13画。エ「閣」は14画。

問四㈠　Cさんの意見を「確かに～案だね」と受け止めたうえで、「でも、少し心配なこともあるよ」と気がかりな点を言っているので、アが適する。　㈡　話し合いの最初にAさんが「まず、目的に合っているかを考えるよ」と言ったことを受けて、――線②の前までの話し合いが行われた。ここまでに出た意見を「［案Ⅰ］と［案Ⅲ］は～［案Ⅱ］については～」とまとめたあと、「次は、準備が可能かどうかという観点から考えてみよう」と導いている。よって、エが適する。　㈢　――線②で始まるAさんの発言に「［案Ⅰ］と［案Ⅲ］は目的に合っているけれど、［案Ⅱ］については～保留とするよ」とあるので、アとイのどちらかだと判断できる。続けてCさんが「［案Ⅰ］については～保留だね～［案Ⅱ］の～円盤は～準備できるよ」、Dさんが「［案Ⅲ］～間に合わないよ」と言っていることから、イが適する。

㈣　「先ほどのBさんの～という意見は、とてもよいと思ったよ。Bさんの意見を生かして～という案はどうかな。例えば～」と提案しているので、ウが適する。　㈤　――線⑤では「みんなの意見は～ということでいいかな」と、全員の意見が一致しているかどうかを「さらに検討を続け」る前に確認している。

第二問

著作権上の都合により文章を掲載しておりませんので、解説も掲載しておりません。ご不便をおかけし、誠に申し訳ございません。

第三問

問一　「そうした」は、直前の段落で説明された働きアリの生き方を指している。つまり「自分たちの巣を守るためだけに～などを行います～生涯をかけて果たすように～プログラミングされている」という内容を指しているので、アが適する。

問二　「真社会性昆虫の巣では、全員が否《いや》が応でも働き者になるはず」だという「理論」より「奇」(不思議)である「事実」とは何かを読みとる。理論上は怠け者など存在しないはずだが、――線②の直後で「実際にアリの巣を観察していると～『怠け者』が存在することがわかったのです」と述べている。よって、アリの巣には「怠け者」が存在するというのが事実。

問三　［　　　］の前に「【文章Ⅱ】の、草原に生える草の種類をコントロールする実験の例では、『単純に考えると』という表現が用いられ」とあるから、本文の該当部分に着目する。そこでは「草原にもっとも成長スピードの速い草を一種類だけ植えることが、いちばん生産性の高い土地の利用法であると思ってしまうかもしれない。しかし現実はそうじゃなくて」と述べている。

問四㈠　［A］のある一文は、――線④の直前の「草の多様性が高いと、草原内のいろんな環境にぴったりマッチした(適合した)草が生えてくるので全体として生産性が高くなる」ということを述べている。　㈡　「また」で始まる［B］のある一文は、――線④の直後で「ほかにもある」と述べた内容を説明している。よって、「生物多様性が高ければ～突発的な出来事が生じても、草原全体は安定する～ある種の病気が流行したときに～草の種類が複数あることで、草原全体に及ぶ病気の影響が最小限にとどめられる」という内容をまとめているエが適する。

問五　【文章Ⅰ】の「ところが怠け者にもちゃんと存在意義があったのです」という一文に着目し，以降の２段落で述べている内容を読みとる。「どうやらこの『怠け者』たちは、労働量が不足する事態が発生したときに巣全体の労働量を補填《ほてん》するための予備軍らしい」「怠け者を『予備軍』と読み替える～彼らは働かずにじっと力を蓄えて待機する、という『仕事』をしている」という部分を用いてまとめると良い。

第四問

問一　一句が七字で、四句からなっているので、ウの「七言絶句」。「絶句」は四句からなるもの。「律詩」は八句からなるもの。「五言絶句」＝五字四句。「五言律詩」＝五字八句。「七言律詩」＝七字八句。

問二　「草花」から「着」に二字返っているので、一・二点を用いる。

問三㈠　草花、桑の木、麻、かえる、燕《つばめ》が取り上げられ、「村里の春は深まって」とあるので、イが適する。

㈡　かえるの鳴き声のにぎやかさを「市場のような」とたとえている。市場は人が多く集まる場所。

【漢詩の内容】

たちこめる豊かな香り　草花が一面に咲き
さかんに茂る柔らかい緑の葉　桑の木も麻も丈が伸びた
ため池に水が満ちて、かえるたちは市場のようなにぎやかさだ
村里の春は深まって、燕は家を作る

《2023　数学　解説》

第一問

2　与式$=-15\times\left(-\frac{3}{5}\right)=$**9**

3　110を素因数分解すると，右の筆算のようになる。よって，$110=$**$2\times5\times11$**

2) 110
5) 55
　　11

4　与式より，$4a=9b-3$　　**$a=\frac{9}{4}b-\frac{3}{4}$**

5　$3x-y=17$…①，$2x-3y=30$…②とする。

①×３－②でyを消去すると，$9x-2x=51-30$　　$7x=21$　　**$x=3$**

①に$x=3$を代入すると，$3\times3-y=17$　　$-y=8$　　**$y=-8$**

6　与式$=3\sqrt{6}+\frac{12\sqrt{6}}{6}=3\sqrt{6}+2\sqrt{6}=$**$5\sqrt{6}$**

7　Aは直線$y=\frac{2}{3}x$上の点だから，Aのy座標は$\frac{2}{3}\times6=4$となる。よって，A(6，4)

曲線$y=\frac{a}{x}$のグラフはAを通るから，Aの座標を代入して，$4=\frac{a}{6}$　　**$a=24$**

8　**【解き方】箱ひげ図からは，右図のようなことがわかる。半分にしたデータ(記録)のうち，小さい方のデータの中央値が第１四分位数で，大きい方のデータの中央値が第３四分位数となる(データ数が奇数の場合，中央値を除いて半分にする)。**

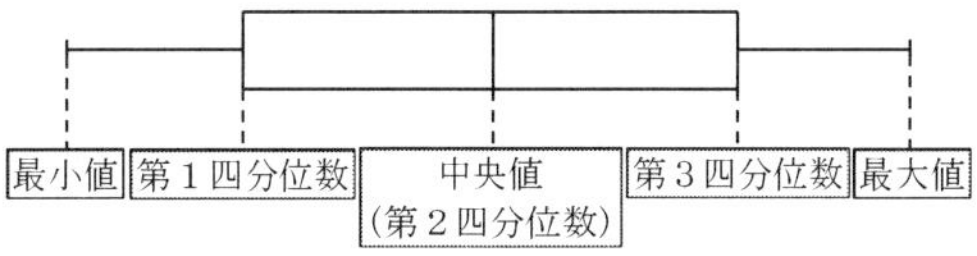

ア．第１四分位数はA組が３冊，B組が４冊だから，正しくない。

イ．(四分位範囲)＝(第３四分位数)－(第１四分位数)であり，箱ひげ図では箱の長さで表されるから，最も小さいのはB組である。よって，正しくない。

ウ．クラスの人数は35人だから，中央値は，$35\div2=17.5$より，大きさ順に18番目の値である。A組とC組の中央値は６冊未満だから，少なくとも18人は６冊未満である，つまり，６冊以上の生徒は$35-18=17$(人)以下で

ある。B組の中央値は6冊だから，6冊以上の生徒は18人以上いる。よって，正しい。

エ．C組の第1四分位数と第3四分位数はそれぞれ2冊，8冊だから，2冊以上8冊以下の生徒は全体のおよそ半分である。しかし，A組は全員が2冊以上8冊以下である。よって，正しいとは言えない。

以上より，正しいものは**ウ**である。

第二問

1(1)　$\overset{\frown}{AB}$は半径4㎝，中心角120°のおうぎ形の弧だから，$2\pi \times 4 \times \frac{120°}{360°} = \boldsymbol{\frac{8}{3}}\pi$(㎝)である。

(2)　**【解き方】COを直線で結ぶと，∠COA＝∠COB＝120°÷2＝60°だから，右図のように3つの辺の比が1：2：$\sqrt{3}$である合同な直角三角形が2つできる。**

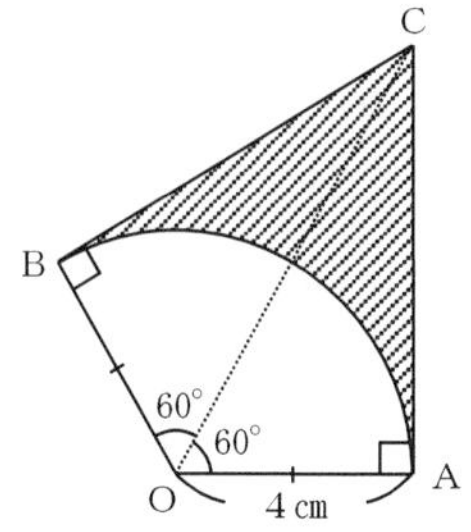

$AC = 4 \times \frac{\sqrt{3}}{1} = 4\sqrt{3}$(㎝)より，$\triangle OAC == \frac{1}{2} \times 4 \times 4\sqrt{3} = 8\sqrt{3}$(㎠)

よって，(四角形OACBの面積)＝2△OAC＝$16\sqrt{3}$(㎠)

また，(おうぎ形OABの面積)＝$4^2\pi \times \frac{120°}{360°} = \frac{16}{3}\pi$(㎠)

したがって，斜線部分の面積は$\boldsymbol{(16\sqrt{3} - \frac{16}{3}\pi)}$㎠である。

2(1)　**【解き方】(変化の割合)＝$\frac{(y\text{の増加量})}{(x\text{の増加量})}$で求める。**

放物線$y = \frac{1}{4}x^2$の式に$x = 0$を代入すると$y = 0$，$x = 6$を代入すると，$y = \frac{1}{4} \times 6^2 = 9$となる。

よって，求める変化の割合は，$\frac{9-0}{6-0} = \boldsymbol{\frac{3}{2}}$である。

(2)　**【解き方】(1)より，$y = \frac{1}{4}x^2$において$x = 6$のとき$y = 9$だから，舞さんの速さは6秒で9m進む速さである。**

舞さんの速さは$\frac{9}{6} = \frac{3}{2}$(m/秒)だから，A地点を通過してから$x$秒後のA地点から舞さんまでの距離を$y$mとすると，$y = \frac{3}{2}x$と表せる。求める時間をt秒後とすると，$\frac{1}{4}t^2$と$\frac{3}{2}t$の差が18なのだから，

$\frac{1}{4}t^2 - \frac{3}{2}t = 18$　　$t^2 - 6t - 72 = 0$　　これを解いて，$t = -6, 12$　　$t > 0$より，$t = 12$

したがって，求める時間は**12**秒後である。

3　**【解き方】白球を追加して無作為《むさくい》に120個抽出したときの赤球は80個だから，赤球と白球の個数の比は，80：(120－80)＝2：1になったと考えられる。**

最初に箱の中にあった白球の個数をx個とすると，赤球の個数は$4x$個となる。ここに白球を300個追加すると，赤球と白球の個数の比が2：1となるのだから，$4x : (x+300) = 2 : 1$　　$4x = 2(x+300)$

これを解いて，$x = 300$　　したがって，最初に箱の中にあった赤球は，およそ4×300＝**1200**(個)である。

4(1)　**【解き方】同じ行の数は連続する3つの数であり，最も大きい数は3の倍数である。**

45÷3＝15より，45は15行目の最も大きい数である。15行目は奇数行目だから，45は**15**行目の**3**列目である。

(2)(ア)　**【解き方】(1)の解説をふまえる。n行目の最も大きい数は3nと表せる。**

Pはn行目の最も小さい数だから，P＝**3n－2**

(イ)　**【解き方】Qは(n－1)行目の最も大きい数，Pはn行目の最も小さい数だから，Q＝P－1である。**

Q＝P－1＝(3n－2)－1＝3n－3となる。よって，P＋Q＝(3n－2)＋(3n－3)＝6n－5

P＋Q＝349のとき，6n－5＝349だから，これを解いて，n＝59

59行目は奇数行目だから，59行目の3列目の数は最も大きい数なので，59×3＝**177**である。

第三問

1⑴　Pの決め方は4通りあり，その4通りそれぞれに対してQの決め方は4通りある。合同な三角形の組がないので，△OPQは全部で4×4＝**16**(通り)ある。

⑵　**【解き方】△OPQが直角三角形になるのは，∠PQO＝90°の場合と∠OPQ＝90°の場合が考えられる。**

∠PQO＝90°のとき，PとQのx座標が等しいから，a＝bである。

よって，(a，b)＝(1，1)(2，2)(3，3)(4，4)の4通りある。

∠OPQ＝90°となるのは右図のような△OP_1Q_1または△OP_2Q_2ができる場合であり，(a，b)＝(1，2)(2，4)の2通りある。

以上より，△OPQが直角三角形となるのは4＋2＝6(通り)だから，

求める確率は，$\frac{6}{16}=\mathbf{\frac{3}{8}}$である。

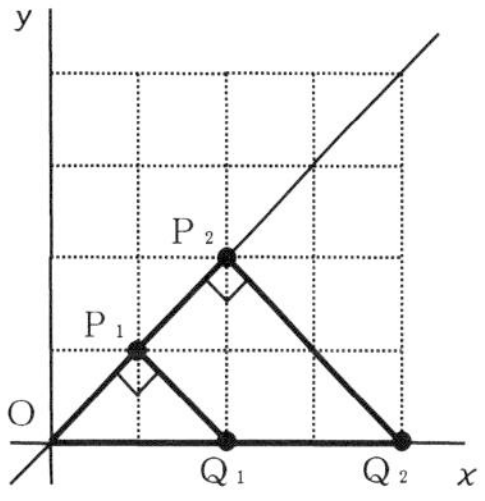

2⑴　BCの中点をMとすると，△ABMと△ACMにおいて，底辺をBMとCMとしたときの高さが等しく，BM＝CMだから△ABM＝△ACMとなる。よって，**エ**が正しい。

⑵　直線BCの式をy＝ax＋bとし，B(1，1)，C(4，0)の座標をそれぞれ代入すると，

1＝a＋b…㋐，0＝4a＋b…㋑となる。㋐と㋑を連立して解くと，$a=-\frac{1}{3}$，$b=\frac{4}{3}$となるから，

直線BCの式は$\mathbf{y=-\frac{1}{3}x+\frac{4}{3}}$である。

⑶　**【解き方】Dを通りy軸に平行な直線と直線BCの交点をFとする。**

△DBEの面積と△DBFの面積から，△DEFの面積を求める。

△ABC＝$\frac{1}{2}$×AC×(AとBのx座標の差)＝$\frac{1}{2}$×4×(4－1)＝6だから，

△DBE＝6×$\frac{1}{2}$＝3

直線BCの式$y=-\frac{1}{3}x+\frac{4}{3}$にFの$x$座標の$x$＝3を代入すると，$y=\frac{1}{3}$となるから，F(3，$\frac{1}{3}$)なので，

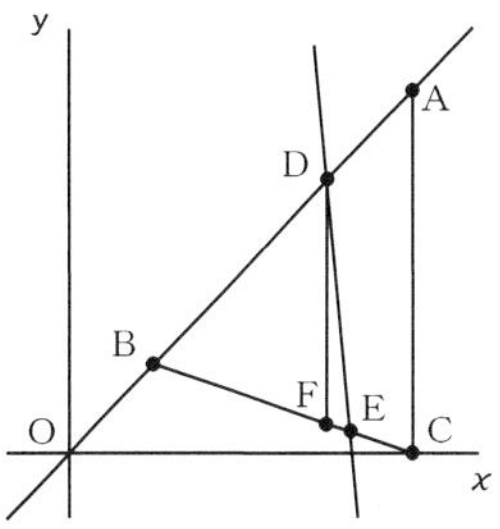

△DBF＝$\frac{1}{2}$×DF×(DとBのx座標の差)＝$\frac{1}{2}$×(3－$\frac{1}{3}$)×(3－1)＝$\frac{8}{3}$

したがって，△DEF＝△DBE－△DBF＝3－$\frac{8}{3}$＝$\frac{1}{3}$だから，EとFのx座標の差をhとすると，

$\frac{1}{2}$×DF×h＝$\frac{1}{3}$より，$\frac{1}{2}\times\frac{8}{3}$×h＝$\frac{1}{3}$　　h＝$\frac{1}{4}$

よって，Eのx座標は3＋$\frac{1}{4}$＝$\frac{13}{4}$で，これを$y=-\frac{1}{3}x+\frac{4}{3}$に代入すると，$y=\frac{1}{4}$となるから，F$\mathbf{(\frac{13}{4},\ \frac{1}{4})}$

第四問

1　まず，問題文の仮定を図にかきこんで，証明のために必要な条件を探そう。条件が足りない場合は，問題の内容に応じて，図形の性質，平行線の同位角・錯角，円周角の定理などからわかることもかきこんでみよう。

2　△CDE∽△BFEだから，CD：BF＝DE：FE　　7：BF＝2：1より，BF＝$\mathbf{\frac{7}{2}}$(㎝)

3⑴　**【解き方】図1のようにAからBCに垂線を引き，BCとの交点をIとする。このとき，△DCGと△ABIは直角三角形で，斜辺と他の1組の辺がそれぞれ等しいから合同である。**

CG＋BI＝9－5＝4(㎝)，CG＝BIより，CG＝4÷2＝2(㎝)

よって，△DCGにおいて，三平方の定理を用いると，

DG＝$\sqrt{DC^2-CG^2}=\sqrt{7^2-2^2}=\mathbf{3\sqrt{5}}$(㎝)である。

図1

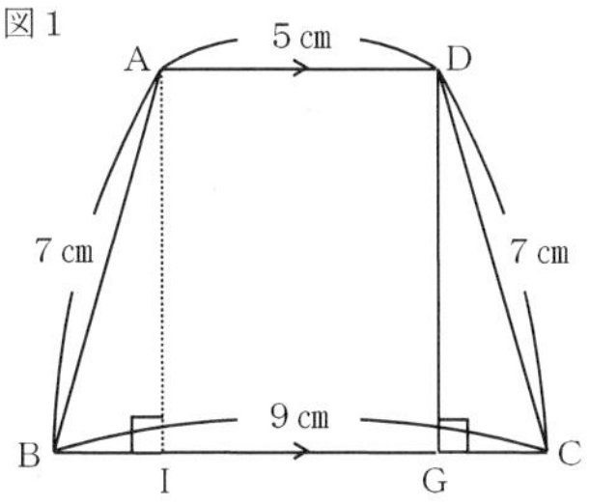

(2)　**【解き方】△ＣＤＥ∽△ＢＦＥより∠ＣＤＥ＝∠ＢＦＥだから，**

ＢＦ//ＤＨである。したがって，四角形ＢＦＨＣは台形であり，

ＢＦとＣＨが上底と下底，右図のＫＪが高さである。

ＤＡ//ＣＧより，△ＡＨＤ∽△ＧＨＣであり，相似比は

ＤＡ：ＣＧ＝５：２だから，ＤＣ：ＣＨ＝(５－２)：２＝３：２

$\mathrm{CH}=\frac{2}{3}\mathrm{DC}=\frac{14}{3}$(cm)

△ＣＤＥの面積について，$\frac{1}{2}\times\mathrm{EC}\times\mathrm{DG}=\frac{1}{2}\times\mathrm{DC}\times\mathrm{EJ}$より，

$\frac{1}{2}\times(9-3)\times3\sqrt{5}=\frac{1}{2}\times7\times\mathrm{EJ}$　　$\mathrm{EJ}=\frac{18\sqrt{5}}{7}$(cm)

△ＣＤＥ∽△ＢＦＥで相似比が２：１だから，底辺をそれぞれＤＣ，

ＦＢとしたときの高さの比も２：１なので，ＥＪ：ＥＫ＝２：１

したがって，$\mathrm{KJ}=\mathrm{EJ}\times\frac{2+1}{2}=\frac{18\sqrt{5}}{7}\times\frac{3}{2}=\frac{27\sqrt{5}}{7}$(cm)

よって，台形ＢＦＨＣの面積は，$\frac{1}{2}\times(\frac{7}{2}+\frac{14}{3})\times\frac{27\sqrt{5}}{7}=\frac{1}{2}\times\frac{49}{6}\times\frac{27\sqrt{5}}{7}=\mathbf{\frac{63\sqrt{5}}{4}}$(cm²)

図２

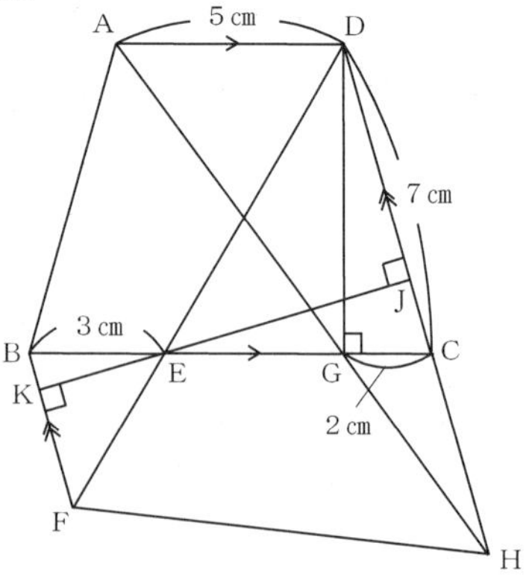

《2023　社会　解説》

第一問

1(1)　ウ　　1776 年７月４日，北米 13 植民地がイギリスから独立したことを宣言した。　**(2)**　ア　　ポツダム宣言は第二次世界大戦の際に日本に出された降伏勧告。ベルサイユ条約は第一次世界大戦の講和条約。権利章典は，イギリスで起きた名誉革命の際に出され，国王は，議会の承認なしに法律を停止できないこと，議会のなかでの言論の自由を認めることなどが定められた。　**(3)**　ア　　1922 年，京都で全国水平社の創立大会が開かれた。立志社は板垣退助が地元高知で結成した政治団体。国会期成同盟は，各地に成立した民権派の団体が，1880 年に大阪で結成した，国会開設を求める全国的な政治組織。財閥は，三井・住友・三菱など，江戸時代から大正時代にかけて経済界を支配するまでに成長した大企業。

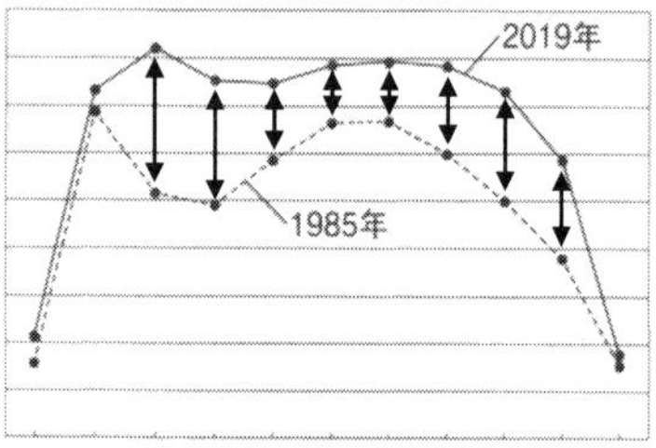

2(1)　イ　　2019 年と 1985 年の年齢別の就業率の差は，右図の⟷で表される。　**(2)**　男女雇用機会均等法　　女子差別撤廃条約を批准するために男女雇用機会均等法が制定された。

第二問

1　エ　　０度の横の線(緯線)が赤道である。ア．誤り。ベトナムの東部は南シナ海に面している。イ．誤り。タイは，ミャンマー・ラオス・カンボジア・マレーシアと国境を接しているが中国とは接していない。ウ．誤り。マレーシアの領土は，東経 90 度と東経 120 度の間に広がる。

2(1)　イ　　ベトナム戦争は，1954 年以降，長きにわたって続いた戦争で，ソ連や中国が支援する北ベトナムとアメリカが支援する南ベトナムの対立から始まり，アメリカが軍事介入したことで激化した。第一次世界大戦は 1914 年から 1918 年，朝鮮戦争は 1950 年から始まり現在休戦中，太平洋戦争は 1941 年から 1945 年である。

(2)　ヨーロッパ連合　　欧州連合やＥＵでもよい。マーストリヒト条約が発効し，ＥＣがＥＵに発展した。

3　ウ　　マレーシアの機械類の輸出額は，2001 年が 880×0.599＝527.12(億ドル)，2019 年が 2380×0.420＝999.6(億ドル)だから，増えている。

4　資料Ｃから，ベトナム政府が工業団地を整備していること，電子産業や自動車産業，ハイテク産業などを経済

成長のために優先する産業に指定し，工業団地に積極的に誘致していること，工業団地に進出する企業は税金の免除などの優遇措置があることなどを読み取る。次に資料Dから，ベトナムへの外国企業からの投資額が増えていることを読み取る。

第三問

1　口分田　　良民男子には２段(＝約24アール)，良民女子にはその３分の２，奴婢には良民男女のそれぞれ３分の１の口分田が与えられ，収穫した稲の約３%が租として納められた。

2　イ　　源氏による鎌倉幕府の勢力範囲は関東に留まり，京都の朝廷ではまだ院政が行われ，西国では東国に比べて荘園領主である公家や寺社が依然として力をもっていた。源氏の将軍が三代で滅びると，後鳥羽上皇は，政権奪回を目指して，当時の執権北条義時打倒を掲げて挙兵した(承久の乱)。北条政子の呼びかけに集まった関東の御家人の活躍で勝利した鎌倉幕府は，京都に六波羅探題をおき，朝廷の監視と西国の武士の統制を強めた。また，功労のあった関東の御家人を，上皇に味方した公家や西国武士から没収した土地の地頭に任命したことで，鎌倉幕府の勢力は西日本にまで広がった。

3　ウ　　惣は惣村とも呼ばれる。土倉は室町時代の金融業，五人組は江戸時代の農村の組織，町衆は室町時代の有力な町人のことである。

4　エ　　豊臣秀吉の行った太閤検地の内容である。アは松平定信(寛政の改革を行った老中)，イは北条貞時(鎌倉幕府第９代執権)，ウは徳川吉宗(享保の改革を行った江戸幕府第８代将軍)。

5　資料Aには，農村に貨幣経済が発達したこと，農具や肥料が必要なことが書かれている。資料Bには農具や肥料を手に入れるためには多くの費用が必要なことが書かれている。このことから農民の間で貧富の差が拡大したことがわかる。

第四問

1　エ　　内閣が作成した予算を，国会が議決する。

2　ア　　税金を納める人と税金を負担する人が一致する税を直接税，一致しない税を間接税という。消費税は間接税，法人税と市町村民税は直接税である。

3　エ　　国から支給される依存財源のうち，使い道を指定されるのが国庫支出金，使い道を指定されないのが地方交付税交付金である。

4(1)　直接請求権　　直接請求の内容と要件は右表を参照。　(2)　社会資本…道路・港湾・学校などの公共性の強い施設。資料Bには，安全で快適な道路を維持するための「社会基盤メンテナンスサポーター」の存在が説明されている。資料Cには，社会基盤メンテナンスサポーターの仕事内容が紹介されている。資料Dからは，社会基盤メンテナンスサポーターの委嘱者数が年々増加していることが読み取れる。

	必要な署名数	請求先
条例の制定・改廃請求	有権者の50分の1以上	首長
監査請求		監査委員
議会の解散請求	※有権者の3分の1以上	選挙管理委員会
首長・議会の議員の解職請求		
副知事・副市長村長・選挙管理委員・公安委員・監査委員の解職請求		首長

※有権者数が40万人以下の場合。
議会と首長・議会の議員については，住民投票を行い，その結果，有効投票の過半数の同意があれば解散または解職される。

第五問

1(1)　イ　　12月・１月の降水量が多いXは，日本海側の気候に属する新潟市。比較的温暖で夏の降水量が多いYは，太平洋側の気候の名古屋市。１年を通して降水量が少なく，冬に冷え込むZは，内陸の気候の長野市である。

(2)　ウ　　世界的な自動車メーカーTOYOTAは，豊田紡織株式会社という綿製品を扱う会社から始まった。アは関東内陸工業地域，イは北九州工業地帯(地域)，エは瀬戸内工業地域の説明である。

2(1)　ア　　木曽山脈(中央アルプス)，赤石山脈(南アルプス)，飛騨山脈(北アルプス)を合わせて日本アルプスと呼ぶ。扇状地の扇央部分は，水はけが良いため，果樹園として利用されることが多い。 (2) イ　　寺子屋は，江戸時代の庶民の間に広まった。

3　配送用ドローンを取り入れることの目的とその効果を書こう。

第六問

1(1) 国風文化　　遣唐使が廃止された頃から，唐風の文化を基礎としながら，日本の風土や文化に合わせた日本独自の国風文化が生まれた。その代表例として，かな文字・大和絵・寝殿造などが挙げられる。

(2) ア　　猿楽や田楽の要素を取り入れながら，足利義満の保護を受けた観阿弥・世阿弥親子によって，能が大成された。歌舞伎・川柳・浮世絵は江戸時代に生まれたり広まったりした文化である。

2　ウ→イ→ア　　ウ(明治時代)→イ(ラジオ放送　1925年大正時代)→ア(日中戦争開戦　1937年)

3　イ　　ソーシャルネットワーキングサービスの略称である。WHOは世界保健機関，NGOは非政府組織，AIは人工知能の略称である。

4　伝統的な祭りに子どもたちを参加できるようにすることで，どのような効果があるかを考える。

《2023　英語　解説》

第一問

問題1　1番　「木の下に2人の女の子がいます。ベンチの上ではネコが寝ています」より，イが適切。

2番　「ケンは普段自転車で通学します。しかし，今朝は雨が降っていたのでバスに乗りました」より，エが適切。

問題2　1番　亮「アリス，何をしてるの？」→アリス「鈴木先生を探しているけど見つからないよ」→亮「先生はきっと今，図書室にいるよ」の流れより，ア「そこをチェックしてみるね」が適切。

2番　アリス「亮，次の日曜日は何か用事がある？」→亮「うん。姉とテニスをするつもりだよ。君も一緒にどう？」→アリス「いいね。でも，ラケットを持ってないよ」の流れより，ウ「僕のものを使っていいよ」が適切。

問題3　【放送文の要約】参照。

1番　質問「なぜトムは疲れているように見えたのですか？」…イ「彼は昨夜，あまり眠らなかった」が適切。

2番　質問「伊藤先生のトムのための考えとは何ですか？」…エ「ホストファミリーと一緒に朝食を作ること」が適切。　**3番**　質問「トムについて，何が正しいですか？」…ウ「彼は和食の作り方を知りたい」が適切。

【放送文の要約】

伊藤先生：トム，今日の体調はどうですか？授業中，疲れているようでしたね。

トム　　：1番イ実は昨夜は寝たのが遅かったです。ちゃんと眠れなかったので，今朝寝坊してしまいました。

伊藤先生：それは大変だったわね。朝食は食べましたか？

トム　　：いいえ。ホストファミリーはいつも朝食にとてもおいしい和食を作ってくれます。食べたかったのですが，今朝は時間がありませんでした。

伊藤先生：まあ，よく眠ることと朝ごはんを食べることはどちらも健康に大切なことよ。

トム　　：本当にそうですね。先生は健康のために大切な3つのことについて話してくれました。早く寝ること，早く起きること，朝食を食べることですね。

伊藤先生：そうね。早く起きればいい1日が始められます。朝ホストファミリーと何かすることもできます。

トム　　：何か，というと？何ができるでしょうか？

伊藤先生：2番エ一緒に朝ごはんを作るのはどうかしら？

トム　：それはいい考えです。それをしてみたいです。3番ウそしてホストファミリーから和食の作り方を習いたいです。伊藤先生，ありがとうございます。

問題4　【放送文の要約】参照。町の魅力を考えて英文にする。Why do you like it?「なぜそれ(＝あなたの町)が好きなの？」に対して答えるので，〈Because ～.〉の形を使えばよい。

【放送文の要約】

ローラ：私の町はとても小さくて，お店もあまりないの。

博人　：僕の町も小さいけど，僕はとても気に入ってるよ。

ローラ：なぜ気に入っているの？

博人　：(例文)素敵な公園があるからだよ。(＝Because there is a nice park.)

第二問

1(1)　カイト「ジェーン，昨日公園で君を見かけたよ。あそこで何をしてたの？」→ジェーン「妹を待ってたよ」の流れ。「～を待つ」＝wait for ～より，イが適切。　(2)　母「今，私と一緒にスーパーマーケットに行ける？」→子ども「ごめん，宿題をしなきゃならないよ」の流れ。可能かどうかを尋ねるときは，助動詞 Can を使う。ウが適切。　(3)　ユキ「アレックスがいつ母国に帰るか知ってる？」→テッド「うん。来月帰国するよ」の流れ。時を尋ねるから，疑問詞 when を使う。アが適切。

2(1)　マリ「リリー，明日は10時40分の電車に乗ればいいね」→リリー「ＯＫ。10時20分に駅で待ち合わせしよう」の流れ。　「(場所)で待ち合わせしよう」＝Let's meet at＋場所　(2)　エリー「あなたのお気に入りの食べ物は何かな，トオル？」→トオル「カレーライスが一番好きだよ。毎週食べるよ」の流れ。　like＋○○＋the best「○○が一番好き」＝one's favorite＋○○「お気に入りの○○」

3(1)　Who is that girl by the door?：who は関係代名詞ではなく疑問詞「誰？」として使う。文意「ドアのそばのあの女の子は誰？」　(2)　I'm sure that she will like them.：「きっと～だ」＝be sure that＋主語＋動詞　文意「彼女はきっとそれらを気に入るよ」

第三問　【本文の要約】参照。

1　質問「和輝と友達がバンドを始めたとき，メンバーは何人いましたか？」…第2段落の1～2行目より，ハナ，アミ，ユウジ，和輝の4人いた。How many members were there ～?という質問だから，There were ～.と答えればよい。

2　代名詞などの指示語は直前の文や単語を指すことが多い。ここでは直前のアミの発言を指すから，イ「ただ楽器を演奏する」が適切。

3　下線部②直前の3文の内容を「～から」の形で答える。

4　ウ「和輝は軽音楽部のメンバーになり，バンドを始めた」→オ「和輝とバンドのメンバーはコンサートで人気のある曲を演奏することにした」→ア「ハナは他の学校に転校したため，バンドをやめた」→イ「和輝は問題を解決する方法を見つけ，バンドのメンバーも賛成した」→エ「和輝とバンドのメンバーは観客と共に演奏を楽しんだ」

5　(生徒が書いた感想文の要約)「観客はどうしてバンドに合わせて歌ったのでしょうか？観客は，バンドのメンバーたちがいい演奏をしようと頑張っていると思ったからサポートしたのだと，私は思います。もし私たちが問題を解決するために最善を尽くし続け(＝keep doing our best)れば，素晴らしい結果を得ることができるはずです。私は和輝さんの話から，それを学びました」…第3段落の最後の4語を抜き出して答える。

【本文の要約】

あなたは8月の学祭でのコンサートを覚えていますか？僕のバンドはそこで音楽を演奏しました。

4ウ4月，僕は軽音楽部に入り，友達とバンドを組みました。1ハナがボーカル，アミがベース奏者で，ユウジがドラム奏者でした。僕はギターを弾きました。4オ僕たちはみんな初心者だったので，学祭のコンサートに向けて，1曲だけ演奏することに決めました。僕たちは生徒の間で人気がある曲を見つけ，5月に練習を始めました。

4ア7月，僕たちのバンドに大きな問題が起こりました。ハナがお父さんの仕事のために転校してしまったのです。僕たちは別のボーカリストを見つけることができなかったので，歌いながら楽器を演奏することを試してみました。しかしながら，それをうまくやるのは大変なことでした。ある日アミが「歌わないで楽器を演奏するだけにするのはどうかしら？」と言いました。ユウジは「僕はそれはしたくないよ。観客が楽しめないと思う」と言いました。その時僕は，テレビで見たあるコンサートのことを思い出しました。観客がバンドと一緒に歌っていたのです。4イ僕は言いました。「観客に一緒に歌ってくれるよう頼むのはどうだろう？」ユウジは「いいね。この曲は多くの人が知っているから，一緒に歌ってくれると思うよ」と言いました。アミは「やってみましょう。参加できれば観客は私たちの演奏をもっと楽しく感じると思うわ」と言いました。その日から僕たちは5最善を尽くし続け(＝keep doing our best)ました。

学祭の当日，コンサートは体育館で行われました。演奏の前に僕は観客に向かってこう言いました。「ごめんなさい，僕たちのバンドにはボーカルがいません。僕たちは歌うのが上手ではありませんが，やってみます。もしみなさんが一緒に歌ってくれたら，うれしいです。一緒に歌いましょう」僕たちは演奏を始めました。しかし，最初，観客は歌いませんでした。でも僕たちは演奏をやめませんでした。4エすると，何人かが歌い始め，そして他の人も続いて歌い始めました。ついには体育館が歌声でいっぱいになりました。演奏を始めた時は，僕たちは悲しく感じましたが，終わったときにはとても幸せな気分でした。

4エコンサートの後，僕たちは言いました。「観客と一緒に最高の時を過ごしたね！もっといい演奏ができるようにこれからもがんばろう！」僕たちは，問題点を解決するために，できることすべてをやり続けるのが大切だということを学びました。

第四問　【本文の要約】参照。

1　先生の発言の第1段落3～5行目から，各項目の割合を読み取る。

2　下線部②の直前の1文の内容が，洋服レンタルサービスの利点である。

3(1)　質問「里穂は参加したイベントに何を持っていきましたか？」…里穂の発表の5行目の I joined one of the events and の後の部分を引用して答える。　(2)　質問「ジュディはなぜ母の昔の衣服からもっと衣服を作ろうとしているのですか？」…ジョンの発表の5～6行目のジュディの発言を引用して答える。

4　【メアリーと健太の会話の要約】参照。(1)　真奈の発表は，レンタルサービスを使えば新しい衣服を買わずに済み，廃棄が減るという趣旨だから，buy と同様の意味のア get ～「～を手に入れる」が適切。

(2)　里穂の発表は，不要な衣服を交換するイベントについてである。イが適切。

(3)　ジョンの発表は，妹が母親の古い服をリメイクしたという内容だから，エが適切。

(4)　3人の発表に共通する内容だから，ウが適切。ア「衣服の廃棄を減らす最もよい方法は，古い衣服を売ることだ」，イ「衣服を着て楽しむにはたくさんの衣服を所有していることが必要だ」，エ「衣服をごみとして手放すためのより効率的な方法を見つけるべきだ」は不適切。

【本文の要約】

先生が提供した話題

あなたは，日本で何着の衣服が手放されているか，想像できますか？2020年，約751,000トンの衣服が家庭から手放されました。グラフは，衣服がどのように手放されたかを示しています。1エこれによると，20パーセントの衣服は再使用されており，14パーセントが再生利用されています。60パーセント以上がごみとして手放されています。

衣服の廃棄量を減らすにはどうしたらいいでしょう？この話題についてのあなたの考えを聞かせてください。

真奈　こんなにも多くの衣服が手放されていると知って驚きました。私はたくさんの様々なファッションを楽しみたいと思っているので，いつも新しい衣服がほしいと思っています。しかし，もし持っている衣服の数が多すぎると，全部を着ることできません。私は持っている衣服を大切にしたいのです。衣服のレンタルサービスを使うのが便利だと思います。2様々な種類の衣服を購入せずに着ることができます。それがこのサービスを使う利点だと思います。衣服の廃棄を減らすために，どの衣服を買うべきかについて考えるべきです。それはファッションを楽しめないという意味ではありません。

里穂　もし他の人が必要としない衣服を再使用しようとすれば，衣服の廃棄を減らすことができます。例えば，家族が使わなくなった衣服を着ることができます。しかし，この方法では本当に欲しい衣服を手に入れることは難しいと思います。だから，私は衣服を再使用する独特な方法を紹介したいと思います。他の人と衣服を交換するためのイベントがいくつか行われています。私はそのうちのひとつに参加して，自分には小さすぎる衣服を何点か持っていきました。私の衣服を欲しい人を見つけたうえ，自分が欲しい衣服を手に入れることができたのでうれしかったです。私は衣服を交換するイベントを開催することは，衣服を大切にするいい方法だと思います。

ジョン　もし別の方法で衣服を使うことができたら，衣服を手放す必要がありません。僕は妹のジュディについて話します。母にはもう着ない衣服が数点あります。若い頃に買ったものです。それらはデザインが古いけれど，美しいです。ジュディはそれらをもらい受け，自分のシャツを作りました。母はジュディが自分の昔の衣服を大切にしてくれたのでうれしそうでした。ジュディはこう言っています。「私は，母の昔の衣服を再利用することによって母を喜ばせたいと思います。だから母の昔の衣服からもっと衣服を作ろうと思います」もし僕たちが古い衣服を用いて新しい衣服を作れば，衣服の廃棄を減らせると思います。

【メアリーと健太の会話の要約】

メアリー：彼らはこのテーマについてたくさん考えたね。衣服の廃棄を減らすのは簡単ではないけど，興味深い方法を見つけられるね。

健太　：僕もそう思うよ。真奈の発表は，新しい衣服Ⓐア を手に入れる（＝get）ときに気をつけなければならないと教えてくれたね。

メアリー：里穂によれば，他の人がⒷイ 必要としない（＝doesn't need）衣服も，それらをⒸイ 必要とする（＝needs）別の人に再び使ってもらうことができるんだね。

健太　：その通りだね。ジョンはⒹエ 新しい衣服を作るのに昔の衣服を使えば衣服の廃棄を減らすことができると教えてくれたね。

メアリー：３人の発表は，Ⓔウ 衣服を大切にしようと行動を起こすことで衣服の廃棄を減らすことができるということを教えてくれているよ。

第五問　【本文の要約】参照。

①　①の直後に慎司が，友達の年齢を答えているから，年齢を尋ねる文にする。「何歳？」＝How old ~?

②　無理に難しい文にしなくてもいいので，ミスの無い文を書こう。デイビッドが提案した３つの中から１つ選び，それがいいと思う理由を答えればよい。３文以上の条件を守ること。

【本文の要約】

慎司　　：オーストラリアに住んでいる友達に贈り物を買いたいんだ。彼のために何を買ったらいいかわからないよ。

デイビッド：1彼は何歳？（＝How old is he?）

慎司　　　：彼は17歳だよ。

デイビッド：へえ，彼は高校生？

慎司　　　：うん。彼は日本語を習っているよ。

デイビッド：なるほど。じゃあ，日本語の本はどうかな？

慎司　　　：いいアイデアだね。どんな種類の本を選べばいいかな？いくつか例を教えてよ。

デイビッド：例えば，絵本やマンガ，もしくは日本のガイドブックを選んでもいいと思うよ。彼にはどれがいいかな？

慎司　　　：2(例文)彼には絵本がいいと思うな。やさしい日本語で書かれているから，日本語の勉強に使うことができるよ。それに，本の中の美しい絵を楽しむこともできるよ。

《2023　理科　解説》

第一問

1(1)　脊椎動物の中で，一生えらで呼吸するのは魚類だけである。ペンギンは鳥類，カメはは虫類，メダカは魚類，クジラは哺乳類である。　(2)　スルメイカの他に，アサリなどの貝類やマイマイなどは軟体動物のなかまである。　(3)　スルメイカの消化管は，ヒトと同様に食道，胃，腸の順につながっている。

2(1)　等圧線の間隔が狭いところほど，風が強い。　(2)　海洋上にあるオホーツク海気団と小笠原気団の性質はともに湿潤，北にあるオホーツク海気団の性質は寒冷，南にある小笠原気団の性質は温暖である。　(3)　小笠原気団が勢力を強め，南東から日本列島に張り出しているイが正答となる。アはシベリア気団が発達して西高東低の気圧配置になっている冬の天気図，ウは高気圧と低気圧が交互に日本列島付近を通過する春や秋の天気図，エは台風が日本列島付近を通過する夏の終わりから秋にかけての天気図であると考えられる。

3(1)　イ×…原子は２つに分けることができない。　ウ×…原子１個の質量は種類によって異なる。　エ×…化学変化によって，物質をつくる原子の組み合わせは変わるが，原子の種類と数は変わらない。　(2)①　陰極線は－極から＋極に向かって移動する電子の流れである。陰極線はＡからＢに向かって出ているので，＋極につないだのはＢで，電子が移動する向きは，＋極から－極に向かって流れる電流の向きと逆である。　②　陰極線は－の電気をもつので，電極Ｄ(＋極)にひかれて曲がる。　(3)(4)　原子核は＋の電気をもつ陽子と電気をもたない中性子からできていて，原子核のまわりに－の電気をもつ電子が存在する。電子の数と陽子の数が等しいことで，原子は電気的に中性になっている。

第二問

1　維管束のうち，根から吸収された水が通る管を道管，主に葉で作られた栄養分が通る管を師管という。

2　塩酸は細胞壁をつないでいる部分をとかし，細胞を１つ１つ離れやすくする。

3　酢酸オルセインによって，核(染色体)を染色し，観察しやすくする。ベネジクト液はデンプンが分解されてできた糖，ヨウ素液はデンプン，ＢＴＢ溶液は水溶液の性質を調べるために用いる。

4　タマネギの根の細胞分裂では，染色体は核の中に現れる時期に複製されて数が２倍になる。細胞内で染色体が細胞の両端にわかれるとき，わかれたそれぞれの染色体の数は体細胞の染色体の数(16本)と同じになっている。

5　観察Ⅱの3と図４より，細胞分裂によって細胞の数が増えるのはＺの部分だけだとわかる。

第三問

1　主な示準化石は表ｉの通りである。

表ｉ

時代	示準化石
古生代 (約５億4000万年前～約２億5000万年前)	サンヨウチュウ フズリナ
中生代 (２億5000万年前～6600万年前)	アンモナイト 恐竜
新生代 (6600万年前～現代)	ビカリア ナウマンゾウ

2　ア×…凝灰岩は流水のはたらきを受けずに堆積するので，角がとがった粒でできている。　ウ×…マグマが地下の深いところで冷えてできるのは，火成岩(深成岩)である。

エ×…生物の死がいが堆積してできるのは，堆積岩の石灰岩やチャートである。

3　れき（直径2mm以上），砂（直径0.06mm～2mm），泥（直径0.06mm以下）は粒の大きさで区別する。粒が小さいほど，水によって運搬されやすいので，河口から離れたところまで運ばれて堆積する。

4(1)①　地層はふつう下にあるものほど古い。凝灰岩ＸとＹはそれぞれ同時期に堆積したので，Ｂより，ＸはＹよりも古く，Ｘよりも下にあるれき岩が最も古いことがわかる。　②　Ａ～Ｃの凝灰岩の層（ＸとＹ）の上面の標高を比べることで，地層の傾きを調べる。ＡのＸの上面の標高は 50－5＝45(m)，ＢのＸの上面の標高は 55－8＝47(m)，ＢのＹの上面の標高は55－2＝53(m)，ＣのＹの上面の標高は55－6＝49(m)だから，Ｘより，ＢからＡに向かって低くなるように（北が低くなるように）傾いていること，Ｙより，ＢからＣに向かって低くなるように（西が低くなるように）傾いていることがわかる。よって，北西が低くなるように傾いていることがわかる。　(2)　(1)より，凝灰岩層の標高について，図1（図3）では，ある地点から1マス北の地点では2m低くなり，2マス西の地点では，4m低くなる（1マス西の地点では2m低くなる）ことがわかる。ア～エのＹの上面の標高をＢのＹの上面の標高(53m)を基準にして求める。アは 53－4－4＝45(m)，イは 53－4＋2＝51(m)，ウは 53－2－2＝49(m)，エは53＋2＋2＝57(m)となるので，アが正答となる。

第四問

1　酸化銀は銀〔Ag〕と酸素〔O〕の2種類，水酸化バリウムはバリウム〔Ba〕と酸素〔O〕と水素〔H〕の3種類，塩化銅は塩素〔Cl〕と銅〔Cu〕の2種類，炭酸水素ナトリウムはナトリウム〔Na〕と水素〔H〕と炭素〔C〕と酸素〔O〕の4種類の元素からできている。

3(1)　36%の塩酸50gにふくまれる塩化水素の質量は50×0.36＝18(g)だから，10%の塩酸をつくると，塩酸の質量は18÷0.1＝180(g)となる。よって，必要な水は180－50＝130(g)である。　(2)　ビーカーの外に出ていった気体の質量は，塩酸の質量(25.00g)とビーカーに加えたサプリメントの粉末の総質量の和から，ビーカー内の物質の質量を引いて求める。ビーカーに加えたサプリメントの粉末の総質量が 1.00gのとき，ビーカーの外に出ていった気体の質量は 25.00＋1.00－25.70＝0.30(g)，ビーカーに加えたサプリメントの粉末の総質量が 2.00gのとき，ビーカーの外に出ていった気体の質量は 25.00＋2.00－26.40＝0.60(g)，ビーカーに加えたサプリメントの粉末の総質量が3.00gのとき，ビーカーの外に出ていった気体の質量は25.00＋3.00－27.10＝0.90(g)となる。

(3)　図1より，炭酸カルシウム1.00g（カルシウム0.40g）から，0.40gの気体が発生することがわかる。(2)のグラフでは，サプリメント 1.00gから 0.30gの気体が発生するので，サプリメント 1.00gにふくまれるカルシウムは$0.40\times\frac{0.30}{0.40}=0.30$(g)であり，サプリメントの質量に対するカルシウムの質量の割合は$\frac{0.30}{1.00}\times100=30$(%)となる。

第五問

1　小球にはたらく重力は地球が小球を引く力で，小球に対して鉛直下向き（ウの向き）にはたらく。

2　ａが斜面を下るとき，ａの重力の斜面に平行な分力（図2のイの矢印の力）が運動方向と同じ向きにはたらくので，速さが一定の割合で増加する。レールの傾きを大きくすると，ａの重力の斜面に平行な分力が大きくなるので，物体の速さが変化する割合は大きくなる。

3　ｂがＢの中心からＢの右端に到着するまでの間，ｂは水平面を移動するので，等速直線運動をする。表2で基準面からの高さが0の0.40秒から0.50秒までの速さを求める。$\frac{78.4-54.4}{0.50-0.40}=240$(cm/s)

4　小球にはたらく摩擦や空気抵抗が無視できるとき，小球にはたらく力学的エネルギー（位置エネルギーと運動エネルギーの和）は一定になる。位置エネルギーと運動エネルギーの和が常に一定になっているアが正答となる。

5　力学的エネルギーが保存されるとき，小球のもつ位置エネルギーが運動エネルギーに移り変わる時期が早いほど，小球は早くレールの右端に到着する。

宮城県公立高等学校

《2022 国語 解答例》

第一問 問一．①にぎ ②ひそ ③とうすい ④敬 ⑤反省 ⑥推測 問二．①ウ ②ア 問三．エ
問四．㈠実施する ㈡ア ㈢イ ㈣エ ㈤「習慣」という語を、同音の「週間」と誤解する恐れがあるから。

第二問 問一．エ 問二．描きたい漫画を描いて人気を得る 問三．㈠俺の漫画家 ㈡イ 問四．漫画家としての人生を諦めず、よい機会が来るのを待ちながら、自分のペースで漫画を描いていこうという気持ち。 問五．ウ

第三問 問一．ア 問二．相手の「おもい」を受け止める必要がある 問三．㈠自らの内面で生起したこと ㈡エ 問四．ウ 問五．呼吸における吸うことと吐くことの関係と同様に、読むためには書くこと、書くためには読むことが必要だということ。

夫レ治ムルハレ国ヲ、

第四問 問一．右漢文 問二．ウ 問三．㈠君主が心清らかである ㈡イ

第五問 (例文)選んだ記号…ア
俳句の初句に「見渡せば」とあるので、作者が高い場所や開けた土地に立ち、遠くに広がる景色を眺めている様子が想像できる。二句、三句を「春の訪れここにある」とすることによって、作者の視線が、はるかかなたから自分のすぐそばに移り、そこで菜の花やモンシロチョウなど、春の訪れを告げるものを発見した様子が思い浮かぶ。このときの驚きと喜びの心情を表現できると考えた。

《2022 数学 解答例》

第一問 1．-11 2．10 3．$\frac{1}{5}y$ 4．4 5．$2\sqrt{2}$ 6．$x=-3$，$x=4$ 7．$-\frac{10}{3}$ 8．103

第二問 1．(1)$(-2，-4)$ (2)$y=\frac{3}{2}x-1$ 2．(1)12π (2)27：98 3．(1)$\frac{3}{10}x$〔別解〕$\frac{30}{100}x$ (2)27
4．(1)20，25 (2)ア，エ

第三問 1．(1)12 (2)$\frac{5}{12}$ 2．(1)50 (2)(ア)右グラフ (イ)19，45

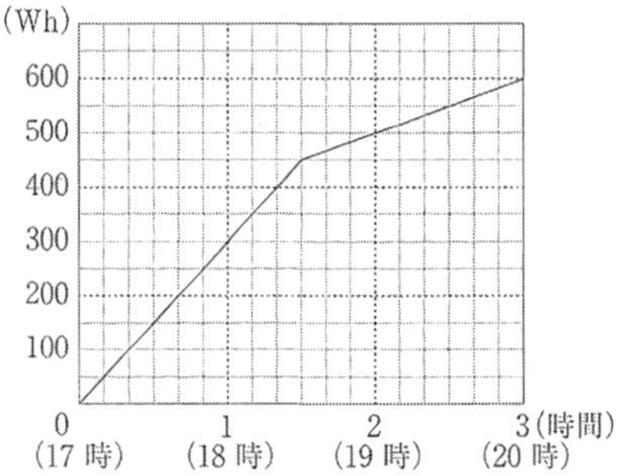

第四問 1．$2\sqrt{5}$
2．△ABCと△ADEにおいて，
共通な角だから，∠BAC＝∠DAE…①
線分ABは円Oの直径だから，∠ACB＝90°…②
仮定から，∠AED＝90°…③
②，③より，∠ACB＝∠AED…④
①，④より，2組の角がそれぞれ等しいから，△ABC∽△ADE
3．$\frac{8\sqrt{5}}{9}$ 4．14：9

《2022 社会 解答例》

第一問 1．エ 2．ア 3．(1)エ (2)ウ 4．イ

第二問 1．(1)筑紫 (2)イ (3)ウ 2．(1)ア (2)台風の影響を受けにくい農業生産を進めることで，台風による農業被害を減らすとともに，牛肉などの県産農産物のブランド化を進めることで，輸入量が増加する外国産農産物に対抗するための競争力を高めようとした。

第三問　1．冠位十二階　　2．ウ　　3．ウ→ア→イ　　4．ア　　5．関西地方産のしょうゆが廻船で海上輸送されていたのにかわり，関東地方産のしょうゆが河川を利用して輸送されるようになった。

第四問　1．(1)ア　(2)イ　(3)公正取引委員会　　2．エ　　3．自身の運転や公共交通機関による移動が難しい高齢の患者にとって，移動が不要だという利点がある一方，通信用機器の使用が難しい高齢の患者には，受診に支援が必要だという課題がある。

第五問　1．(1)パンパ　(2)カ　　2．(1)イ　(2)ブラジルを植民地にしたポルトガルが，先住民を支配し，アフリカから奴隷として連れてこられた人々を労働力としたこと。　　3．ウ

第六問　1．イ→ウ→ア　　2．人間　　3．イ　　4．(1)エ　(2)国際協力活動に参加しやすくなることで，国際貢献に取り組む市民が日本で増えるとともに，課題解決に必要な知識や技術の伝達などを通じて現地の人の自立を支援することで，活動対象地域の持続的な発展が見込まれる。

《2022　英語　解答例》

第一問　問題1．1番…ウ　2番…エ　　問題2．1番…ウ　2番…イ　　問題3．1番…ア　2番…ウ　3番…エ
問題4．I'm going to clean my room.

第二問　1．(1)エ　(2)イ　(3)ウ　　2．(1)washed　(2)example　　3．(1)エ→イ→ア→ウ　(2)イ→オ→エ→ア→ウ

第三問　1．友美はとても緊張していたから。　　2．He wanted her to write about her feelings in a notebook.　　3．エ
4．オ→エ→イ→ウ→ア　　5．what I should do

第四問　1．イ　　2．地元の農家の野菜を使用することで，お客さんのためにおいしい料理を作ることができるから。
3．(1)Because she likes to make things with her hands.　(2)She found that she was speaking too fast and her voice was small.　　4．(1)ウ　(2)イ　(3)イ　(4)エ

第五問　1．What does she like?　　2．I want to sing some Japanese songs for her because she studies Japanese.　She can learn some Japanese words in the songs.　I hope she will enjoy the party.

《2022　理科　解答例》

第一問　1．(1)動脈血　(2)エ　(3)血液の逆流を防いでいる。　　2．(1)火山岩　(2)ウ　(3)①ア　②エ
3．(1)溶質　(2)直流　(3)イ　(4)ウ　(5)0.025　(6)エ

第二問　1．葉緑体　　2．エ　　3．ウ　　4．①ア　②ウ　③カ　　5．条件…オオカナダモを入れない。
観察結果…緑色から変化しない。

第三問　1．天球　　2．①ア　②ウ　　3．イ
4．(1)エ　(2)イ

第四問　1．イ　　2．1.2　　3．右図　　4．ウ
5．4.8

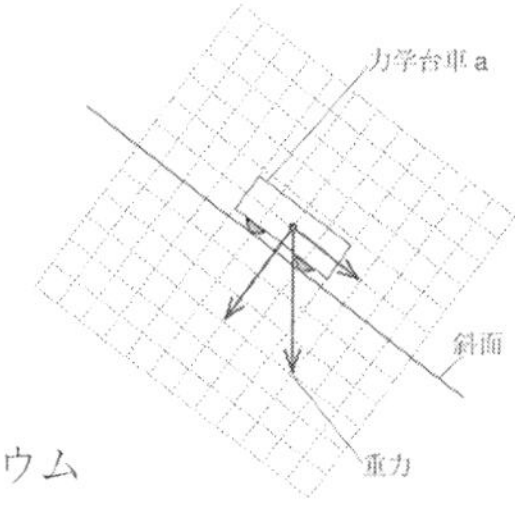

第五問　1．イ　　2．HCl　　3．右グラフ
4．ビーカーC，D，Eに入っている塩化バリウムが，すべて硫酸と反応したから。　　5．1.25

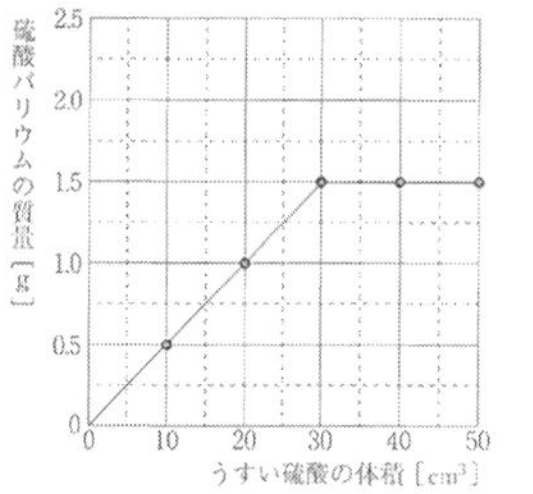

←解答例は前のページにありますので，そちらをご覧ください。

《2022　国語　解説》

第一問

問二①　「一石二鳥《いっせきにちょう》」は、一つの事をして二つの利益を得ること。　②　「大器晩成《たいきばんせい》」は、大きな器《うつわ》は早く作り上げることができないように、偉大な人物は世に出るまでに時間がかかるということ。

問四(一)　自分たち「図書委員会が」とつながるようにするには、「実施する」と直す。　(二)　――線②の直前で「企画が複数あるので～具体的に紹介する前に～情報を整理する」と言っていることに、アの「いくつあるのかを述べる」が適する。　(三)　「伝えたい内容が正確に伝わるように」するための工夫である。ここでは「先生がおすすめする一冊」という記事が掲載されることを強調したいので、その記事名の後で間を取っている、イが適する。

(四)　「普段借りることができる冊数とは異なると伝わりそうだけれど、少し唐突な感じがするよ～何か理由があるのかな」と、自分の気になった点について、その意図を聞こうとしているので、エが適する。　(五)　「読書週間」について放送しているのである。同じ音の「読書習慣」では、音声だけで判断する聞き手にとってわかりにくいということ。

第二問

問一　――線①の直前に「なるほど、と亮二《りょうじ》はうなずいた」「わかるような気がします」とあることから、共感したことが読みとれる。何に共感したのか。それは、この前で老紳士が言った「ああこれ(似顔絵描き)が自分の天職だったのか～毎日毎日笑顔を見つめて、笑顔を写し取り～笑顔に囲まれて暮らしてゆける。なんて幸せな日々を得たのだろう」という話である。そのうえで「俺も～似顔絵に挑戦してみようかな」と言っているので、エが適する。アの「自分の天職であると気づいた」、イの「不安なので、よく考えようと思った」、ウの「早く決断すべきだと気づいた」は適さない。

問二　直前の「でも……」に続けて言いたいことを、「口ごもった」(言うのをためらった)のである。「口ごもった」あとで、「俺が本当に描きたい、ヒーローが活躍するような少年漫画は、人気が出なくて描けないですし～夢を見続けるのは、無理だったというか」と話していることから、亮二が「難しいと考えて」いる内容がわかる。つまり、自分が描きたい漫画で人気を得るのは難しいと考え、漫画家を引退することにしたということ。

問三　――線③の前後で老紳士が「人生に失敗とかバッドエンドとかってあるんですかねえ～続いている連載漫画みたいなものなんじゃないかと思うんですが。そう勝手に打ち切らなくても」「人生という漫画の読み手は自分。描くのも自分～夢の卵を抱えていてもいいんじゃないですか？」と言っている。なぜこのような話をしたのか。それは、亮二が「俺の漫画家としての人生は、失敗に終わった」などと言ったからである。老紳士は、そんなふうに考えなくてもよいのではと、ソフトな語り口でありながら、真剣に自分の考えを伝えているのである。

問四　――線④は、その直後の「一度地上に降りても、また空を目指してもいいのだ。何度だって」と同じ意味。亮二は、「いくつもの翼が、空を目指し、陸へと降りてきていた」という飛行機の様子を見ていて、自分も「何度飛び立ってもいいんだな」と思えたのである。このような心境になったのは、老紳士の言葉が心に響いていたから。それは「老紳士から聞いた言葉が、じんと沁《し》みていた。(そうか、諦めなくてもいいのか)(夢の卵を抱えていても、いいのか)(風を待つ――)」とあることから読みとれる。

問五　老紳士の言葉が心に沁みるまで、亮二は「夢を見続けるのは、無理だった」「俺の漫画家としての人生は、失敗に終わった」と決めつけていた。ウの描写は、「(そうか、諦めなくてもいいのか)(夢の卵を抱えていても、いいのか)(風を待つ——)」と思った直後にあり、その後で「何度飛び立ってもいいんだな」と思っているので、前向きに変化した亮二の心情が反映されていると言える。

第三問

問一　——線①の直後にある「会話は、互いが一方的に話していてもどうにか成り立つ」ということが「奇妙」なのである。つまり、会話は「互いが一方的に話していて」は成り立たなそうだと思われるが、「どうにか成り立つ」ので、「奇妙」だというのである。では、そもそも「会話」とはどういうものか。本文6行目に「誰かと言葉を交わすことを会話という」とある。これらの内容から、アが適する。

問二　——線②の直後で「対話は、(会話と違って)話者が自分の言いたいことを話したときに始まるのではなく、相手の『おもい』を受け止めたところに始まる」と述べていることからまとめる。

問三　——線③の1～4行後で「相手が語ることを受け止めるだけでなく、その言葉を受けて自らの内面で生起《せいき》したことを～過去の賢者に送り届けなくてはならない～それは『書く』ことにほかならない」と具体的に説明している。ここでの「相手」「過去の賢者」は、前に引用された「良書を読むことは、著者である過去の世紀の一流の人びとと親しく語り合うようなもの」より、その書物を著した人であると読み取れる。

問四　——線④の直後で「『読む』あるいは『書く』という営みは～『あたま』だけでなく、心身の両面を含んだ『からだ』の仕事なのである」と述べていることから、ウが適する。「読む」ことを「あたま」に取り込むことだとしているイ、エは適さない。アの「必要な言葉を」「不要な言葉が」という観点ではない。

問五　本文全体の構成をつかむ。最初に「世の中ではさまざまなことが呼吸的に行われている」ということを述べ、「対話」とはどのようなものであるかを説明したうえで、著者との対話である「読書」の話に導き、「『読む』と『書く』」の関係について述べている。具体的には、「『読む』と『書く』はまさに、呼吸のような関係にある」「深く『読む』ためには深く『書く』必要がある」「『読む』を鍛錬するのは『書く』で、『書く』を鍛えるのは『読む』なのである」ということが、筆者の主張のポイントである。よって、これらの内容をまとめる。

第四問

問一　「夫」(夫《そ》れ)のあと、「治国」を「国を治むるは」と読むので、「国」から「治」に一字返ることを表す「レ点」を入れる。

問二　【漢文(書き下し文)の内容】を参照。「根もと(「本根」)が揺らがなければ」が「君主(「君」)が心清らかであれば」に、「枝葉は繁茂する」が「人民(「百姓」)は～安楽となる」に対応している。よって、ウが適する。

問三㈠　【漢文(書き下し文)の内容】を参照。君主が心清らかであれば、人民は安楽(心身の苦痛や生活の苦労がなく、ゆとりがあること)となると言っている。　㈡　君主が心清らかであれば人民は安楽となるということを言うために、樹木の根もとが揺らがなければ枝葉は繁茂するという話と結びつけている。よって、イが適する。

【漢文(書き下し文)の内容】

　そもそも国を治めるのは、ちょうど樹木を植え育てるのと同じだ。根もとが揺らがなければ、枝葉は繁茂する。君主が心清らかであれば、人民はどうして安楽とならないことがあろうか(安楽とならないはずがない＝安楽となる)。

第一問

2　与式$=6+4=10$

3　与式$=\dfrac{3xy^2}{15xy}=\dfrac{1}{5}y$

4　与式$=a+4b-2a+b=-a+5b$

ここで，$a=-1$，$b=\dfrac{3}{5}$を代入すると，$-(-1)+5\times\dfrac{3}{5}=1+3=4$

5　与式$=3\sqrt{2}-\sqrt{2}=2\sqrt{2}$

6　与式より，$(x+3)(x-4)=0$　　$x=-3,\ 4$

7　**【解き方】反比例の式は$y=\dfrac{a}{x}$（aは比例定数）と表せる。**

$y=\dfrac{a}{x}$に点$(-5,\ 2)$の座標を代入すると，$2=\dfrac{a}{-5}$より，$a=-10$

$y=-\dfrac{10}{x}$のグラフ上で，x座標が3である点のy座標は，$y=-\dfrac{10}{3}$

8　△ABCの内角の和は180°なので，∠DAC＋∠DCA＝180°－43°－28°－32°＝77°

△ADCの内角の和は180°なので，∠x＝180°－(∠DAC＋∠DCA)＝180°－77°＝103°

第二問

1⑴　**【解き方】BとCはy座標に対して対称なので，Bの座標からCの座標が求められる。**

Bは放物線$y=-x^2$上の点で，x座標が$x=2$だから，y座標は，$y=-2^2=-4$

B$(2,\ -4)$とCはy軸に対して対称なので，C$(-2,\ -4)$である。

⑵　**【解き方】求める直線の式を$y=mx+n$として，A，Cの座標を代入することで，連立方程式をたてる。**

Aは放物線$y=\dfrac{1}{2}x^2$上の点で，x座標が$x=2$だから，y座標は，$y=\dfrac{1}{2}\times2^2=2$

直線$y=mx+n$は，A$(2,\ 2)$を通るので，$2=2m+n$，C$(-2,\ -4)$を通るので，$-4=-2m+n$が成り立つ。これらを連立方程式として解くと，$m=\dfrac{3}{2}$，$n=-1$となるので，求める直線の式は，$y=\dfrac{3}{2}x-1$である。

2⑴　底面積は$3^2\pi=9\pi$(cm²)，高さは4cmなので，体積は，$\dfrac{1}{3}\times9\pi\times4=12\pi$(cm³)

⑵　**【解き方】相似な立体の体積比は，相似比の3乗に等しいことを利用する。**

もとの円すいと円すいPは相似であり，相似比はAO：AB＝(3＋2)：3＝5：3となるので，体積比は，$5^3:3^3=125:27$となる。よって，円すいPと立体Qの体積比は，$27:(125-27)=27:98$

3⑴　カレーライスと回答した1年生の人数は，1年生全体の人数の$30\%=\dfrac{30}{100}=\dfrac{3}{10}$だから，求める人数は，$x\times\dfrac{3}{10}=\dfrac{3}{10}x$(人)

⑵　**【解き方1】1年生全体の人数をx人，2年生全体の人数をy人として，連立方程式をたてる。**

1年生と2年生の全体の人数は，合わせて155人だから，$x+y=155$…①

カレーライスと回答した1年生は$\dfrac{3}{10}x$人，2年生は$y\times\dfrac{24}{100}=\dfrac{6}{25}y$(人)と表せて，合わせて42人だから，$\dfrac{3}{10}x+\dfrac{6}{25}y=42$より，$5x+4y=700$…②

②－①×4でyを消去すると，$5x-4x=700-620$　　$x=80$

①に$x=80$を代入すると，$80+y=155$　　$y=75$

よって，2年生は75人なので，からあげと回答した2年生の人数は，$75\times\dfrac{36}{100}=27$(人)

【解き方2】1年生全体の人数をx人として，一次方程式をたてる。

2年生全体の人数は$(155-x)$人と表せる。カレーライスと回答した1年生は$\dfrac{3}{10}x$人，2年生は$(155-x)\times\dfrac{24}{100}=\dfrac{6}{25}(155-x)$(人)と表せて，合わせて42人だから，$\dfrac{3}{10}x+\dfrac{6}{25}(155-x)=42$　　$5x+4(155-x)=700$　　$x=80$

よって，２年生は155－80＝75(人)なので，からあげと回答した２年生の人数は，$75\times\frac{36}{100}$＝27(人)

4(1)　Ａ中学校の中央値は，100÷２＝50より，大きさ順で50番目と51番目の記録の平均である。

Ａ中学校は，記録が20m未満の生徒が３＋17＋26＝46(人)，25m未満の生徒が46＋24＝70(人)いるので，中央値は，20m以上25m未満の階級に入っている。

(2)　以下の解説では，例えば「20m以上25m未満の階級」のことを「20～25」のように表す。

ア．Ｂ中学校の中央値は，大きさ順で25番目と26番目の平均である。Ｂ中学校は20m未満が１＋８＋15＝24(人)，25m未満が24＋17＝41(人)いるから，中央値が入っている階級は，20～25となる。これはＡ中学校と同じなので，正しい。　　イ．記録の最大値は，Ａ中学校が30～35にあり，Ｂ中学校が35～40にある。よって，明らかにＢ中学校の方がＡ中学校よりも大きいから，正しくない。　　ウ．最頻値は，最も度数の大きい階級の階級値である。Ａの最頻値は15～20の階級値である17.5m，Ｂの最頻値は20～25の階級値である22.5mとなるので，正しくない。

エ．(相対度数)＝$\frac{\text{(その階級の度数)}}{\text{(総度数)}}$である。25～30の相対度数は，Ａ中学校が$\frac{20}{100}$＝0.2，Ｂ中学校が$\frac{6}{50}$＝0.12となるので，正しい。　　オ．(累積相対度数)＝$\frac{\text{(その階級までの累積度数)}}{\text{(総度数)}}$である。15～20の累積相対度数は，Ａ中学校が$\frac{3+17+26}{100}$＝0.46，Ｂ中学校が$\frac{1+8+15}{50}$＝0.48となるので，正しくない。

第三問

1(1)　Ａからの取り出し方は１～３の３通り，Ｂからの取り出し方は４～７の４通りあるので，球の取り出し方は全部で，３×４＝12(通り)ある。

(2)　景品がもらえるのは，「１と５」または「３と７」または「４」にシールを貼ったときである。

よって，(Ａ，Ｂ)から取り出した球の数字が，(１，４)(１，５)(２，４)(３，４)(３，７)の５通りのとき景品がもらえるから，求める確率は，$\frac{5}{12}$である。

2(1)　Ａの１時間あたりの消費する電力量は300Whだから，10分間＝$\frac{10}{60}$時間＝$\frac{1}{6}$時間で消費する電力量は，$300\times\frac{1}{6}$＝50(Wh)

(2)(ア)　最初の18時30分－17時＝１時間30分＝1.5時間で消費する電力量は，300×1.5＝450(Wh)

その後の20時－18時30分＝１時間30分＝1.5時間で消費する電力量は，100×1.5＝150(Wh)

よって，1.5＋1.5＝３(時間後)に消費する電力量は450＋150＝600(Wh)だから，３点(０，０)(1.5，450)(３，600)をそれぞれ直線で結べばよい。

(イ)　**【解き方】(ア)で求めたグラフに，休日のグラフをかきこみ，交点の時刻を求める。**

休日に，最初の17時30分－17時＝30分＝0.5時間で消費する電力量は０Whである。

その後の18時－17時30分＝30分＝0.5時間で消費する電力量は，100×0.5＝50(Wh)

その後の20時－18時＝２時間で消費する電力量は，300×２＝600(Wh)

よって，消費する電力量は，0.5時間後が０Wh，0.5＋0.5＝１(時間後)が50Wh，１＋２＝３(時間後)が，50＋600＝650(Wh)だから，休日のグラフは，４点(０，０)(0.5，０)(１，50)(３，650)をそれぞれ直線で結べばよい。

休日のグラフは右図のようになるから，○の時刻を求める。

18時30分の時点で平日は450Wh，休日は200Whであり，このｔ時間後に消費電力が等しくなるとすると，450＋100ｔ＝200＋300ｔが成り立つ。

これを解くとｔ＝$\frac{5}{4}$＝$1\frac{1}{4}$となり，$1\frac{1}{4}$時間＝１時間($\frac{1}{4}$×60)分＝１時間15分だから，求める時刻は，18時30分＋１時間15分＝19時45分

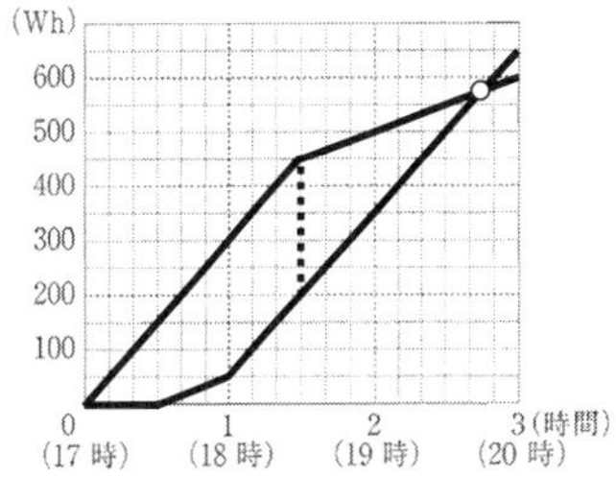

第四問

1　ＡＢは円Ｏの直径だから，$\angle ACB=90°$である。よって，△ＡＢＣについて，三平方の定理より，
$BC=\sqrt{AB^2-AC^2}=\sqrt{6^2-4^2}=\sqrt{20}=2\sqrt{5}$ (cm)

2　まず，問題文の仮定を図にかきこんで，証明のために必要な条件を探そう。条件が足りない場合は，問題の内容に応じて，図形の性質，平行線の同位角・錯角，円周角の定理などからわかることもかきこんでみよう。

3　**【解き方】△ＡＢＣ∽△ＡＤＥを利用して，ＥＤの長さ→ＥＣの長さ→△ＣＥＤの面積，の順で求める。**
△ＡＢＣと△ＡＤＥの相似比がＡＢ：ＡＤ＝６：４＝３：２だから，$ED=\frac{2}{3}CB=\frac{2}{3}\times 2\sqrt{5}=\frac{4\sqrt{5}}{3}$ (cm)
ＡＣ：ＡＥ＝３：２より，ＡＣ：ＥＣ＝３：(３－２)＝３：１，$EC=\frac{1}{3}AC=\frac{4}{3}$ (cm)
$\angle CED=90°$だから，$\triangle CED=\frac{1}{2}\times ED\times EC=\frac{1}{2}\times\frac{4\sqrt{5}}{3}\times\frac{4}{3}=\frac{8\sqrt{5}}{9}$ (cm²)

4　**【解き方】$ED=\frac{2}{3}CB$だから，ＤＧの長さがＣＢの長さの何倍かを求める。**

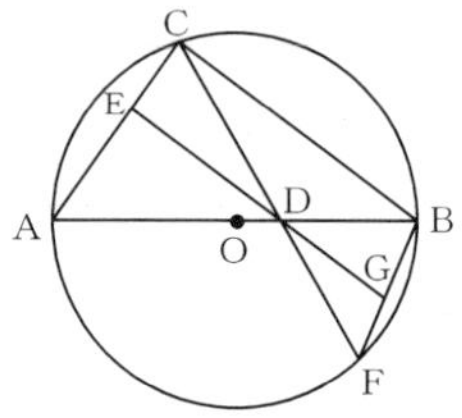

$\angle ACB=\angle AED$で同位角が等しいから，ＣＢ//ＥＧ
したがって，△ＦＣＢ∽△ＦＤＧだから，ＣＢ：ＤＧ＝ＦＣ：ＦＤである。
△ＣＥＤについて，三平方の定理より，
$CD=\sqrt{ED^2+EC^2}=\sqrt{(\frac{4\sqrt{5}}{3})^2+(\frac{4}{3})^2}=\sqrt{\frac{96}{9}}=\frac{4\sqrt{6}}{3}$ (cm)
△ＡＤＣ∽△ＦＤＢよりＡＤ：ＦＤ＝ＣＤ：ＢＤ＝$\frac{4\sqrt{6}}{3}$：２＝４：$\sqrt{6}$だから，$FD=\frac{\sqrt{6}}{4}AD=\frac{\sqrt{6}}{4}\times 4=\sqrt{6}$ (cm)
よって，ＦＤ：ＣＤ＝$\sqrt{6}$：$\frac{4\sqrt{6}}{3}$＝３：４だから，ＦＣ：ＦＤ＝(３＋４)：３＝７：３
したがって，ＣＢ：ＤＧ＝ＦＣ：ＦＤ＝７：３より，$DG=\frac{3}{7}CB$だから，ＥＤ：ＤＧ＝$\frac{2}{3}CB$：$\frac{3}{7}CB$＝14：９

《2022　社会　解説》

第一問

1　エ　　アテネは現在のギリシャの首都であり，古代ギリシャの都市国家(ポリス)の時代には，市民による直接民主制が行われていた。

2　ア　　ルソーは，『社会契約論』で知られるフランスの啓蒙思想家。ロックはイギリス，マルクスはドイツ，ナポレオンはフランス。

3⑴　エ　　大正時代は1912年～1926年。初の本格的な政党内閣は，1918年に原敬首相によって実現された。アの自由民権運動とイの大日本帝国憲法の制定は明治時代，エの選挙権が男女に等しく認められたのは昭和時代。

⑵　ウ　　財産権は，自由権の中の経済活動の自由にあてはまる。基本的人権は，平等権・自由権・社会権・参政権・請求権などに分かれる。イの生存権は社会権，エの裁判を受ける権利は請求権に分類される。

4　イ　　直接民主制は，国民(住民)が直接選ぶことだから，最高裁判所裁判官の国民審査があてはまる。憲法改正の発議・内閣総理大臣の指名・裁判官に対する弾劾裁判は，いずれも国民が選んだ代表者(国会議員)が審議するので間接民主制にあたる。

第二問

1⑴　筑紫平野　　筑後川流域に広がる筑紫平野は，米と麦の二毛作地帯である。　⑵　イ　　桜島から噴出された火山灰が，西からの風に乗って大隅半島に堆積し，水はけのよいシラスが形成された。ア．Ｐの地域は平坦な砂浜海岸が広がる。ウ．Ｒの地域には大きな河川がなく三角州は形成されていない。エ．Ｓの沖縄島には，火山活

動が見られる火山はない。　(3)　ウ　Xの鹿児島県は，肉用牛・豚・ブロイラーの生産量がそれぞれ全国上位である。アは沖縄県，イは大分県，エは長崎県。

2(1)　ア　きゅうりは夏野菜だから，夏に出荷している②が福島県，冬に出荷している①が宮崎県である。抑制栽培は，光や熱を調節することで，成長を遅らせる栽培方法。電照菊栽培や高冷地農業で見られる。

(2)　資料Eと関連のある語句を資料Dから探すと「早期に収穫できる水稲」，資料Fと関連のある語句を資料Dから探すと「畜産を導入」「みやざきブランドの確立」が見つかる。これらを解答例のようにつなげればよい。

第三問

1　冠位十二階　冠位十二階は，聖徳太子によって定められた。有能な豪族を取り立てるために冠位十二階が定められ，豪族らに役人としての心構えを教えるために十七条の憲法が制定された。

2　ウ　アは弥生時代，イとエは江戸時代。

3　ウ→ア→イ　ウ(元寇・鎌倉時代)→ア(鎌倉幕府の滅亡)→イ(南北朝の動乱・室町時代)

4　ア　「江戸を中心とした庶民の文化」とあることから化政文化と判断する。元禄文化は，上方(京都・大阪)を中心とした文化である。多色刷りの木版画を錦絵と呼ぶ。水墨画は，墨一色でかかれた絵で，室町時代に活躍した雪舟の『秋冬山水図』などが知られている。

5　江戸時代に治水工事が行われ，利根川が太平洋岸の銚子まで流れるようになると，銚子や野田でつくられたしょうゆが，船で江戸まで運ばれるようになった。江戸時代，酒やしょうゆには防腐剤が入っていなかったため，腐ったり酸化したりすることも多く，運搬に時間をかけない方がよかった。そのため，大阪より運搬に日数のかからない関東地方のしょうゆが江戸に運ばれるようになった。

第四問

1(1)　ア　AＩは人工知能の略称。メスメディアは，新聞・雑誌・テレビ・ラジオなどの媒体。

(2)　イ　形のない商品を提供する業種をサービス業ということからも判断できる。

(3)　公正取引委員会　公正取引委員会は内閣府の外局である。

2　エ　インフォームドコンセントとは，医師と患者との十分な情報を得たうえでの合意を意味する。医師または看護師は，治療行為について患者に説明し，患者の疑問点を解消したうえで，患者の同意を得てから治療を行う。一般に手術前に同意書に署名を求めることなどもインフォームドコンセントの１つである。

3　移動手段を持たない高齢者にとってオンライン診療は有効といえる。しかし，高齢者になるほどインターネットの利用率は低く，機械の操作がわからない人が多くなるといった課題が読み取れる。

第五問

1(1)　パンパ　アルゼンチンのラプラタ川流域に広がる草原をパンパと呼ぶ。　(2)　カ　赤道はアマゾン川河口を通るから，Ⅱはほぼ赤道直下になる。Ⅱのアマゾン川流域は平坦な低地が広がるので，１年を通して気温が高いYがあてはまる。ⅠとⅢはほぼ同緯度にあるが，Ⅰはアンデス山中に位置するので標高は高く，Ⅲよりも平均気温は低くなると判断すれば，ⅠがZ，ⅢがXになる。

2(1)　イ　関東大震災は1923年に発生し，昭和恐慌は1929年に始まった。アの高度経済成長は1950年代後半から1973年までで，1973年と1979年に石油危機が発生した。ウの日露戦争は1904年。エの地租改正は1873年。

(2)　資料Eの「豚・牛はヨーロッパから」「アフリカ系の人々」とあることから，ブラジルのヨーロッパ系とアフリカ系の歴史的背景を取り上げればよい。ポルトガルによる植民地支配と奴隷貿易の内容が書かれていればよい。

3　ウ　アマゾン川流域に広がる熱帯雨林(セルバ)が，開発によって失われている。アはヨーロッパ，イはアフリカ，エは北アメリカやアジアなどで起こっている。

第六問

1　イ→ウ→ア　　イ(ベトナム戦争へのアメリカの介入・1965 年)→ウ(ベルリンの壁崩壊・1989 年)→ア(アメリカ同時多発テロ・2001 年9月 11 日)

2　人間　　人権・保健衛生・貧困・環境など，幅広く人間の暮らしから安全保障を考えることを，人間の安全保障と言う。

3　イ　　イの世界保健機関(ＷＨＯ)が正しい。アは平和維持活動，ウは国連教育科学文化機関，エは国連児童基金の略称。基本的にＷで始まったら世界，ＵＮで始まったら国連の言葉から始まる。

4(1)　エ　　オランダの援助額計に占める国際機関向け援助額の割合は 19÷53×100≒35.8(%)，日本の同割合は，38÷156×100≒24.4(%)だから，日本に比べて大きい。ア．国際機関向け援助の並び順は，イギリス＞ドイツ＞フランス＞アメリカ＞日本＞オランダだから，援助額計の順と一致しない。イ．アメリカの援助額計に占める二国間援助額の割合は，293÷335＝0.87 より，9割に満たない。また，ドイツ，イギリスについても同様である。
ウ．日本よりドイツの方が，二国間援助額に占める技術協力の額の割合が高い。　　(2)　資料Ｃから，国際協力活動を行う市民を募る動きがあることを読み取り，資料Ｄから，ＮＧＯやＮＰＯが現地の人の自立を促す支援をしていることを読み取る。

《2022　英語　解説》

第一問

問題１　**１番**　「サンドイッチを作るパンがなかったので，おにぎりを２つ作りました」…ウが適切。
２番　「火曜日はいつもピアノのレッスンがあるのですが，来週は木曜日にあります。来週の火曜日はサッカーの試合を観に行くことができます」…エが適切。

問題２　**１番**　太郎「君は素敵なＴシャツを着ているね」→サリー「ありがとう，太郎」→太郎「どこで手に入れたの？」より，ウ「スポーツ店で買ったわ」が適切。　　**２番**　太郎「やあ，サリー。 今日はうれしそうだね」→サリー「実は，私たちに良い知らせがあるの」→太郎「それは何？」より，イ「私たちのお気に入りの歌手が私たちの街に来るの」が適切。

問題３　【放送文の要約】参照。　**１番**　「聡太はなぜシドニーへ行くのですか？」…ア「家族に会いに行くため」が適切。　　**２番**　「ジェーンはシドニーでの聡太の計画について何と言っていますか？」…ウ「聡太は海に泳ぎに行くべきではない」が適切。　　**３番**　「なぜ聡太はジェーンの考えが好きなのですか？」…エ「彼は家族と話すことができ，美しい海を一緒に見ることができます」が適切。

【放送文の要約】

聡太　　：ジェーン，ちょっと聞いてよ！僕はこの夏オーストラリアに行くんだ。
ジェーン：いいわね！
聡太　　：姉がシドニーで英語を勉強しているよ。1番ア父と僕は姉に会いに行くんだ。
ジェーン：なるほど。楽しんできてね。
聡太　　：ありがとう。僕はそこで姉とたくさんの時間を過ごしたいんだ。今，姉と海に泳ぎに行く予定を立てているよ。
ジェーン：2番ウそれはやめた方がいいと思うわ。とても寒くて泳げないよ。あなたがシドニーにいるときは冬だわ。
聡太　　：ああ，それじゃあだめだね。シドニーは美しい海で有名だから泳ぎたかったよ。

ジェーン：それじゃあ，海岸沿いを歩くのはどう？お姉さんと話したり，きれいな海を見たりして楽しむことができるわ。あなたのお父さんもお姉さんとたくさん話をしたがっていると思うわ。

聡太　：君の考えが気に入ったよ！僕たちは一緒に話しながら美しい海を見ることができるね。ありがとう，ジェーン。

問題4　彩が家ですることを考えて答える。ジャック「彩，明日は雨みたいだね」→彩「それじゃあ，山には行けないわ。明日は家にいるわ」→ジャック「何をするつもりなの？」→彩「(例文)部屋を掃除するつもりよ」

第二問

1(1)　be late for ～「～に遅れる」を使った疑問文。be 動詞のエ Were が適切。　(2)　call A B「AをBと呼ぶ」を使った文。A に入る代名詞は目的格にする。イが適切。　(3)　take care of ～「～の世話をする」より，ウが適切。

2(1)　現在完了〈have/has＋過去分詞〉の疑問文。過去分詞の washed が適切。　(2)　訪れた国の例を挙げている場面。for example ～「例えば～」より，example が適切。

3(1)　What time do you want me to get to the park?：「何時に～？」＝What time ～？

(2)　I like spring the best of all seasons.：「○○で一番～」は〈the＋最上級＋of＋○○〉で表す。

第三問　【本文の要約】参照。

1　下線部①の理由は直後の1文に書かれている。　・too … to ～「～するには…すぎる／…すぎて～できない」

2　「友美が自分の気持ちを話せなかったとき，サイトウ先生は何をしてほしかったのですか？」…第2段落3～4行目で，サイトウ先生は友美に自分の気持ちをノートに書くように言っている。

3　hers「彼女のもの」は her の所有代名詞である。ここでは her name「彼女の名前」のことである。

4　オ「友美は学校の初日に友達がいませんでした」→エ「サイトウ先生は友美が悲しそうだったのでアドバイスをしてくれました」→イ「友美は少女に話しかけることができなかったので申し訳ないと感じました」→ウ「友美はどのように感じたかをノートに書きました」→ア「友美は新しい学校で新しい友達を作りました」

5　第3段落6行目から，what I should do を抜き出す。感想文「友美さんのスピーチは素晴らしかったです。彼女のスピーチから，私は1つのことを学びました。困ったときは，自分の気持ちを書いて整理することが大切です。そうすることで，私が何をすべきか(＝what I should do)わかるでしょう」

【本文の要約】

私は夏休みの直後にこの町に引っ越してきました。この学校に知り合いがいなかったので，友達を作りたいと思っていました。私はこの学校の初日にクラスメートと話そうとしましたが，できませんでした。1緊張して声をかけられなかったからです。4オ寂しくて悲しかったです。

その日の放課後，担任のサイトウ先生が私のところに来てくれました。彼は「4エ友美さん，悲しそうですね。何か心配なことがあれば，いつでも私に話してください」と言いました。私はそれを聞いてうれしく思い，彼に私の気持ちを伝えたいと思いました。しかし，それは私にとって困難でした。すると彼は「2自分の気持ちを話せないなら，ノートに書いてほしいです。自分に何が起こったのか，どう感じたのかを書けば，自分の気持ちを整理することができますよ」と言いました。

サイトウ先生と話したあと，私はクラスメートのひとりに会いました。彼女は「またね，友美さん」と言いました。私はそれを聞いてうれしかったのですが，何も言えませんでした。4イ私は彼女に申し訳なく思いましたが，どうしたらいいかわかりませんでした。その夜，私はサイトウ先生の助言を思い出しました。4ウ私はノートを開き，自分の身に起こったことと，それについての私の気持ちを書き始めました。書き終えたとき，私は1つのことに気づきました。彼女は私の名前を呼んでくれたけど，私は彼女の名前を知りませんでした。教室で友達を作りたかったのですが，クラスメートのことを知ろうともしていませんでした。それから私には何をすべきかわかりました。私は彼女に話しかけて名前を聞くことにしました。

翌朝，私は学校の近くでその少女を見かけました。私はまだ緊張していましたが，そのとき私は何をすべきかわかっていました。私は彼女に「こんにちは！昨日は私に話しかけてくれてありがとう。あなたの名前は？」と言いました。彼女の名前はマサコでした。私たちは学校まで一緒に歩き，たくさん話をしました。4ア私はこの学校で初めての友達を作りました。

私はこの経験から自分の気持ちについて書くのは気持ちを整理する有効な方法だとわかりました。気持ちを整理することで，違った視点から自分の問題を見ることができました。問題を解決するために何をすべきかを見つけるのに役立ちました。困ったときは，私の言葉を思い出してください。

第四問　【本文の要約】参照。

1　直前の１文にある stuffed animals「ぬいぐるみ」を指している。

2　下線部②の理由は直後の１文に書かれている。

3(1)　「なぜエマはその会社での仕事を楽しんでいるのですか？」…エマの英文の１～２行目より，エマは手で物を作るのが好きだからである。主語が she になるので，動詞は likes にすること。　(2)　「リリーは自分の声を録音して聞いたとき，何に気づきましたか？」…リリーの英文の４行目より，早口で声が小さいことに気づいたことがわかる。

4　【パウロと春香の会話の要約】参照。(1)　ア「有名な」，イ「人気のある」，エ「難しい」は不適切。

(2)　ボブの英文の最後の１文より，ボブは彼のお客様と地元の農家の両方のことを考えていることがわかる。

・not only A but also B「ＡだけでなくＢも」　(3)　リリーの英文の６行目に，リリーは声に出して本を読む練習を続けていることが書かれている。　(4)　３人とも，誰かを喜ばせるために仕事をしていることが読み取れる。エ「自分たちの仕事は他の人を喜ばせている」が適切。

【本文の要約】

エマ　：私はアメリカのおもちゃ会社で働いています。私はそこで動物のぬいぐるみを作っています。3(1)私は手で物を作ることが好きなので，この仕事を楽しんでいます。私は自分の仕事について興味深いことを学びました。私の市の警察官は，小さい子どものためにパトカーにぬいぐるみを乗せています。小さな子どもたちは警察官を怖がることがあるので，①イそれら(＝ぬいぐるみ)が使われます。子どもたちが泣いているときでも，ぬいぐるみは子どもたちを安心させてくれます。私はこのことを知りませんでした。また，私の市のパトカーはすべて，私の会社が作ったぬいぐるみを乗せていることも知りました。私が作るぬいぐるみが，市の警察官と子どもたちを結びつけ，喜ばせています。私は自分の仕事に誇りを持っています。

ボブ　：私は５年前にシェフとして働き始めました。私のレストランはイギリスの小さな町にあります。他のレストランとは違います。私のレストランでは，おかしな形をしていて地元の農家が売れない野菜を使っています。ある日，地元の農家のひとりが私に「私の野菜を使ってくれてありがとうございます。いつも一生懸命育てているのでうれしいです。見た目はよくないですが，味はいいですよ」と言いました。これを聞いて私もうれしくなりました。私は仕事を通して地元の農家を支援しています。私も彼らに支えられています。2私は彼らの野菜を使ってお客様に美味しい料理を作ることができます。4(2)地元の農家とお客さんたちの両方のうれしそうな顔を見ることができてうれしいです。

リリー：学生時代，私は目の不自由な人のためにボランティアとして働いていました。私は彼らのために声に出して本を読みました。私が最初に手伝った人をまだ覚えています。私が声に出して本を読んでいるとき，彼女はうれしそうに見えませんでした。その後，私は自分の声を録音して聞いてみました。すると，3(2)私は早口で声が小さいことに気がつきました。 私が声に出して読んだ話は面白かったのですが，面白く聞こえませんでした。私は彼女がうれしそうではなかった理由がわかりました。朗読を上達させるために，私は声に出して本を読む練習を始めました。今では，カナダでオーディオブックを作っている会社で働いています。4(3)私は 15 年間働いていますが，良い朗読者になるために毎日声に出して物語を読む練習をしています。目の不自由な人は，好きなオーディオブックを聞くことで幸せな気持ちになれると信じています。

【パウロと春香の会話の要約】

パウロ：これらの話は，僕の将来の仕事について考える機会になったよ。

春香　：私もそう思うわ。私はエマの仕事に興味を持ったわ。だって私は手で服を作るのが好きだもの。

パウロ：彼女は自分が作ったぬいぐるみが警察官によって使われていることを知らなかった。自分たちの仕事が思いもよらないところで誰かのⒶウ役に立つ(＝helpful)ことを学んだよ。

春香　：その通りね。私はボブの働き方に興味を持ったわ。彼はⒷイ自分のお客様(＝his customers)だけでなくⒸイ地元の農家(＝local farmers)のことも考えているの。

パウロ：そうだね。僕はリリーの話から大切なことを学んだよ。僕たちは業務のスキルを向上させるために最善を尽くすべきだね。リリーはⒹイ毎日物語を声に出して読む練習をすること(＝practicing reading stories aloud every day)によってそれをやっているね。

春香　：この３人は異なる仕事をしているけど，「Ⓔエ自分たちの仕事は他の人を喜ばせています」という同じメッセージを私たちに送っているわ。

第五問

1① 直後にマイクが She likes ～.と答えているから，What を使って留学生が好きなものを尋ねる文を書く。

② ３文以上の条件を守って，交換留学生の歓迎会ですることを答える。留学生はマンガが好きで，日本語を勉強していることと関連付けた内容にする。果歩「来月，新しい交換留学生が私たちのクラスに来るよ」→マイク「知っているよ！彼女の名前はアリスだよね？とても楽しみだよ」→果歩「あなたは彼女について何か知っている？」→マイク「うん，少しね。僕は英語の先生から彼女のことを聞いたよ。彼女は日本文化に興味があるんだ」→果歩「①彼女は何が好きなの？(＝What does she like ?)」→マイク「彼女は日本のマンガが好きだよ。それで彼女は日本語を勉強しているんだ」→果歩「まあ，本当に？じゃあ，彼女の歓迎会を開こうよ」→マイク「それはいいね。果歩，パーティーで彼女に何をしてあげたいの？」→果歩「②(例文)彼女は日本語を勉強しているから，彼女のために日本語の歌を歌いたいよ。彼女は歌詞の中の日本語を学ぶことができるね。彼女がパーティーを楽しんでくれるといいな」

《2022　理科　解説》

第一問

1(1) 動脈血に対し，二酸化炭素を多くふくむ血液を静脈血という。　(2) ア×…ヘモグロビンは赤血球にふくまれる。また，血小板は出血したときに血液を固めるはたらきをする。イ×…アンモニアが肝臓に運ばれ，害の少ない尿素に変えられる。また，二酸化炭素は肺に運ばれ，体外に出される。ウ×…小腸で吸収されたブドウ糖やアミノ酸は，肝臓に運ばれ，たくわえられる。食物中の繊維は消化されにくく，小腸で吸収されなかったものとともに，便として肛門から排出される。

2(1) 火山岩には，玄武岩の他に安山岩や流紋岩がある。また，マグマが地下深くで長い時間をかけて冷え固まってできる火成岩が深成岩であり，斑れい岩やせん緑岩や花こう岩がある。　(2)　火山灰にふくまれる鉱物は流れる水のはたらきを受けていないので，角張ったものが多い。また，玄武岩は有色鉱物を多くふくむ黒っぽい火山岩だから，伊豆大島火山から噴出した火山灰も黒っぽいと考えられる。　(3)　有色鉱物を多くふくむマグマのねばりけは弱く，斜面に沿って流れ，広範囲に広がりやすい。佐藤さんが示したハザードマップの一部で，火山灰が降る可能性が高い区域が南西から北東に広がっていることがわかる。火山灰は風にのって広がるから，伊豆大島の上空には北東から南西に向かう風(北東の風)や南西から北東に向かう風(南西の風)がふくことが多いと考えられる。

3(2)　直流に対し，電流の向きが周期的に変わる電流を交流という。　(3)　亜鉛と銅とでは，亜鉛の方がイオンになりやすい。電子はイオンになりやすい方からなりにくい方に移動し，電流の向きは電子の移動の向きとは反対になるから，電流は＋極の銅板から，導線や抵抗器を通って，－極の亜鉛板に流れる。　(4)　もともと物質がもつエネルギーを化学エネルギーといい，化学変化を利用して化学エネルギーを電気エネルギーに変換して取り出す装置を(化学)電池という。　(5)　〔$電流(A)=\frac{電圧(V)}{抵抗(\Omega)}$〕より，$\frac{1.0}{40}=0.025(A)$となる。　(6)　銅板では，硫酸銅水溶液中の銅イオンが電子を受け取り，銅原子となって出てくる〔$Cu^{2+}+2e^{-}\rightarrow Cu$〕。また，亜鉛板では，亜鉛原子が電子を放出し，亜鉛イオンとなってとけ出している〔$Zn\rightarrow Zn^{2+}+2e^{-}$〕。

第二問

2　ＢＴＢ溶液は水溶液の液性を調べる試薬で，酸性で黄色，中性で緑色，アルカリ性で青色を示す。

3　光合成が行われるＡでは二酸化炭素の量が変わらないので，ＢＴＢ溶液の色は変化せず，光合成を行わないＢでは二酸化炭素の量が増えるので，ＢＴＢ溶液の色は黄色になると予想できる。

4　ＡではＢＴＢ溶液の色が青色に変化したから，二酸化炭素の量が減ったと考えられる。したがって，植物から放出された二酸化炭素の量より，植物に吸収された二酸化炭素の量の方が多かったと考えられる。ＢではＢＴＢ溶液の色が黄色に変化したから，二酸化炭素の量が増えたと考えられる。

5　Ａとオオカナダモ(植物)の有無だけが違う実験を行う必要がある(ＢＴＢ溶液に光を当てても色が変化しないことを確かめる必要がある)。

第三問

2　②太陽は東からのぼり，南の空で最も高くなり，西に沈むから，東にある地点ほど，日の出の時刻，南中時刻，日の入りの時刻ははやくなる。

3　太陽がＸからＡまで移動するのにかかる時間は，$1\times\frac{8.7}{2.3}=\frac{87}{23}$(時間)→約３時間47分だから，日の出の時刻は８時の３時間47分前の４時13分である。

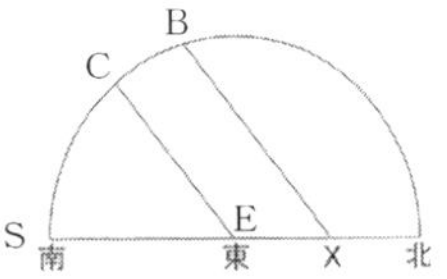

4(1)　図２に右図のように記号をおくと，夏至の日の太陽の南中高度は∠ＢＥＳ，秋分の日の太陽の南中高度は∠ＣＥＳとなるから，夏至の日から秋分の日にかけて，太陽の南中高度は低くなるとわかる。また，夏至の日の日の出の位置は真東より北寄り，秋分の日の日の出の位置は真東だから，夏至の日から秋分の日にかけて，日の出の位置は南寄りになっていく。

(2)　地軸の傾きが０°(地軸が公転面に対し垂直)になると，太陽の通り道は１年中，現在の秋分の日や春分の日のようになる。したがって，地軸の傾きが小さくなるにつれて，太陽の通り道は，現在の夏至の日から秋分の日に近づいていくと考えられる。

第四問

1　ばねに力を加えるとばねがのびたのは，物体に力を加えて物体の形が変化したからであり，イを選べばよい。

2　図２より，2.5Nの力を加えると，Ｂは1.0cmのびるから，3.0Nの力を加えると$1.0\times\frac{3.0}{2.5}=1.2$(cm)のびる。

3　重力の矢印を対角線とする平行四辺形(ここでは長方形)の隣り合う２辺が分力となる。

4　ｂの重さ(1000ｇ)はａの重さ(500ｇ)の２倍だから，力学台車にはたらく重力も２倍となり，重力の斜面下向きの分力の大きさも(ＹはＸの)２倍になる。なお，図３のＡののびが3.0㎝だからＸは3.0Ｎ，図４のＢののびが2.4㎝だからＹは6.0Ｎとわかる。

5　４解説より，100ｇのおもりを１個のせると，Ａののびは$3.0\times\frac{100}{500}=0.6$(㎝)増え，200ｇのおもり１個をのせると，Ｂののびは$2.4\times\frac{200}{1000}=0.48$(㎝)増える。Ｂののびが小数第一位までの数になるのは，200ｇのおもりを５個，10個，…とのせたときだから，最初に５個のせて，Ｂののびが$2.4+0.48\times5=4.8$(㎝)になるときについて考える。Ａののびが4.8㎝となるとき，ａにのせるおもりの重さは$100\times\frac{4.8}{0.6}-500=300$(ｇ)となるから，100ｇのおもりを３個のせればよい。よって，求めるばねののびは4.8㎝である。

第五問

1　化学式で表すと，アはH_2，イはNH_3，ウはS，エはMgである。

2　塩化バリウム〔$BaCl_2$〕と硫酸〔H_2SO_4〕が反応すると，塩化水素〔HCl〕と硫酸バリウム〔$BaSO_4$〕ができる。なお，化学反応式では矢印の前後で原子の組み合わせは変わるが，原子の種類と数が変わらないことから，①にあてはまる化学式を考えることもできる。

5　表と３のグラフより，うすい塩化バリウム水溶液50.0㎤とうすい硫酸30.0㎤がちょうど反応し，1.50ｇの硫酸バリウムができるとわかる。したがって，Ｆではうすい硫酸25.0㎤とうすい塩化バリウム水溶液$50.0\times\frac{25.0}{30.0}=\frac{125}{3}$(㎤)がちょうど反応して，$1.50\times\frac{25.0}{30.0}=1.25$(ｇ)の硫酸バリウムができる。

■ ご使用にあたってのお願い・ご注意

（１）問題文等の非掲載

著作権上の都合により，問題文や図表などの一部を掲載できない場合があります。

誠に申し訳ございませんが，ご了承くださいますようお願いいたします。

（２）過去問における時事性

過去問題集は，学習指導要領の改訂や社会状況の変化，新たな発見などにより，現在とは異なる表記や解説になっている場合があります。過去問の特性上，出題当時のままで出版していますので，あらかじめご了承ください。

（３）配点

学校等から配点が公表されている場合は，記載しています。公表されていない場合は，記載していません。

独自の予想配点は，出題者の意図と異なる場合があり，お客様が学習するうえで誤った判断をしてしまう恐れがあるため記載していません。

（４）無断複製等の禁止

購入された個人のお客様が，ご家庭でご自身またはご家族の学習のためにコピーをすることは可能ですが，それ以外の目的でコピー，スキャン，転載（ブログ，ＳＮＳなどでの公開を含みます）などをすることは法律により禁止されています。学校や学習塾などで，児童生徒のためにコピーをして使用することも法律により禁止されています。

ご不明な点や，違法な疑いのある行為を確認された場合は，弊社までご連絡ください。

（５）けがに注意

この問題集は針を外して使用します。針を外すときは，けがをしないように注意してください。また，表紙カバーや問題用紙の端で手指を傷つけないように十分注意してください。

（６）正誤

制作には万全を期しておりますが，万が一誤りなどがございましたら，弊社までご連絡ください。

なお，誤りが判明した場合は，弊社ウェブサイトの「ご購入者様のページ」に掲載しておりますので，そちらもご確認ください。

■ お問い合わせ

解答例，解説，印刷，製本など，問題集発行におけるすべての責任は弊社にあります。

ご不明な点がございましたら，弊社ウェブサイトの「お問い合わせ」フォームよりご連絡ください。迅速に対応いたしますが，営業日の都合で回答に数日を要する場合があります。

ご入力いただいたメールアドレス宛に自動返信メールをお送りしています。自動返信メールが届かない場合は，「よくある質問」の「メールの問い合わせに対し返信がありません。」の項目をご確認ください。

また弊社営業日（平日）は，午前９時から午後５時まで，電話でのお問い合わせも受け付けています。

2025 春

株式会社教英出版
〒422-8054　静岡県静岡市駿河区南安倍３丁目 12-28
TEL　054-288-2131　　FAX　054-288-2133
URL　https://kyoei-syuppan.net/
MAIL siteform@kyoei-syuppan.net

合格を確実にするために

多くの過去問にふれよう

過去8年分入試問題集

- 2024～2017年度を収録
- 過去問演習が最高・最善の受験勉強

［国·社·数·理·英］ 8月より順次発売

出版道県一覧

- 北海道公立高校 定価：各教科 715円（本体650円＋税）
- 宮城県公立高校 定価：各教科 660円（本体600円＋税）
- 山形県公立高校 定価：各教科 660円（本体600円＋税）
- 新潟県公立高校 定価：各教科 616円（本体560円＋税）
- 富山県公立高校 定価：各教科 660円（本体600円＋税）
- 長野県公立高校 定価：各教科 616円（本体560円＋税）
- 岐阜県公立高校 定価：各教科 660円（本体600円＋税）
- 静岡県公立高校 定価：各教科 616円（本体560円＋税）
- 愛知県公立高校 定価：各教科 660円（本体600円＋税）※
- 兵庫県公立高校 定価：各教科 660円（本体600円＋税）
- 岡山県公立高校 定価：各教科 616円（本体560円＋税）
- 広島県公立高校 定価：各教科 660円（本体600円＋税）
- 山口県公立高校 定価：各教科 715円（本体650円＋税）
- 福岡県公立高校 定価：各教科 660円（本体600円＋税）

※2022年度以前の問題は、ＡまたはＢグループいずれかの問題を収録

国立高専入試対策シリーズ

入試問題集 もっと10年分

（2019～2010年度）

- 出題の傾向が見える
- 苦手教科を集中的に学習

6月発売

［数·理·英］

定価：1,155円（本体1,050円＋税）

入試予想問題

高専受験生必携！

- 予想テストが5教科2回分
- 形式も傾向も入試そのもの

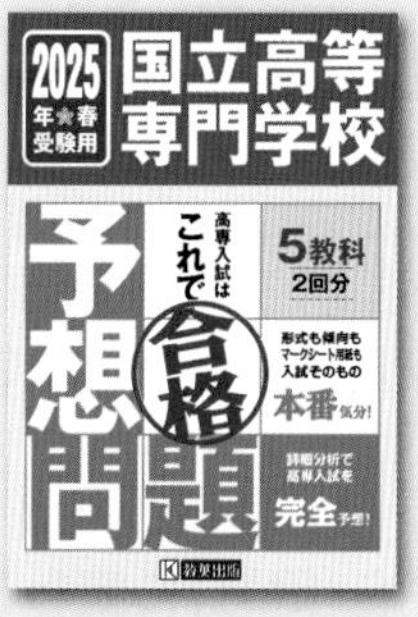

11月発売

定価：1,925円（本体1,750円＋税）

教英出版

詳しくは教英出版で検索

教英出版 検索

URL https://kyoei-syuppan.net/

教英出版の高校受験対策

高校入試 きそもんシリーズ

基礎をとことん勉強しよう

何から始めたらいいかわからない受験生へ

基礎問題集

- 出題頻度の高い問題を厳選
- 教科別に弱点克服・得意を強化
- 短期間でやりきれる

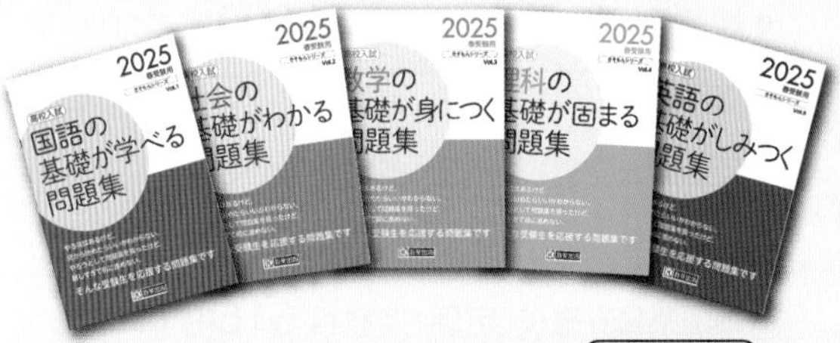

6月発売

[国・社・数・理・英]

各教科 定価：**638**円（本体580円＋税）

ミスで得点が伸び悩んでいる受験生へ

入試の基礎ドリル

- 反復練習で得点力アップ
- おかわりシステムがスゴイ!!
- 入試によく出た問題がひと目でわかる

9月発売

[国・社・数・理・英]

各教科 定価：**682**円（本体620円＋税）

1・2年の復習をしよう

高校入試によくでる中1・中2の総復習

高校合格へのパスポート

- 1課30分で毎日の学習に最適
- 選べる3つのスケジュール表で計画的に学習
- 中2までの学習内容で解ける入試問題を特集

5教科収録

5月発売

定価：**1,672**円（本体1,520円＋税）

ポイントをおさえよう

受験で活かせる力が身につく

高校入試 ここがポイント！

- 学習の要点をわかりやすく整理
- 基本問題から応用問題まで，幅広く収録
- デジタル学習で効率よく成績アップ

国語・社会・英語　数学・理科

6月発売

定価：**1,672**円（本体1,520円＋税）

聴く力を鍛えよう

「苦手」から「得意」に変わる

英語リスニング練習問題

- 全7章で，よく出る問題をパターン別に練習
- 解き方のコツや重要表現・単語がわかる
- 各都道府県の公立高校入試に対応

CD付

10月発売

定価：**1,980**円（本体1,800円＋税）

教英出版　2025年春受験用　高校入試問題集

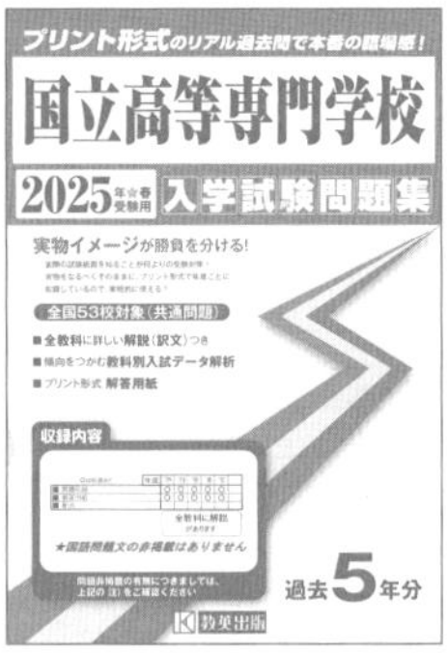

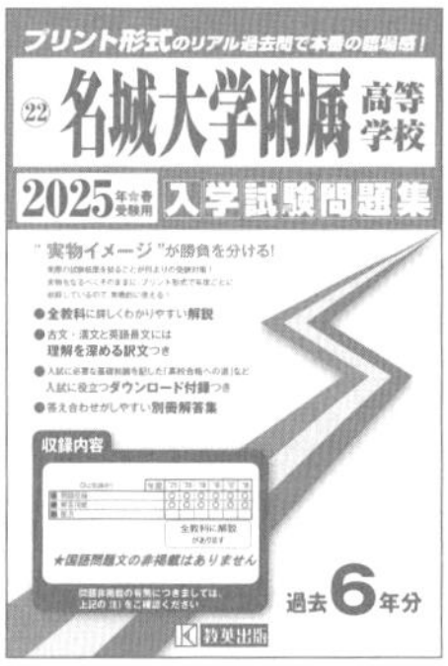

公立高等学校問題集

北海道公立高等学校
青森県公立高等学校
宮城県公立高等学校
秋田県公立高等学校
山形県公立高等学校
福島県公立高等学校
茨城県公立高等学校
埼玉県公立高等学校
千葉県公立高等学校
東京都立高等学校
神奈川県公立高等学校
新潟県公立高等学校
富山県公立高等学校
石川県公立高等学校
長野県公立高等学校
岐阜県公立高等学校
静岡県公立高等学校
愛知県公立高等学校
三重県公立高等学校(前期選抜)
三重県公立高等学校(後期選抜)
京都府公立高等学校(前期選抜)
京都府公立高等学校(中期選抜)
大阪府公立高等学校
兵庫県公立高等学校
島根県公立高等学校
岡山県公立高等学校
広島県公立高等学校
山口県公立高等学校
香川県公立高等学校
愛媛県公立高等学校
福岡県公立高等学校
佐賀県公立高等学校
長崎県公立高等学校
熊本県公立高等学校
大分県公立高等学校
宮崎県公立高等学校
鹿児島県公立高等学校
沖縄県公立高等学校

公立高 教科別8年分問題集

(2024年～2017年)

北海道(国·社·数·理·英)
宮城県(国·社·数·理·英)
山形県(国·社·数·理·英)
新潟県(国·社·数·理·英)
富山県(国·社·数·理·英)
長野県(国·社·数·理·英)
岐阜県(国·社·数·理·英)
静岡県(国·社·数·理·英)
愛知県(国·社·数·理·英)
兵庫県(国·社·数·理·英)
岡山県(国·社·数·理·英)
広島県(国·社·数·理·英)
山口県(国·社·数·理·英)
福岡県(国·社·数·理·英)

国立高等専門学校 最新5年分問題集

(2024年～2020年·全国共通)

対象の高等専門学校

釧路工業·旭川工業·
苫小牧工業·函館工業·
八戸工業·一関工業·仙台·
秋田工業·鶴岡工業·福島工業·
茨城工業·小山工業·群馬工業·
木更津工業·東京工業·
長岡工業·富山·石川工業·
福井工業·長野工業·岐阜工業·
沼津工業·豊田工業·鈴鹿工業·
鳥羽商船·舞鶴工業·
大阪府立大学工業·明石工業·
神戸市立工業·奈良工業·
和歌山工業·米子工業·
松江工業·津山工業·呉工業·
広島商船·徳山工業·宇部工業·
大島商船·阿南工業·香川·
新居浜工業·弓削商船·
高知工業·北九州工業·
久留米工業·有明工業·
佐世保工業·熊本·大分工業·
都城工業·鹿児島工業·
沖縄工業

高専 教科別10年分問題集

もっと過去問シリーズ
教科別
数学·理科·英語
(2019年～2010年)

学校別問題集

北海道

①札幌北斗高等学校
②北星学園大学附属高等学校
③東海大学付属札幌高等学校
④立命館慶祥高等学校
⑤北海高等学校
⑥北見藤高等学校
⑦札幌光星高等学校
⑧函館ラ・サール高等学校
⑨札幌大谷高等学校
⑩北海道科学大学高等学校
⑪遺愛女子高等学校
⑫札幌龍谷学園高等学校
⑬札幌日本大学高等学校
⑭札幌第一高等学校
⑮旭川実業高等学校
⑯北海学園札幌高等学校

青森県

①八戸工業大学第二高等学校

宮城県

①聖和学園高等学校(A日程)
②聖和学園高等学校(B日程)
③東北学院高等学校(A日程)
④東北学院高等学校(B日程)
⑤仙台大学附属明成高等学校
⑥仙台城南高等学校
⑦東北学院榴ケ岡高等学校
⑧古川学園高等学校
⑨仙台育英学園高等学校(A日程)
⑩仙台育英学園高等学校(B日程)
⑪聖ウルスラ学院英智高等学校
⑫宮城学院高等学校
⑬東北生活文化大学高等学校
⑭東北高等学校
⑮常盤木学園高等学校
⑯仙台白百合学園高等学校
⑰尚絅学院高等学校(A日程)
⑱尚絅学院高等学校(B日程)

山形県

①日本大学山形高等学校
②惺山高等学校
③東北文教大学山形城北高等学校
④東海大学山形高等学校
⑤山形学院高等学校

福島県

①日本大学東北高等学校

新潟県

①中越高等学校
②新潟第一高等学校
③東京学館新潟高等学校
④日本文理高等学校
⑤新潟青陵高等学校
⑥帝京長岡高等学校
⑦北越高等学校
⑧新潟明訓高等学校

富山県

①高岡第一高等学校
②富山第一高等学校

石川県

①金沢高等学校
②金沢学院大学附属高等学校
③遊学館高等学校
④星稜高等学校
⑤鵬学園高等学校

山梨県

①駿台甲府高等学校
②山梨学院高等学校(特進)
③山梨学院高等学校(進学)
④山梨英和高等学校

岐阜県

①鶯谷高等学校
②富田高等学校
③岐阜東高等学校
④岐阜聖徳学園高等学校
⑤大垣日本大学高等学校
⑥美濃加茂高等学校
⑦済美高等学校

静岡県

①御殿場西高等学校
②知徳高等学校
③日本大学三島高等学校
④沼津中央高等学校
⑤飛龍高等学校
⑥桐陽高等学校
⑦加藤学園高等学校
⑧加藤学園暁秀高等学校
⑨誠恵高等学校
⑩星陵高等学校
⑪静岡県富士見高等学校
⑫清水国際高等学校
⑬静岡サレジオ高等学校
⑭東海大学付属静岡翔洋高等学校
⑮静岡大成高等学校
⑯静岡英和女学院高等学校
⑰城南静岡高等学校
⑱静岡女子高等学校
⑲常葉大学附属常葉高等学校
常葉大学附属橘高等学校
常葉大学附属菊川高等学校
⑳静岡北高等学校
㉑静岡学園高等学校
㉒焼津高等学校
㉓藤枝明誠高等学校
㉔静清高等学校
㉕磐田東高等学校
㉖浜松学院高等学校
㉗浜松修学舎高等学校
㉘浜松開誠館高等学校
㉙浜松学芸高等学校
㉚浜松聖星高等学校
㉛浜松日体高等学校
㉜聖隷クリストファー高等学校
㉝浜松啓陽高等学校
㉞オイスカ浜松国際高等学校

愛知県

①[国立]愛知教育大学附属高等学校
②愛知高等学校
③名古屋経済大学市邨高等学校
④名古屋経済大学高蔵高等学校
⑤名古屋大谷高等学校
⑥享栄高等学校
⑦椙山女学園高等学校
⑧大同大学大同高等学校
⑨日本福祉大学付属高等学校
⑩中京大学附属中京高等学校
⑪至学館高等学校
⑫東海高等学校
⑬名古屋たちばな高等学校
⑭東邦高等学校
⑮名古屋高等学校
⑯名古屋工業高等学校
⑰名古屋葵大学高等学校
(名古屋女子大学高等学校)
⑱中部大学第一高等学校
⑲桜花学園高等学校
⑳愛知工業大学名電高等学校
㉑愛知みずほ大学瑞穂高等学校
㉒名城大学附属高等学校
㉓修文学院高等学校
㉔愛知啓成高等学校
㉕聖カピタニオ女子高等学校
㉖滝高等学校
㉗中部大学春日丘高等学校
㉘清林館高等学校
㉙愛知黎明高等学校
㉚岡崎城西高等学校
㉛人間環境大学附属岡崎高等学校
㉜桜丘高等学校

㉝光ヶ丘女子高等学校
㉞藤ノ花女子高等学校
㉟栄徳高等学校
㊱同朋高等学校
㊲星城高等学校
㊳安城学園高等学校
㊴愛知産業大学三河高等学校
㊵大成高等学校
㊶豊田大谷高等学校
㊷東海学園高等学校
㊸名古屋国際高等学校
㊹啓明学館高等学校
㊺聖霊高等学校
㊻誠信高等学校
㊼誉高等学校
㊽杜若高等学校
㊾菊華高等学校
㊿豊川高等学校

三重県

①暁高等学校(3年制)
②暁高等学校(6年制)
③海星高等学校
④四日市メリノール学院高等学校
⑤鈴鹿高等学校
⑥高田高等学校
⑦三重高等学校
⑧皇學館高等学校
⑨伊勢学園高等学校
⑩津田学園高等学校

滋賀県

①近江高等学校

大阪府

①上宮高等学校
②大阪高等学校
③興國高等学校
④清風高等学校
⑤早稲田大阪高等学校
(早稲田摂陵高等学校)
⑥大商学園高等学校
⑦浪速高等学校
⑧大阪夕陽丘学園高等学校
⑨大阪成蹊女子高等学校
⑩四天王寺高等学校
⑪梅花高等学校
⑫追手門学院高等学校
⑬大阪学院大学高等学校
⑭大阪学芸高等学校
⑮常翔学園高等学校
⑯大阪桐蔭高等学校
⑰関西大倉高等学校
⑱近畿大学附属高等学校
⑲金光大阪高等学校
⑳星翔高等学校
㉑阪南大学高等学校
㉒箕面自由学園高等学校
㉓桃山学院高等学校
㉔関西大学北陽高等学校

兵庫県

①雲雀丘学園高等学校
②園田学園高等学校
③関西学院高等部
④灘高等学校
⑤神戸龍谷高等学校
⑥神戸第一高等学校
⑦神港学園高等学校
⑧神戸学院大学附属高等学校
⑨神戸弘陵学園高等学校
⑩彩星工科高等学校
⑪神戸野田高等学校
⑫滝川高等学校
⑬須磨学園高等学校
⑭神戸星城高等学校
⑮啓明学院高等学校
⑯神戸国際大学附属高等学校
⑰滝川第二高等学校
⑱三田松聖高等学校
⑲姫路女学院高等学校
⑳東洋大学附属姫路高等学校
㉑日ノ本学園高等学校
㉒市川高等学校
㉓近畿大学附属豊岡高等学校
㉔夙川高等学校
㉕仁川学院高等学校
㉖育英高等学校

奈良県

①西大和学園高等学校

岡山県

①[県立]岡山朝日高等学校
②清心女子高等学校
③就実高等学校
(特別進学コース〈ハイグレード・アドバンス〉)
④就実高等学校
(特別進学チャレンジコース・総合進学コース)
⑤岡山白陵高等学校
⑥山陽学園高等学校
⑦関西高等学校
⑧おかやま山陽高等学校
⑨岡山商科大学附属高等学校
⑩倉敷高等学校
⑪岡山学芸館高等学校(1期1日目)
⑫岡山学芸館高等学校(1期2日目)
⑬倉敷翠松高等学校
⑭岡山理科大学附属高等学校
⑮創志学園高等学校
⑯明誠学院高等学校
⑰岡山龍谷高等学校

広島県

①[国立]広島大学附属高等学校
②[国立]広島大学附属福山高等学校
③修道高等学校
④崇徳高等学校
⑤広島修道大学ひろしま協創高等学校
⑥比治山女子高等学校
⑦呉港高等学校
⑧清水ヶ丘高等学校
⑨盈進高等学校
⑩尾道高等学校
⑪如水館高等学校
⑫広島新庄高等学校
⑬広島文教大学附属高等学校
⑭銀河学院高等学校
⑮安田女子高等学校
⑯山陽高等学校
⑰広島工業大学高等学校
⑱広陵高等学校
⑲近畿大学附属広島高等学校福山校
⑳武田高等学校
㉑広島県瀬戸内高等学校(特別進学)
㉒広島県瀬戸内高等学校(一般)
㉓広島国際学院高等学校
㉔近畿大学附属広島高等学校東広島校
㉕広島桜が丘高等学校

山口県

①高水高等学校
②野田学園高等学校
③宇部フロンティア大学付属香川高等学校
(普通科〈特進・進学コース〉)
④宇部フロンティア大学付属香川高等学校
(生活デザイン・食物調理・保育科)
⑤宇部鴻城高等学校

徳島県

①徳島文理高等学校

香川県

①香川誠陵高等学校
②大手前高松高等学校

愛媛県

①愛光高等学校
②済美高等学校
③FC今治高等学校
④新田高等学校
⑤聖カタリナ学園高等学校

福岡県

①福岡大学附属若葉高等学校
②精華女子高等学校(専願試験)
③精華女子高等学校(前期試験)
④西南学院高等学校
⑤筑紫女学園高等学校
⑥中村学園女子高等学校(専願入試)
⑦中村学園女子高等学校(前期入試)
⑧博多女子高等学校
⑨博多高等学校
⑩東福岡高等学校
⑪福岡大学附属大濠高等学校
⑫自由ケ丘高等学校
⑬常磐高等学校
⑭東筑紫学園高等学校
⑮敬愛高等学校
⑯久留米大学附設高等学校
⑰久留米信愛高等学校
⑱福岡海星女子学院高等学校
⑲誠修高等学校
⑳筑陽学園高等学校(専願入試)
㉑筑陽学園高等学校(前期入試)
㉒真颯館高等学校
㉓筑紫台高等学校
㉔純真高等学校
㉕福岡舞鶴高等学校
㉖折尾愛真高等学校
㉗九州国際大学付属高等学校
㉘祐誠高等学校
㉙西日本短期大学附属高等学校
㉚東海大学付属福岡高等学校
㉛慶成高等学校
㉜高稜高等学校
㉝中村学園三陽高等学校
㉞柳川高等学校
㉟沖学園高等学校
㊱福岡常葉高等学校
㊲九州産業大学付属九州高等学校
㊳近畿大学附属福岡高等学校
㊴大牟田高等学校
㊵久留米学園高等学校
㊶福岡工業大学附属城東高等学校
(専願入試)
㊷福岡工業大学附属城東高等学校
(前期入試)
㊸八女学院高等学校
㊹星琳高等学校
㊺九州産業大学付属九州産業高等学校
㊻福岡雙葉高等学校

佐賀県

①龍谷高等学校
②佐賀学園高等学校
③佐賀女子短期大学付属佐賀女子高等学校
④弘学館高等学校
⑤東明館高等学校
⑥佐賀清和高等学校
⑦早稲田佐賀高等学校

長崎県

①海星高等学校(奨学生試験)
②海星高等学校(一般入試)
③活水高等学校
④純心女子高等学校
⑤長崎南山高等学校
⑥長崎日本大学高等学校(特別入試)
⑦長崎日本大学高等学校(一次入試)
⑧青雲高等学校
⑨向陽高等学校
⑩創成館高等学校
⑪鎮西学院高等学校

熊本県

①真和高等学校
②九州学院高等学校
(奨学生・専願生)
③九州学院高等学校
(一般生)
④ルーテル学院高等学校
(専願入試・奨学入試)
⑤ルーテル学院高等学校
(一般入試)
⑥熊本信愛女学院高等学校
⑦熊本学園大学付属高等学校
(奨学生試験・専願生試験)
⑧熊本学園大学付属高等学校
(一般生試験)
⑨熊本中央高等学校
⑩尚絅高等学校
⑪文徳高等学校
⑫熊本マリスト学園高等学校
⑬慶誠高等学校

大分県

①大分高等学校

宮崎県

①鵬翔高等学校
②宮崎日本大学高等学校
③宮崎学園高等学校
④日向学院高等学校
⑤宮崎第一高等学校
(文理科)
⑥宮崎第一高等学校
(普通科·国際マルチメディア科·電気科)

鹿児島県

①鹿児島高等学校
②鹿児島実業高等学校
③樟南高等学校
④れいめい高等学校
⑤ラ・サール高等学校

新刊
もっと過去問シリーズ

愛知県

愛知高等学校
7年分(数学・英語)
中京大学附属中京高等学校
7年分(数学・英語)
東海高等学校
7年分(数学・英語)
名古屋高等学校
7年分(数学・英語)
愛知工業大学名電高等学校
7年分(数学・英語)
名城大学附属高等学校
7年分(数学・英語)
滝高等学校
7年分(数学・英語)

※もっと過去問シリーズは入学試験の実施教科に関わらず、数学と英語のみの収録となります。

教英出版
〒422-8054
静岡県静岡市駿河区南安倍3丁目12−28
TEL 054-288-2131
FAX 054-288-2133
詳しくは教英出版で検索
教英出版 検索
URL https://kyoei-syuppan.net/

受験番号	

令和６年度

公立高等学校入学者選抜

学力検査

国　語

（第１時　9：05～9：55）

宮城県公立高等学校

注　意

1　「始め」の合図があるまで、開いてはいけません。

2　解答用紙は、この表紙の裏面になります。

3　「始め」の合図があったら、この表紙を取り外し、表裏それぞれの面に受験番号を記入してから、解答用紙が表になるように折り返しなさい。

4　問題は、８ページまであります。

5　問題は、第一問から第六問まであります。

6　答えは、全て解答用紙に書き入れなさい。

7　「やめ」の合図で、すぐ鉛筆をおきなさい。

2024(R6) 宮城県公立高
教英出版

令和６年度

第１時

国語解答用紙

の欄には、記入しないこと。

第一問

/16

- 問一
  - ① 包（む） /2
  - ② 据（える） /2
  - ③ 輪郭 /2
  - ④ タ（らす） /2
  - ⑤ メンミツ /2
  - ⑥ チュウサイ /2
- 問二 /2
- 問三 /2

第二問

/14

- 問一 /2
- 問二 /2
- 問三 /3
- 問四 /2
- 問五 /2
- 問六 /3

第三問

/20

- 問一 /2
- 問二
  - (一) /3
  - (二) /4
- 問三 /3
- 問四 /3
- 問五 /5

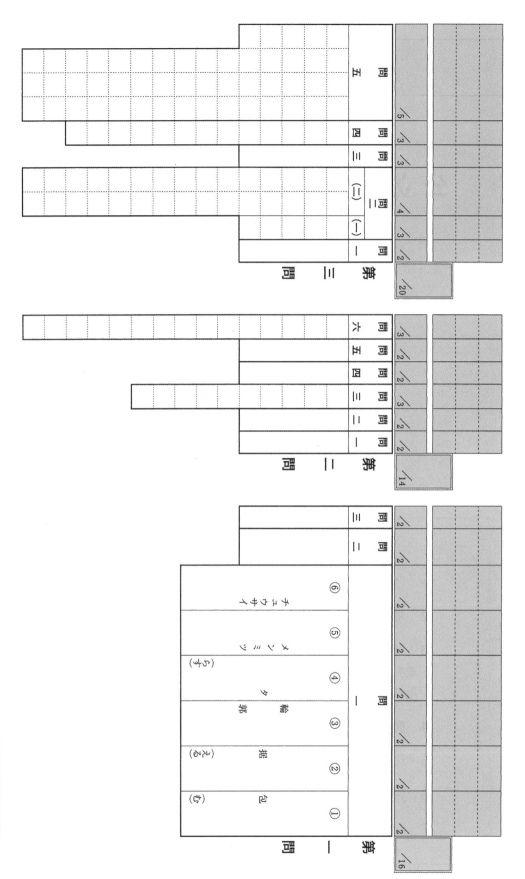

令和６年度
公立高等学校入学者選抜学力検査問題
国　語

第一問　次の問いに答えなさい。

問一　次の文の ―― 線部①～⑥のうち、漢字の部分はその読み方を**ひらがな**で書き、カタカナの部分は**漢字**に改めなさい。

・贈り物をきれいに①包む。

・屋上に望遠鏡を②据える。

・画用紙に顔の③輪郭を描く。

・池に釣り糸を④タらす。

・打ち合わせを⑤メンミツに行う。

・妹たちのけんかの⑥チュウサイに入る。

問二　次の文中には、誤って使われている熟語が一つあります。その熟語を、文意に合う**同音の正しい熟語**に改めて、**漢字**で答えなさい。

話し方に留意し、限られた発表時間の中で要点を完結に話す。

問三　次の行書で書かれた漢字について、○で囲んだa、bの部分に表れている行書の特徴の組み合わせとして、最も適切なものを、あとの**ア**～**エ**から**一つ**選び、記号で答えなさい。

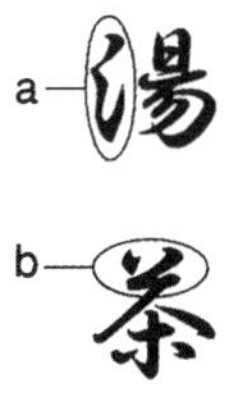

ア　a　点画の変化　―　b　点画の省略
イ　a　点画の連続　―　b　点画の省略
ウ　a　点画の省略　―　b　筆順の変化
エ　a　点画の連続　―　b　筆順の変化

第二問 ある中学校の体育委員会では、中学生の体力が低下しているという全国調査の結果が話題となり、委員会が主体となって、昼休みに運動の時間を設けることになりました。そこで、生徒の考えを取り入れた企画とするために、全校生徒を対象にアンケートを実施します。次は、体育委員会で作成中の**【アンケート用紙の下書き】**と、アンケート係のAさんたち三人が行った**【話し合いの一部】**です。あとの問いに答えなさい。

【アンケート用紙の下書き】

> **運動の企画に関するアンケート**
>
> 体育委員会では、昼休みに10分間の運動の時間を設けたいと考えています。皆さんの考えを取り入れた企画としたいので、次の質問に対して、あてはまるもの１つに○を付けてください。
>
> ご協力をお願いします。
>
> 質問１　運動の企画に取り組むんだったら、あなたはどのような単位で参加したいですか。
>
> **ア**　個人　**イ**　グループ　**ウ**　クラス
>
> 質問２　あなたはどれくらいの頻度で運動の企画に取り組みたいですか。
>
> **ア**　毎日　**イ**　１日おき　**ウ**　週１回
>
> 質問３　次の中で、あなたが取り組みたいと思う運動はどれですか。
>
> **ア**　ランニング
> **イ**　縄跳び
> **ウ**　ダンス
> **エ**　ボール
> **オ**　体力測定コーナー

【話し合いの一部】

〈Aさん〉　①**【アンケート用紙の下書き】**を見直して、アンケートがさらによいものになるよう、改善点を挙げていこう。これから、このアンケートの表現と、質問の形式について話し合うよ。まず、質問に入る前の文章の表現はどうかな。

〈Bさん〉　このアンケートの目的は伝わるけれど、体育委員会が運動の時間を設けることにした理由も伝えられないかな。

〈Cさん〉　全国調査の結果の資料をよく読んでみて、その文章の一部を［②］したらどうだろう。運動の時間を設けることに説得力を持たせることができるし、アンケートを実施する必要性もいっそう伝わると思うよ。

〈Bさん〉　そうだね。そのときは、資料の［③］をしっかり示そうね。

〈Aさん〉　なるほど。改善点として取り入れよう。次に、質問や選択肢の表現はどうかな。

〈Cさん〉　質問１について、この質問には話し言葉のくだけた表現が含まれているから、書き言葉に直した方がいいね。

〈Aさん〉　そうだね。アンケートは多くの人が読むものだから、適切な表現にしたいね。そのほかに気になる点はないかな。

〈Bさん〉　質問２について、アンケートの対象は全校生徒だから、④「頻度」という言葉は一年生には難しいかもしれないね。「回数」など別の言葉に改めることで、質問内容が正しく伝わると思うよ。

〈Cさん〉　なるほど。私は気にならなかったけれど、一年生のことを考えれば、Bさんの意見のとおりに言葉を改めた方が正しく伝わりそうだね。

〈Aさん〉　では、次の話題の、質問の形式について話し合おうか。

〈Bさん〉　質問１と２については、答えやすさや集計のしやすさを考えても選択式が適切な形式だと思うけれど、質問３については、記述式にして自由な考えを引き出した方がいいと思うよ。

〈Aさん〉　Bさんは、質問３の形式を記述式にした方がいいという意見だけれど、Cさんはどうかな。

〈Cさん〉　⑤私も、自由な考えを引き出すために、記述を取り入れるという考えには賛成だよ。ただし、記述式だと、さまざまな考えを引き出せる反面、記述内容を読み取って整理することが難しそうだね。選択式のまま、質問３の選択肢に「その他」を追加して、そこに記述欄を設けるというのはどうかな。

〈Bさん〉　なるほど、そうだね。あと、質問３の選択肢には、伝わりづらいものや選択肢としてふさわしくないものがあるね。

〈Cさん〉　そうだね。選択肢の「エ」は、この表現だと説明不足に感じるし、「オ」は運動とは言えないかな。

〈Aさん〉　選択肢の表現の適切さも吟味したいけれど、⑥今の話し合いの話題は質問の形式についてだから、選択肢の表現については、またあとで話し合おう。二人の意見を踏まえて、質問３は選択式と記述式を組み合わせるという方向で検討していこうか。

問一　**【話し合いの一部】**の中の「①**【アンケート用紙の下書き】**を見直して、」で始まるAさんの発言について説明したものとして、最も適切なものを、次の**ア**～**エ**から**一つ**選び、記号で答えなさい。

ア　話し合いのねらいを述べたうえで、話し合う際の話題を提示している。
イ　自分の立場を明らかにし、適切な根拠を挙げながら意見を述べている。
ウ　話し合いの中で、分からないことを質問したり確認したりしている。
エ　話の構成や順序を工夫しながら、問題点を分かりやすく指摘している。

問二　**【話し合いの一部】**の中の［②］、［③］にあてはまる言葉の組み合わせとして、最も適切なものを、次の**ア**～**エ**から**一つ**選び、記号で答えなさい。

ア　②　改変　―　③　訂正
イ　②　出典　―　③　引用
ウ　②　引用　―　③　出典
エ　②　訂正　―　③　改変

問三　**【アンケート用紙の下書き】**の中の～～～線部「取り組むんだったら」を、適切な書き言葉に改めて、**十字以内**で答えなさい。

問四　**【話し合いの一部】**の中に「④『回数』など別の言葉に改めることで、質問内容が正しく伝わると思うよ。」とありますが、このBさんの発言の意図について説明したものとして、最も適切なものを、次の**ア**～**エ**から**一つ**選び、記号で答えなさい。

ア　アンケート対象者の回答意欲を喚起し、企画提案者の熱意を率直に伝えようとしている。
イ　アンケート対象者の語彙力を踏まえることで、生徒全員から正確な回答を得ようとしている。
ウ　アンケート対象者の学習の実態を考慮し、全校生徒の表現力を高めようとしている。
エ　アンケート対象者の問題意識に訴えることで、大事なことを重点的に伝えようとしている。

問五　**【話し合いの一部】**の中の「⑤私も、」で始まるCさんの発言について説明したものとして、最も適切なものを、次の**ア**～**エ**から**一つ**選び、記号で答えなさい。

ア　このあとの話し合いの論点を提示して、自分の考えと異なる点を指摘し、具体例を挙げて反論している。
イ　自分の経験を話したり、ほかの人の経験を聞き出したりして、全員の考えを引き出そうとしている。
ウ　自分の意見にこだわらず、ほかの人の意見の納得できるところを見つけ、柔軟に意見を変えている。
エ　ほかの人の考えに対して賛同しながらも、工夫できることを加えて、よりよい案を提示している。

問六　**【話し合いの一部】**の中に「⑥今の話し合いの話題は質問の形式についてだから、選択肢の表現については、またあとで話し合おう。」とありますが、次の文は、このAさんの発言の意図についてまとめたものです。［　　］にあてはまる適切な表現を考えて、**十五字以内**で答えなさい。

> 話し合いの展開を捉え、［　　　　］ことをねらいとして発言している。

2024(R6) 宮城県公立高
K 教英出版

第　三　問　次の文章を読んで、あとの問いに答えなさい。

　人の髪を結うことが好きな六歳の靖成《やすなり》は、相撲観戦に出掛けた際、力士の髪を結う仕事をしている床芝《とこしば》の計らいにより、若関《わかぜき》という力士の髷《まげ》を結うところを見学させてもらった。中学校三年生になった靖成は二人に再会し、かつて刺々《とげとげ》しかった若関の変化に驚く。床芝の話から二人の関わり合いを知った靖成は、思わず自分の思いを口にする。

「若関のこと、俺……じゃない、僕はほとんどわかってないんですけど。あの人が変わったのは、床芝さんのおかげでもあるんじゃないかって、思うんです」

「……俺のおかげ？」

　床芝がきょとんとして聞き返す。靖成は頷《うなず》いて続けた。

「だって表情が昔と違って、なんか穏やかになってたんですよ。床芝さんが毎日一生懸命髷を結ってくれて、その思いが伝わったから、あの人も優しくなったのかなって。僕には、そういう風に見えました」

　若関だけでなく床芝のことも、靖成はほとんど知らない。でも、これだけはわかる。髷を結う前に毎回爪の長さを確認するほど、真面目であること。どんなに叱られても、若関と真剣に向き合おうとする床芝は、誰よりも優しいこと。そんな人が毎日懸命に髷を結ってくれたら、あの若関だってきっと、気を許してくれるはずだ。

　床芝は何も言わなかった。ただ、軽く眉間に皺《しわ》を寄せて、腕を組んでいた。

　——あ。変なこと言ってしまったかも。

　途端に指先が冷たくなる。①すみませんでしたと謝ろうとしたそのとき、

「なるほどなあ」

　さっぱりした声が、隣から聞こえた。

「若関は絶対そんなこと言わないし、俺だってまだ全然、一人前の*床山《とこやま》じゃないんだけど……本当にそうだったら嬉《うれ》しいな」

「絶対そうですよ！」

　思った以上に大きな声が出て、自分でも驚く。なんで俺、こんなに熱くなってるんだろう。

「僕、前に巡業に来たときの記憶がほとんどないんですけど、床芝さんのことはちゃんと覚えていたんです。それは床芝さんが、かっこいい*大銀杏《おおいちょう》を見せてくれて、でもって、子どもの僕にも優しくしてくれて……ええっと、つまり」

　だんだん支離滅裂になっていく靖成の言葉を引き取るように、床芝が口を開いた。

「ありがとな。そう言ってくれるだけで充分だよ」

　その横顔に穏やかな笑みが広がっているのを見て、靖成は②ああそっか、と気づく。

　昔、床山の仕事に惹《ひ》かれたのは、ただ単に髪を結べるからじゃない。腕も気立てもいい、床芝に憧れたからだ。

　床山への関心を捨てた、過去の自分がだんだん恥ずかしくなってくる。「変」とからかわれるのが嫌だなんて、その仕事に就いている床芝に失礼ではないか。

　床芝が一瞬、腰を浮かせた。もうすぐ仕事に戻る時間なのかもしれない。

「あのっ、床芝さん！」

　思いきって呼び止めると彼は、ん？　とこちらを振り返った。

「一つ聞いておきたいんですけど。床山になる前、迷いませんでしたか？　だってほら、男性なのに髪を結ぶ仕事に就くの？　みたいな、変な目で見られることって、なかったのかなーって」

「迷わなかったよ」

　即答だった。どうしてですか、と問うよりも先に、彼が続けた。

「俺は相撲が好きだから、他の道は考えられなかった。男が髪結うの？　とか抜かす奴《やつ》はいたかもしれないけど、それはただ、今までそいつの周りに、髪を扱う仕事に就いている男がいなかっただけだ。男が髪を結ったって、何の問題もないのに。そうやって『男はこうあるべき』って勝手に決めつける、了見の狭い奴の言うことなんか気にするだけ無駄だ」

　礼を言われたときや、若関について語っていたときとは、全然違った。彼の、床山としての*矜持《きょうじ》が表れているかのような、ずいぶんきっぱりした口調だった。③靖成は相槌《あいづち》を打つのも忘れて、その言葉に聞き入っていた。

「そろそろ戻らないと。何年ぶりかに会えてよかったよ。じゃ、また。元気でな」

　床芝が立ち上がり、昔みたいに手を振る。*踵《きびす》を返す直前でもう一度、床芝さん！　と呼び止めた。もうあまり時間はない。気づけば、言葉が勝手に口から飛び出していた。

「あのっ、床山になるには、どうしたらいいんですか？」

　床芝が目を丸くする。④靖成自身も驚いていた。床芝を見て、かっこいいとか、自分もこうありたいとか思ったけれど、床山になるにはどうしたらいいかなんて。いくらなんでも先走りすぎだ。

　すみません今のは忘れてください、と言おうとしたら、床芝がエプロンからメモ帳とペンを取り出した。ささっと何かを書きつけると、一枚めくって靖成に差し出した。

「これ、俺んちの電話番号。地方場所や巡業のときは留守だし、かけても嫁が出るかもしれないけど、念のため渡しとく」

「えっ」

反射的に伸ばしかけた腕が止まる。そのまま固まっていると、空の右手に容赦なくメモがねじ込まれた。

「別に今すぐじゃなくていい。床山になりたいと、本気で思ったらかけてくれ。俺が面倒見てやるから。じゃあな」

小さく右手を上げたかと思うと、彼はくるりと背を向けて、力士たちの元へ帰っていった。靖成はその背中に向かって、聞こえるように礼を言うだけで精いっぱいだった。

席に戻ったあと、靖成は床芝からもらったメモを開いた。走り書きのはずなのに、彼の字はちっとも形が崩れていなかった。その丁寧に書かれた字を見た瞬間、決意が固まった。

⑤この人と一緒に働きたい、と。

（鈴村《すずむら》　ふみ「大銀杏がひらくまで」による）

＊をつけた語句の〈注〉

床山――力士の髪を結い、整える職業の人。
大銀杏――ここでは、力士の髪型の一つ。
矜持――誇り。自負。
踵を返す――引き返す。

問一　本文中に「①すみませんでしたと謝ろうとした」とありますが、靖成は、どのようなことに対して「謝ろうとした」のですか。最も適切なものを、次の**ア**～**エ**から**一つ**選び、記号で答えなさい。

ア　年下にもかかわらず、床山としての床芝の技術を評価したこと。
イ　付き合いが浅いのに、床芝の性格を真面目で優しいと褒めたこと。
ウ　二人をよく知らないのに、若関の変化を床芝の影響だと語ったこと。
エ　見てもいない若関の表情を、昔より穏やかになったと話したこと。

問二　本文中に「②ああそっか」とありますが、次の対話は、ここでの靖成の思いについて話し合ったものです。あとの(一)、(二)の問いに答えなさい。

〈Xさん〉　靖成は、床芝の言葉を聞き、表情を見て、かつて床山の仕事に惹かれたのは、[A]と気づいているね。
〈Yさん〉　うん。靖成は、その頃の自分の気持ちを思い出したんだよ。
〈Xさん〉　そうだね。だからこのあとのところで、床芝を前にして、以前、[B]と考え、床山への関心を捨てたことを恥じたんだね。

(一)　[A]にあてはまる表現を、本文中から**十八字**で**そのまま抜き出して**、**はじめの五字**で答えなさい。

(二)　[B]にあてはまる適切な表現を考えて、**三十字以内**で答えなさい。

問三　本文中に「③靖成は相槌を打つのも忘れて、その言葉に聞き入っていた。」とありますが、ここでの靖成の描かれ方を説明したものとして、最も適切なものを、次の**ア**～**エ**から**一つ**選び、記号で答えなさい。

ア　床芝の仕事に対する思いを一心に聞く靖成が、三人称の視点から描かれている。
イ　床芝の相撲への深い愛情にあぜんとする靖成が、三人称の視点から描かれている。
ウ　力士に向き合う床芝の苦しさに共感する靖成が、床芝の視点から描かれている。
エ　人生の先輩としての床芝の助言に反発する靖成が、床芝の視点から描かれている。

問四　本文中に「④靖成自身も驚いていた。」とありますが、次の文は、このときの靖成の心情を説明したものです。[　　]にあてはまる言葉を、本文中から**十三字**で**そのまま抜き出して**答えなさい。

仕事に戻ろうとした床芝に対してとっさに出た「床山になるにはどうしたらいいか」という自分の発言は、[　　]と感じ、自分自身でも驚いているということ。

問五　本文中に「⑤この人と一緒に働きたい」とありますが、靖成がそのように決意した理由を、**五十字以内**で説明しなさい。

第四問　次の文章を読んで、あとの問いに答えなさい。

画家は、たんに「美しい」花や夕焼けを描くのではない。熱帯魚の模様が、どれほど絶妙な色の配置になっているか、そんなことも問題ではない。問題なのは、人間は世界を「どう見ているか」ということだ。これは芸術にしかできないことだ。

①絵画は、いわば、脳の「実験レポート」なのだ。

では、脳とはいったいなにか?

それを知るには、絵画を分析するというやり方があってもいい。絵とは、脳そのものなのだから。

たとえば、シカゴ美術館にも展示されていた*セザンヌとモネの絵を例に考えてみよう。このふたりの画家は、ほぼ同時代に活動したせいか、画風が似ている。どちらも、*筆のタッチがそのまま残り、塗り残したところも多い。とくに絵に近づいて見ると、たとえば人物画でも、それが「人間の顔」であるより「絵」に見える。筆のタッチが、絵具《えのぐ》が、そこに見えるからだ。

セザンヌやモネ以前の絵画は、そうではなかった。絵に近づいても、たとえば肌は細かく塗られ、そこには筆のタッチはなく、あたかも肌そのもののような質感が描かれている。ともかく、セザンヌとモネのは、それほどに似た作風のものだ。

しかし「脳」という視点から見たとき、このふたりの画家が描き出す世界は、まったくちがっている。

モネが描いているのは、②ひたすら「見える」世界である。それは目のなかにある「網膜」に映った像を、そのまま*カンヴァスに描いた世界だ。

見たものを見たとおり描くのは、ルネサンス以来の、ヨーロッパ絵画の伝統である。モネは、そんな美術史のひとつの到達点にいる画家だ。ところが不思議なことに、見たものを見たとおりに、徹底して描くと、それは見たものとは別のものになってしまう。ぼくたちは、けっしてモネの絵のように世界を見ていない。

モネは、世界を光と色の点に分解する。いや「分解」するのではない。モネには、そう見えるのだ。たしかに網膜に映るのは、そんな光景である。目の網膜には、桿体《かんたい》と錐体《すいたい》という二種類の細胞がびっしりと並んでいる。いっぽうは明暗、つまり光のあるなしを感知する。もういっぽうは、色を三原色に分解し、どれかの色に反応する。つまり世界の光景を、光と色の点に分解し、その情報を脳に送っている。

モネという天才は、脳や目の生理学的な働きなど知らなかっただろうが、なぜか世界がそう見えることを察知し、カンヴァスにそのような絵を描いた。まさに目の生理的機能の実験レポートである。

いっぽうセザンヌが描くのは、それとはまったく正反対の世界だ。セザンヌは、目に見えたものを見えたとおりに描こうとはしなかった。そもそも人は「目」だけで世界を見ているのか。視覚ということに絞っていえば、たしかにそうだろう。しかし人は、目で見て、耳で聞いて、手でふれて、と五感を使ってこの世界を生きている。そこから「視覚」だけ取り出して、それを絵にするのは不自然ではないか。五感で感じる世界を、絵という視覚表現に集約する。それこそが、世界のあるがままの姿ではないか。いや「世界のあるがままの姿」ではない。ぼく的な言い方をさせてもらえば、目ではなく「脳が見ている」世界である。

セザンヌは、脳科学のことは知らなかったが、画家の直感でそう考え、そのようなスタイルの絵を描いた。セザンヌの絵には、ものの存在感や触覚、そういった目の網膜だけではとらえられない感覚があふれている。

セザンヌは、自分がどのような絵を描いているか、よく知っていた。それがモネが描いている世界とどうちがうかも。だからセザンヌは、モネについてこういっている。

「モネは、目にすぎない。しかしそれは、すごい目だ」

モネがいかに「目」を徹底した画家であったかは、セザンヌもわかっていた。かつて誰も到達したことがないほどの世界にまで踏み込んだ天才であることも。しかし「それは目にすぎない」。セザンヌは、③目ではない、もっと脳の全体で感じている世界を描こうとしたのだ。たしかに、絵は、脳の実験レポートである。

では人はなぜ、芸術作品に感動するのだろうか。それは芸術作品というものが、ぼくたちが日常の生活のなかではなかなか感じられないなにか、しかしこの世界にたしかに存在するなにかを、つかみとって見せてくれるからである。

その「なにか」とは、なにか。

それはここまで書いてきたように、「脳」である。もちろんぼくたちは、毎日、脳を使って生きている。だから脳の働きをつかみとって、それを見せてくれたからといって、感動などしない。

しかしぼくたちは、本当に「毎日、脳を使って生きている」のだろうか。ぼくたちの脳に秘められていて、まだ自分では見ていないなにか、そういうものが脳にはたくさんあるのではないか。人間の脳というのは、ぼくたちが考える以上に、未知の可能性を秘めたものなのかもしれない。

芸術家とは、そんな「脳の可能性」をつかみとって、作品というかたちにする人間である。そのようなことができる人を天才と呼ぶ。

しかし、ぼくたちの能力をこえた、天才だけにしか見ることのできない世界があるとしたら、それはぼくたちにとって無関係のものだ。芸術作品を見て感動できるのは、それを感じ、わかる力が、ぼくたちの脳のなかにあるからである。

美術館で、画家の「ものの見方」を絵をとおして知り、そこに驚きを感じるのは、それと同じ能力が自分のなかにもあることを知った驚きでもある。芸術とは、天才の世界をかいまみることではない。まだ知らなかった自分の可能性に出会って、そうしたものが自分のなかにあることを知る。それが④芸術の感動というものの正体だ。

（布施《ふせ》　英利《ひでと》「はじまりはダ・ヴィンチから　50人の美術家を解剖する」による）

＊をつけた語句の〈注〉

セザンヌとモネ――どちらも十九世紀後半に活躍したフランスの画家。

筆のタッチ――ここでは絵画の筆づかいのこと。

カンヴァス――油絵用の画布。キャンバス。

問一　本文中に「①絵画は、いわば、脳の『実験レポート』なのだ。」とありますが、次の文は、このことについて述べたものです。あとの(一)、(二)の問いに答えなさい。

> 筆者は、絵画から、［A］がわかると考えたため、絵画を「脳の『実験レポート』」という言葉で表現した。そして、そのことを説明するために、同時代に活躍し［B］画家の、モネとセザンヌを取り上げている。

(一)　［A］にあてはまる表現として、最も適切なものを、次の**ア**～**エ**から**一つ**選び、記号で答えなさい。

ア　画家がどのような苦悩を持っていたか
イ　人間の目に見える美しさの限界
ウ　先人の表現技法や当時の流行
エ　画家が世界をどのようにとらえているか

(二)　［B］にあてはまる言葉を、本文中から**七字**で**そのまま**抜き出して答えなさい。

問二　本文中に「②ひたすら『見える』世界」とありますが、次の文は、「モネ」の絵について、筆者の考えを説明したものです。［　　］にあてはまる適切な表現を考えて、**三十字以内**で答えなさい。

> モネは、脳や目の生理学的な働きなど知らなかったと思われるが、［　　］ように見える絵を描いている。

問三　本文中に「③目ではない、もっと脳の全体で感じている世界を描こうとした」とありますが、次の文は、「セザンヌ」の描き方について、筆者の考えを説明したものです。［　　］にあてはまる言葉を、本文中から**八字**で**そのまま**抜き出して答えなさい。

> セザンヌは、画家の直感によって、「視覚」だけではとらえられない［　　］を、視覚表現としての「絵」にまとめ上げている。

問四　本文中に「④芸術の感動というものの正体」とありますが、ここで筆者が述べる「芸術の感動というものの正体」とは、どのようなものですか。**五十五字以内**で説明しなさい。

問五　本文の論の進め方について説明したものとして、最も適切なものを、次の**ア**～**エ**から**一つ**選び、記号で答えなさい。

ア　絵画についての問題を提起したあと、主張の根拠として著名な芸術家の言葉を参照し、持論を展開している。
イ　絵画についての話題を提示し、主張を支える具体例を挙げ、科学的な知見を援用して美術史を整理している。
ウ　絵画についての自分の見解を述べ、例を対比的に提示しながら、問いかけを積み重ねて主張をまとめている。
エ　絵画についての仮説を立て、絵画の観察と自身の経験を照らし合わせながら、仮説の有効性を検証している。

第五問　次の【Ⅰ】の和歌、【Ⅱ】の物語と、それらについての【対話】を読んで、あとの問いに答えなさい。

【Ⅰ】

冬ごもり春さり来れば（春が来ると）あしひきの山にも野にもうぐひす鳴くも（山にも野にもうぐいすが鳴くよ）

（「万葉集《まんようしゅう》」による）

【Ⅱ】

先帝《せんだい》の御時《おほんとき》、（先帝のご時世に）*卯月《うづき》のついたちの日、鶯《うぐひす》の鳴かぬを詠《よ》ませ給《たま》ひける、（鳴かないことを歌にお詠ませになられた時）公忠《きんただ》、

春はただ昨日ばかりを鶯のかぎれるごとも鳴かぬ今日かな（春はつい昨日終わったばかりなのに、うぐいすが決めているかのように）

となむ詠みたりける。（詠んだのであった）

（「大和物語《やまとものがたり》」による）

*をつけた語句の〈注〉
卯月のついたちの日――旧暦四月一日。この日から夏がはじまる。

【対話】

〈Xさん〉　【Ⅰ】の和歌の「冬ごもり」は「春」、「あしひきの」は「山」という特定の語を導き出す［A］だね。

〈Yさん〉　うん。鶯《うぐいす》の鳴く声によって［B］を詠んでいるよ。

〈Xさん〉　【Ⅱ】の物語の中の和歌は、「かぎれるごと」という表現を用いて、鶯が［C］と捉えているところが面白いね。

〈Yさん〉　昔の人々にとって、春と鶯は強く結びついていたんだね。

問一　本文中の「給《たま》ひける」の読み方を、歴史的仮名遣いは現代仮名遣いに改めて、**全てひらがな**で答えなさい。

問二　【対話】の［A］にあてはまる表現技法として、最も適切なものを、次のア～エから**一つ**選び、記号で答えなさい。

ア　擬人法　　**イ**　枕詞《まくらことば》　　**ウ**　体言止め　　**エ**　掛詞《かけことば》

問三　【対話】の［B］にあてはまる内容として、最も適切なものを、次のア～エから**一つ**選び、記号で答えなさい。

ア　冬ごもりならではの楽しみ　　**イ**　山野から去りゆく春の風物

ウ　冬ごもり中の自然の厳しさ　　**エ**　山野にやって来る春の気配

問四　【対話】の［C］にあてはまる適切な表現を考えて、**二十五字以内**で答えなさい。

第六問　次のグラフは、全国の十六歳以上の人を対象に行った世論調査の、「毎日の生活に必要な情報を何から得ているか」という質問に対する結果です。あなたがこのグラフから読み取ったことと、その読み取ったことに対するあなたの考えを、**百六十字～二百字**で書きなさい。

問　あなたは、毎日の生活に必要な情報を何から得ていますか。利用することの多いものを三つまで選んでください。

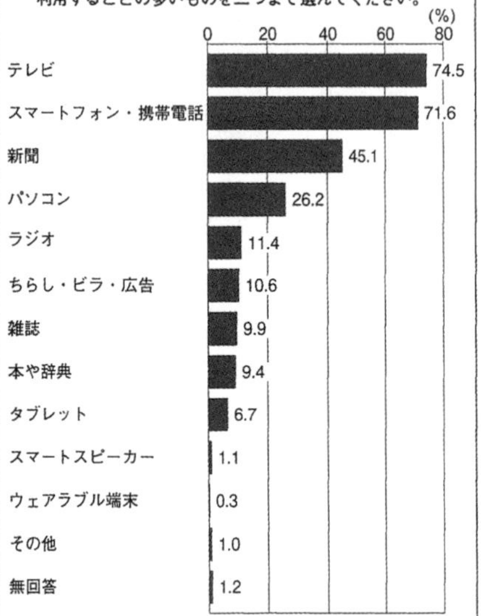

※「新聞」、「雑誌」、「本や辞典」は、その電子版も含む。
※「スマートスピーカー」は、音声で会話するようにして使うスピーカーのこと。
※「ウェアラブル端末」は、スマートウォッチ（腕時計型）やスマートグラス（眼鏡型）のような身に付けるタイプの情報機器のこと。

（文化庁「令和４年度『国語に関する世論調査』」より作成）

第四問

/20

問一(一)	問一(二)	問二	問三	問四	問五
/2	/3	/4	/3	/5	/3

第五問

/10

問一	問二	問三	問四
/2	/2	/2	/4

第六問

/20

※ 解答を記入するときは、原稿用紙の正しい使い方に従い、文字や仮名遣いも正確に書くこと。また、題名、氏名は書かないこと。

160字

200字

受験番号

得点

※100点満点

国語

受験番号	

令和６年度

公立高等学校入学者選抜

学力検査

数学

（第２時　10：15～11：05）

注意

1 「始め」の合図があるまで、開いてはいけません。

2 解答用紙は、この表紙の裏面になります。

3 「始め」の合図があったら、この表紙を取り外し、表裏それぞれの面に受験番号を記入してから、解答用紙が表になるように折り返しなさい。

4 問題は、８ページまであります。

5 問題は、第一問から第四問まであります。

6 答えは、全て解答用紙に書き入れなさい。

7 「やめ」の合図で、すぐ鉛筆をおきなさい。

第　三　問

/22

1	(1)			/3
	(2)			/5
2	(1)	[図] 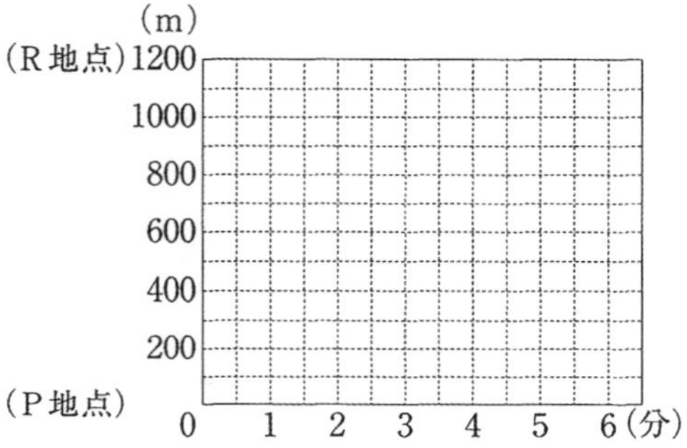		/4
	(2)	(ア)	[分]　[秒後]	/4
		(イ)	[m]	/6

第　四　問

/20

1		[cm]	/3
2		[証明]	/6
3	(1)	[cm]	/5
	(2)	[cm^2]	/6

※100点満点

受験番号	

得点	

数学

K 教英出版

令和６年度

公立高等学校入学者選抜学力検査問題

数　　学

第　一　問　次の１～８の問いに答えなさい。

１　$2-16$　を計算しなさい。

２　$\frac{7}{3}+\frac{2}{9}\times(-3)$　を計算しなさい。

３　$(6a^2b-4ab^2)\div 2ab$　を計算しなさい。

4　$a=-5$、$b=\dfrac{1}{6}$ のとき、$2(a+7b)-8b$ の値を求めなさい。

5　$x^2-10x+21$ を因数分解しなさい。

6　y は x に反比例し、$x=-2$ のとき $y=9$ です。このとき、y を x の式で表しなさい。

7　3つの数 $\sqrt{10}$ 、$\dfrac{7}{\sqrt{7}}$ 、3 の大小を、不等号を使って表したものとして正しいものを、次の**ア**～**カ**から**1つ**選び、記号で答えなさい。

ア　$\sqrt{10} < \dfrac{7}{\sqrt{7}} < 3$

イ　$\sqrt{10} < 3 < \dfrac{7}{\sqrt{7}}$

ウ　$\dfrac{7}{\sqrt{7}} < \sqrt{10} < 3$

エ　$\dfrac{7}{\sqrt{7}} < 3 < \sqrt{10}$

オ　$3 < \sqrt{10} < \dfrac{7}{\sqrt{7}}$

カ　$3 < \dfrac{7}{\sqrt{7}} < \sqrt{10}$

8　下の図のような、AB＝6㎝、BC＝4㎝の長方形ABCDがあります。辺AD上にED＝3㎝となる点Eをとり、辺DC上にDF＝5㎝となる点Fをとります。また、点Eを通って辺ADに垂直な直線と点Fを通って辺DCに垂直な直線との交点をGとします。

2辺AB、BCと4つの線分CF、FG、GE、EAとで囲まれた図の斜線部分を、直線DCを軸として1回転させてできる立体の体積を求めなさい。ただし、円周率をπとします。

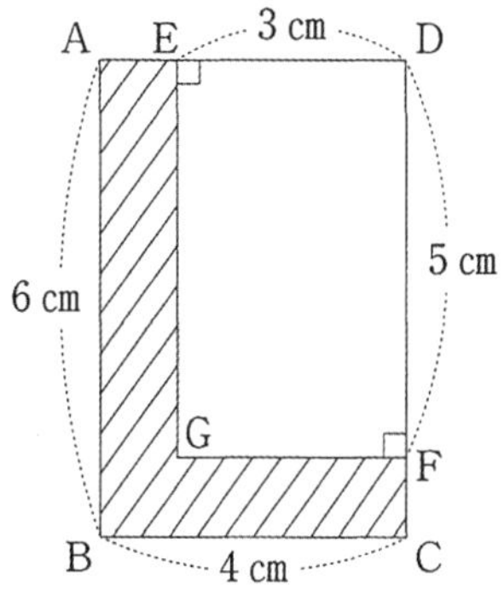

第　二　問　次の1～4の問いに答えなさい。

1　1から6までの目が出るさいころが1つあります。

このさいころを2回投げて、1回目に出た目の数をa、2回目に出た目の数をbとするとき、次の(1)、(2)の問いに答えなさい。ただし、さいころは、どの目が出ることも同様に確からしいものとします。

(1)　$a+b=6$が成り立つ確率を求めなさい。

(2)　$\dfrac{b+1}{a}$の値が整数になる確率を求めなさい。

2　線分ABを直径とする円Oがあります。下の図のように、円Oの周上に、$\angle ABC = 28°$ となる点Cをとり、点Cをふくまない方の$\overset{\frown}{AB}$上に、$\angle OCD = 37°$ となる点Dをとります。また、線分ABと線分CDとの交点をEとします。

次の(1)、(2)の問いに答えなさい。

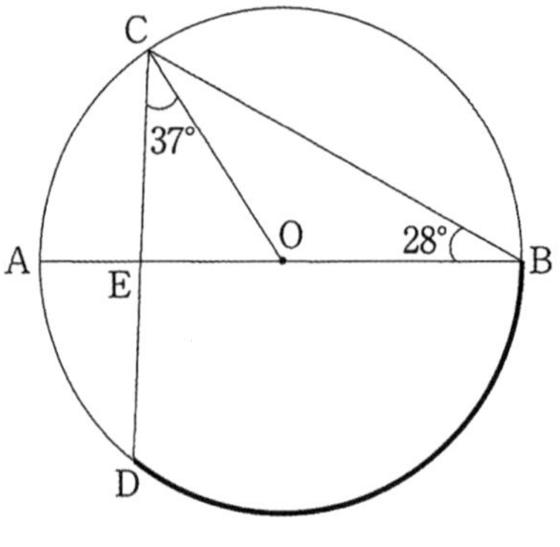

(1)　$\angle AEC$の大きさを求めなさい。

(2)　AB＝6㎝のとき、図の太い線で示している小さい方の$\overset{\frown}{DB}$の長さを求めなさい。ただし、円周率をπとします。

3　下の図のように、関数 $y=\frac{1}{2}x^2$ のグラフと関数 $y=ax^2$ のグラフが、x軸に平行な直線ℓとそれぞれ2点で交わっています。関数 $y=\frac{1}{2}x^2$ のグラフと直線ℓとの交点のうち、x座標が正である点をA、負である点をBとし、関数 $y=ax^2$ のグラフと直線ℓとの交点のうち、x座標が正である点をC、負である点をDとします。ただし、$a > \frac{1}{2}$ とします。

点Aのx座標が4であるとき、次の(1)、(2)の問いに答えなさい。

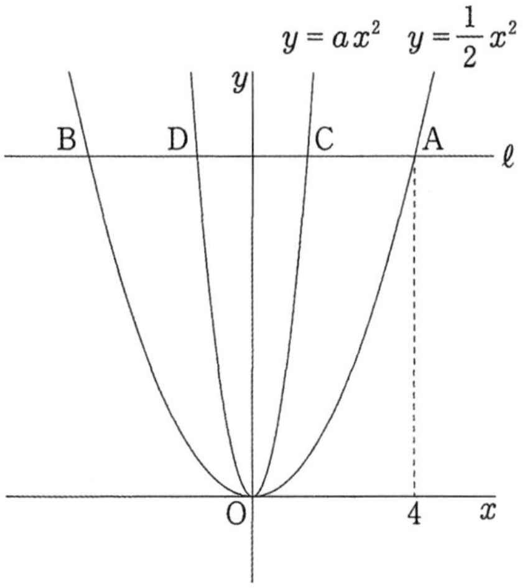

(1)　点Bの座標を求めなさい。

(2)　DC＝CAとなるとき、aの値を求めなさい。

4　平面上にマス目があり、その中の１つのマスに白い碁石《ごいし》が１個置いてあります。この状態から、黒い碁石と白い碁石を使って、次の【操作】をくり返し行います。

> **【操作】**
> 碁石が置いてあるマスの、上、右上、右、右下、下、左下、左、左上でとなり合うすべてのマスのうち、まだ碁石が置かれていないマスに新たに碁石を置く。

奇数回目の【操作】では黒い碁石を、偶数回目の【操作】では白い碁石を新たに置くこととします。

下の図は、１つのマスに白い碁石が１個置いてある状態から、１回目の【操作】で新たに碁石を置いたあとのようすと、２回目の【操作】で新たに碁石を置いたあとのようすを示したものです。

あとの(1)、(2)の問いに答えなさい。

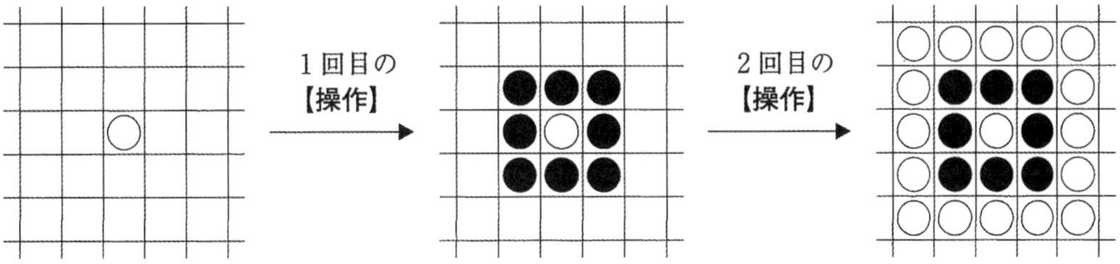

(1)　４回目の【操作】で、新たに置く碁石は、何個ですか。

(2)　何回目かの【操作】で、新たに置いた碁石は、88 個でした。
次の(ア)、(イ)の問いに答えなさい。

(ア)　この【操作】は、何回目の【操作】ですか。

(イ)　このとき、黒い碁石は、平面上に全部で何個置いてありますか。

第　三　問　洋平さんと明さんの学校では、毎年、1200 m を走る長距離走大会が行われています。次の**1**、**2**の問いに答えなさい。

1　数学の授業で、昨年度の長距離走大会の記録をもとにかかれた箱ひげ図から読みとれることについて、話し合いをすることになりました。図Ⅰは、昨年度のA組、B組、C組、D組に在籍していたそれぞれ40人全員の、記録の分布のようすを箱ひげ図に表したものです。洋平さんと明さんは、図Ⅰを見ながら、［　　　］の会話をしています。

あとの(1)、(2)の問いに答えなさい。

図Ⅰ

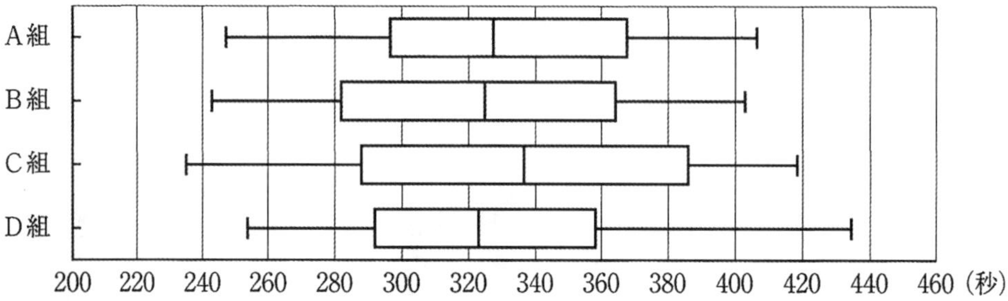

洋平さん：数値が小さい方が速い記録ということになるから、4つの組の中で最も記録が速かった生徒がいるのは［　　　］組だね。ほかにわかることはないかな。

明さん　：各組の人数は40人だから、**中央値**に注目すると、4つの組全体で少なくとも80人は340秒以内の記録だったことがわかるよ。

洋平さん：なるほど。昨年度の長距離走大会の記録について、箱ひげ図から、いろいろなことが読みとれるね。

明さん　：今年度の長距離走大会の目標設定の参考になるね。

(1)　会話の［　　　］にあてはまる正しいものを、A、B、C、Dの中から**1つ**答えなさい。

(2)　明さんが、図Ⅰから会話の下線部のように判断した理由を、**中央値**という語句を用いて、根拠となる人数を示しながら、説明しなさい。

2　図Ⅱのような、P地点からQ地点を通ってR地点まで１本のまっすぐな道路で結ばれたコースがあります。P地点を基準とし、P地点からQ地点までの距離は 900 m、P地点からR地点までの距離は 1200 m です。洋平さんと明さんは、長距離走大会に向けての練習として、このコースを使って、下の□の計画でそれぞれ走ることにしました。

あとの(1)、(2)の問いに答えなさい。

図Ⅱ

【洋平さんの計画】
P地点からR地点に向かって止まることなく走る。P地点からQ地点までは分速 200 m の一定の速さで走り、Q地点からR地点までは分速 300 m の一定の速さで走る。

【明さんの計画】
R地点からP地点に向かって止まることなく走る。R地点からP地点まで分速 250 m の一定の速さで走る。

(1)　洋平さんが計画どおりに走るとき、P地点を出発してからR地点に着くまでの、時間とP地点から洋平さんまでの距離との関係を表すグラフを、**解答用紙の図**にかき入れなさい。

(2)　洋平さんがP地点を出発し、遅れて明さんがR地点を出発しました。２人はそれぞれ計画どおりに走り、途中ですれちがって、洋平さんがR地点に到着してから 30 秒後に明さんがP地点に到着しました。

次の(ア)、(イ)の問いに答えなさい。

(ア)　２人がすれちがったのは、洋平さんがP地点を出発してから何分何秒後ですか。

なお、図Ⅲを利用してもかまいません。

図Ⅲ

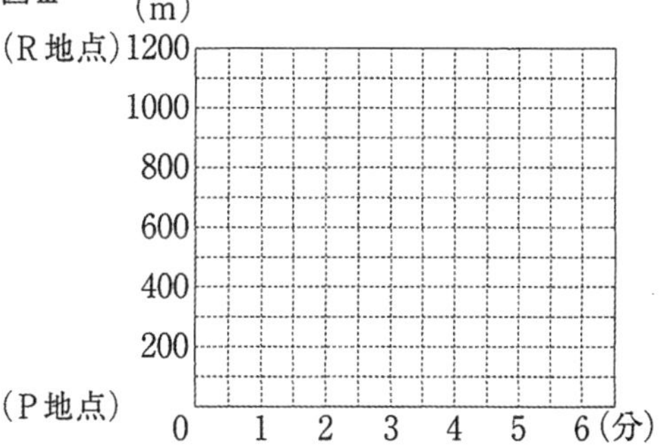

(イ)　P地点から明さんまでの距離が 300 m であるとき、P地点から洋平さんまでの距離は何 m ですか。

第　四　問　図Ⅰのような、$BC = 10$ ㎝、$AC < BC$ である△ABCがあります。2辺AB、ACの中点をそれぞれD、Eとし、点Bと点E、点Dと点Eをそれぞれ結びます。また、点Aを通って線分DEに平行な直線上に、$AF = DE$ となる点Fを、直線ACに対して点Dと反対側にとり、点Dと点Fを結びます。

次の**1**～**3**の問いに答えなさい。

1　線分DEの長さを求めなさい。

2　△ADF≡△DBEであることを証明しなさい。

図Ⅰ

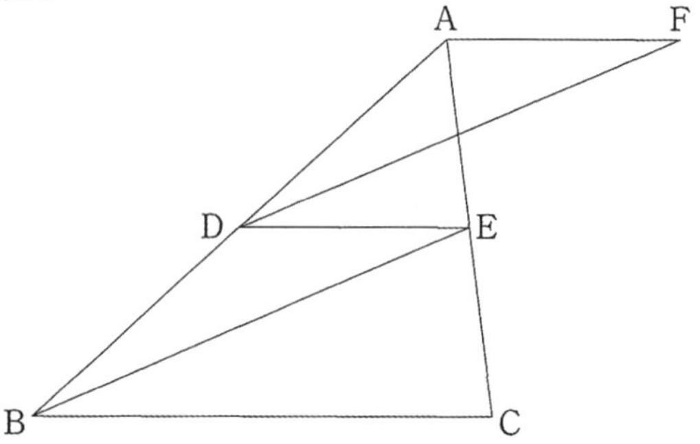

3　図Ⅱは、図Ⅰにおいて、点Cと点Fを結び、辺BC上に、点Gを∠CGE＝∠ACFとなるようにとったものです。

$AB = 12$ ㎝、$AC = 8$ ㎝のとき、次の⑴、⑵の問いに答えなさい。

⑴　線分CGの長さを求めなさい。

図Ⅱ

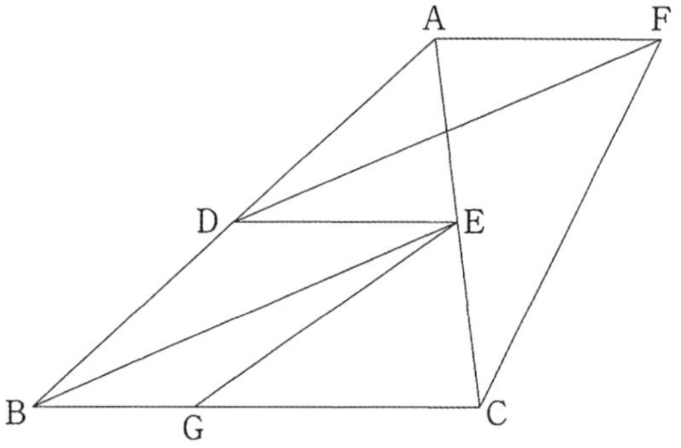

⑵　点Aと点Gを結びます。△AGEの面積を求めなさい。

令和６年度　**第２時**

数学解答用紙

（網掛け）の欄には、記入しないこと。

第一問　/26

		配点
1		/3
2		/3
3		/3
4		/3
5		/3
6		/3
7		/4
8	［cm^3］	/4

第二問　/32

				配点
1	(1)			/3
	(2)			/4
2	(1)		［度］	/3
	(2)		［cm］	/5
3	(1)			/3
	(2)			/5
4	(1)		［個］	/3
	(2)	(ア)	［回目］	/3
		(イ)	［個］	/3

受験番号	

令和６年度

公立高等学校入学者選抜

学力検査

社　　会

（第３時　11：25～12：15）

注　　意

1 「始め」の合図があるまで、開いてはいけません。

2 解答用紙は、この表紙の裏面になります。

3 「始め」の合図があったら、この表紙を取り外し、表裏それぞれの面に受験番号を記入してから、解答用紙が表になるように折り返しなさい。

4 問題は、８ページまであります。

5 問題は、第一問から第六問まであります。

6 答えは、全て解答用紙に書き入れなさい。

7 「やめ」の合図で、すぐ鉛筆をおきなさい。

第五問

/17

1		/3
2		/3
3		/3
4		/3
5		/5

第六問

/17

1		/3
2	政策	/3
3		/3
4		/3
5		/5

※100点満点

受験番号	

得点	

社会

令和６年度

公立高等学校入学者選抜学力検査問題

社　　会

第　一　問　律子さんは、2024年７月に新しい紙幣が発行されることを知り、紙幣の発行について調べ、**資料**を作成しました。これを読んで、あとの**１**～**３**の問いに答えなさい。

> **資料**　**新しい紙幣の発行について**
> 2024年７月に、①日本銀行は一万円札などの３種類の紙幣のデザインを変更し、新しい紙幣を発行します。これは、紙幣の偽造を防ぐことがおもな目的です。②江戸時代には、幕府の許可を得て各藩が発行した藩札《はんさつ》という紙幣に、すかし模様が入れられていました。明治時代以降の紙幣には、③さまざまな分野で活躍した人物の肖像が描かれていますが、これも偽造を防ぐための工夫の一つです。

１　下線部①について、次の(1)、(2)の問いに答えなさい。

(1)　日本銀行の役割について述べた文として、最も適切なものを、次の**ア**～**エ**から**１つ**選び、記号で答えなさい。

ア　国の予算を作成する。　**イ**　国の予算を議決する。
ウ　一般の人々のお金を預かる。　**エ**　政府のお金の出し入れを行う。

(2)　日本銀行が、不景気のときに、景気を回復させるために行う金融政策について述べた文として、最も適切なものを、次の**ア**～**エ**から**１つ**選び、記号で答えなさい。

ア　国債を買って通貨量を増やす。　**イ**　国債を買って通貨量を減らす。
ウ　国債を売って通貨量を増やす。　**エ**　国債を売って通貨量を減らす。

２　下線部②の社会のようすについて述べた文として、最も適切なものを、次の**ア**～**エ**から**１つ**選び、記号で答えなさい。

ア　都の市では、各地から運ばれた産物などが売買され、和同開珎などの貨幣が使われた。
イ　寺社の門前などで定期市が開かれ、中国から輸入された貨幣が使われるようになった。
ウ　お金の貸し付けなどを行っていた土倉や酒屋に対して、土一揆がはじめて起こった。
エ　金山や銀山の開発が進み、全国統一の貨幣として金貨や銀貨がつくられて流通した。

３　下線部③について、次の(1)、(2)の問いに答えなさい。

(1)　現在、発行されている一万円札の肖像は福沢諭吉です。福沢諭吉が行ったことについて述べた文として、最も適切なものを、次の**ア**～**エ**から**１つ**選び、記号で答えなさい。

ア　大政奉還を行った。　**イ**　欧米の思想を紹介した。
ウ　条約改正の交渉にあたった。　**エ**　政党内閣を組織した。

(2)　2024年７月に発行される一万円札の肖像となる渋沢栄一は、明治政府の役人であったときに、富岡製糸場の建設を進めました。明治政府が、富国強兵の一環として、近代産業の育成を目指した政策を何というか、書きなさい。

第　二　問　あき子さんは、社会科の授業で出された「世界の諸地域について調べよう」という課題で、おじが住んでいる南アジアを取り上げました。次の**1**～**3**の問いに答えなさい。

1　あき子さんは、南アジアの位置や地形について調べ、**略地図**を作成しました。次の(1)～(3)の問いに答えなさい。

(1)　あき子さんは、夏休みに、**略地図**中のバングラデシュの首都ダッカに住むおじに、日本から国際電話をかけることにしました。現地時刻で、8月10日の午前8時にあき子さんのおじが電話を受けるようにするためには、あき子さんは日本時間で何月何日の何時に電話をかければよいか、**略地図**を参考にして、最も適切なものを、次の**ア**～**エ**から**1つ**選び、記号で答えなさい。

ア　8月9日午後5時
イ　8月10日午前5時
ウ　8月10日午前11時
エ　8月10日午後11時

略地図

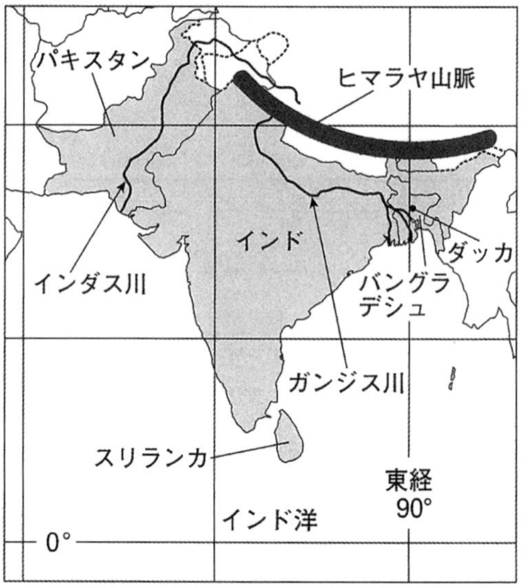

（注）緯線と経線は15度ごとに引いてある。
------ は国境が未確定あるいは係争中のところを示す。

(2)　あき子さんは、南アジアの歴史について調べました。**略地図**中のインダス川流域で、紀元前に誕生したインダス文明について述べた文として、最も適切なものを、次の**ア**～**エ**から**1つ**選び、記号で答えなさい。

ア　城壁と神殿をもつ都市国家がいくつも生まれ、くさび形文字や、月の満ち欠けにもとづく暦がつくられた。

イ　統一王国ができ、神殿やピラミッドがつくられ、大河のはんらんの時期を知るために天文学が発達した。

ウ　整備された道路や水路などをもつモヘンジョ・ダロなどの都市がつくられ、それらの都市を中心に繁栄した。

エ　大河の中・下流域に国がおこり、この国では占いが行われ、占いの結果が甲骨文字で記録された。

(3)　あき子さんは、南アジアの気候と農作物の栽培について調べ、**資料A**を作成しました。**資料A**中の［ a ］、［ b ］にあてはまる語句の組み合わせとして、最も適切なものを、あとの**ア**～**エ**から**1つ**選び、記号で答えなさい。

資料A　**南アジアの気候と農作物の栽培**

南アジアの気候は、季節風の影響を大きく受けている。季節風は、およそ半年ごとに風の向きが変わり、夏には、［ a ］へ湿った風が吹き、雨をもたらす。季節風の影響で、ガンジス川の下流域では、夏に降水量が多く、おもに［ b ］の栽培が行われている。

ア　a － インド洋からヒマラヤ山脈　　b － 小麦
イ　a － インド洋からヒマラヤ山脈　　b － 米
ウ　a － ヒマラヤ山脈からインド洋　　b － 米
エ　a － ヒマラヤ山脈からインド洋　　b － 小麦

2　あき子さんは、南アジアの産業に興味をもち、インド、スリランカ、パキスタンの３つの国の工業出荷額と工業出荷額の業種別割合について調べ、**資料Ｂ**を作成しました。**資料Ｂ**から読みとれることを述べた文として、最も適切なものを、あとの**ア〜エ**から**１つ**選び、記号で答えなさい。

資料Ｂ　インド、スリランカ、パキスタンの工業出荷額と工業出荷額の業種別割合（2018年）

	工業出荷額（億ドル）	工業出荷額の業種別割合（％）						
		食料品	繊維	石油製品	化学	金属	機械	その他
イ　ン　ド	12,966	15.0	6.7	12.8	13.1	17.2	21.8	13.4
スリランカ	272	35.7	30.1	8.1	4.0	3.3	3.7	15.1
パキスタン	1,075	25.5	28.3	6.8	12.7	5.3	8.5	13.0

（注）数字は四捨五入しており、100％にならないものもある。

（「世界国勢図会2023/24」などより作成）

ア　インドの工業出荷額全体に占める石油製品工業、化学工業、金属工業、機械工業の割合の合計は、６割を超えている。

イ　スリランカの食料品工業の出荷額は、インドの食料品工業の出荷額よりも多い。

ウ　パキスタンでは、工業出荷額全体に占める食料品工業の割合が、繊維工業の割合よりも大きい。

エ　スリランカとパキスタンの工業出荷額全体の合計は、インドの工業出荷額の１割以下である。

3　あき子さんは、インドで経済成長が続き、自動車の生産台数が世界で上位になったことを知り、インドの自動車産業について調べ、**資料Ｃ〜Ｅ**を作成しました。**資料Ｃ〜Ｅ**をもとにして、インドの自動車産業の成長の要因として考えられることを、**需要**と**供給**の２つの語句を用いて、簡潔に述べなさい。

資料Ｃ　自動車生産台数上位５か国の人口と生産台数、販売台数、輸出台数（2022年）

	国名	人口（万人）	生産台数（万台）	販売台数（万台）	輸出台数（万台）
1位	中　　国	142,589	2,702	2,686	311
2位	アメリカ	33,829	1,006	1,423	191
3位	日　　本	12,495	784	420	381
4位	イ　ン　ド	141,717	546	473	74
5位	韓　　国	5,182	376	168	231

（注）販売台数は、新車の販売または登録の台数を示す。また、数字は四捨五入している。

（「世界国勢図会2023/24」などより作成）

資料Ｄ　インドの１人あたり国内総生産と人口の推移

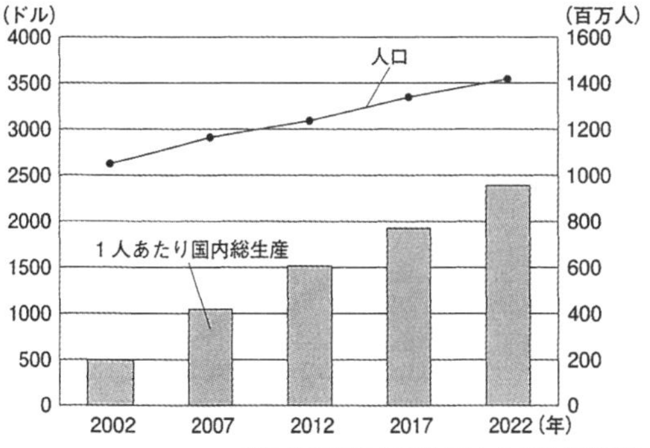

（「世界国勢図会2023/24」などより作成）

資料Ｅ　インドの自動車の生産台数と販売台数の推移

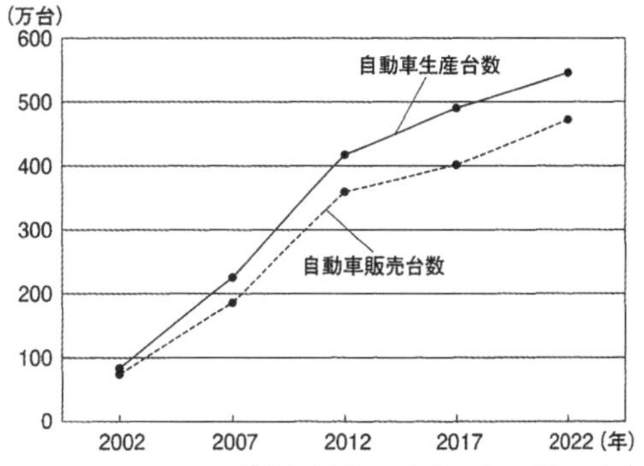

（「自動車年鑑2021~2022」などより作成）

第　三　問　康太さんは、社会科の授業で、「日本と諸外国との貿易の歴史」について調べ、次の表を作成しました。これをみて、あとの**1**～**5**の問いに答えなさい。

世紀	日本と諸外国との貿易のようす
12	宋との貿易が行われ、①平清盛は貿易を拡大するために、航路や港を整備した。
13	元との貿易が商人の間で行われ、②元による二度の襲来のあとも続けられた。
15	明や朝鮮との貿易が行われ、堺や博多が貿易港として繁栄した。
17	朱印船による貿易が行われたが、③江戸幕府はしだいに諸外国との貿易を統制した。
19	諸外国からの開国要求により、江戸幕府はアメリカとの間で［　④　］を結び、神奈川（横浜）や兵庫（神戸）などを順次、貿易港として開き、欧米諸国との貿易を本格的に始めた。

1　下線部①の人物が、武士としてはじめてついた役職として、正しいものを、次の**ア**～**エ**から**1つ**選び、記号で答えなさい。

ア　摂政　　**イ**　関白　　**ウ**　太政大臣　　**エ**　征夷大将軍

2　下線部②の背景となった13世紀の世界のようすについて述べた文として、最も適切なものを、次の**ア**～**エ**から**1つ**選び、記号で答えなさい。

ア　西アジアではイスラム教徒によって帝国が築かれ、東アジアでは長安を都とする国が築かれた。
イ　ユーラシア大陸の東西にまたがるモンゴル帝国が築かれ、東西の文化の交流が進んだ。
ウ　ポルトガルやスペインが、大西洋からの航路を開拓し、世界各地への進出を始めた。
エ　欧米諸国が、資源や市場を求めてアジアやアフリカへ進出し、植民地を広げていった。

3　下線部③に関連するできごとについて述べた次の**ア**～**ウ**の文を、起こった年代の古い順に並べかえ、記号で答えなさい。

ア　江戸幕府は、オランダの商館を平戸から長崎の出島に移した。
イ　拡大したキリスト教徒の弾圧などに抵抗して、島原や天草の人々が一揆を起こした。
ウ　江戸幕府は、法令によって全国でキリスト教を禁止した。

4　［　④　］にあてはまる、1858年に結ばれた条約の名称を何というか、書きなさい。

5　康太さんは学習を振り返り、日本が、明や朝鮮との貿易を行っていた15世紀ごろ、琉球王国とも貿易をしていたことに興味をもちました。そのころの琉球王国について調べを進めた康太さんは、琉球王国が諸外国との貿易によって栄えたことを知り、**資料A**、**B**を作成しました。琉球王国は、どのように貿易を展開することで栄えたのか、**資料A**、**B**を参考にして、簡潔に述べなさい。

資料A　明と諸外国との貿易

明は、諸外国との貿易を制限し、公式の朝貢による貿易のみ許可した。許可した渡航頻度は、下の表のように、国によって異なっていた。

日　　本	10年に1回
安《あん》　南《なん》 ジャワ	3年に1回
琉球王国	1年または 2年に1回

（注）安南は現在のベトナム、ジャワは現在のインドネシアの一部である。

資料B　琉球王国の貿易相手国と貿易に用いられた各国の産品の流れ

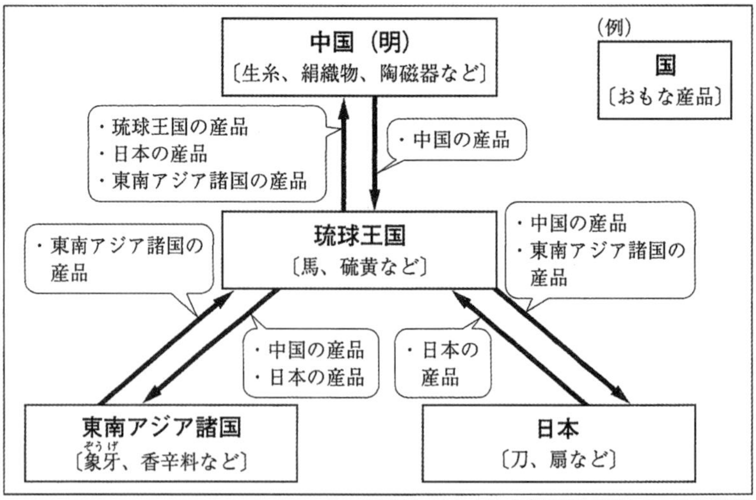

（資料A、Bともに「沖縄県の歴史」などより作成）

第　四　問　里香さんは、社会科の授業で、「私たちの消費生活」について調べ、**資料A**を作成しました。これを読んで、あとの**1**～**4**の問いに答えなさい。

> **資料A　私たちの消費生活**
> 私たちは、必要な物の多くを商品として購入し、①<u>消費</u>して生活しています。消費者は、何をどれくらい買うかなどをそれぞれの意思と判断で決定できますが、生産者や販売者に比べて情報の面で、不利な立場に置かれることがあり、消費者問題が起こりえます。2009年に②<u>内閣</u>の組織として、消費者庁が設置され、③<u>国民の消費生活に関する法</u>の整備や施策が進められています。

1　下線部①について、次の⑴、⑵の問いに答えなさい。

⑴　消費にかかわる最も基本的な経済主体で、家族や個人として消費生活を営む単位のことを何というか、書きなさい。

⑵　消費税について説明した**資料B**中の［　a　］、［　b　］にあてはまる語句の組み合わせとして、最も適切なものを、次の**ア**～**エ**から**1つ**選び、記号で答えなさい。

> **資料B　消費税について**
> 消費税は、国や地方公共団体に税金を納める人と負担する人が［　a　］。同じ金額の商品を購入した場合、所得が低い人ほど、所得に占める税金の割合が［　b　］傾向がある。

ア　a － 異なる　　　b － 高い
イ　a － 異なる　　　b － 低い
ウ　a － 同じである　b － 高い
エ　a － 同じである　b － 低い

2　下線部②の役割について述べた文として、正しいものを、次の**ア**～**エ**から**1つ**選び、記号で答えなさい。

ア　弾劾裁判所を設置する。　　**イ**　条約を承認する。
ウ　法律を執行する。　　**エ**　内閣総理大臣を指名する。

3　下線部③について、製造物責任法を説明した文として、最も適切なものを、次の**ア**～**エ**から**1つ**選び、記号で答えなさい。

ア　消費者は、契約内容に消費者の不利益になるような不適切な内容があった場合、その契約の取り消しを求めることができる。
イ　消費者は、商品の欠陥によって被害を受けた場合には、企業の過失を証明しなくとも、企業に損害の賠償を求めることができる。
ウ　消費者は、訪問販売や電話勧誘などで商品を購入した場合、一定期間内であれば、無条件で契約の取り消しを求めることができる。
エ　消費者は、誰と、どのような内容の契約を、どのような方法で結ぶのかについて、基本的に自由にできる。

4　里香さんは、加工食品にはさまざまな事項が表示されていることに気づき、調べを進め、**資料C**～**E**を作成しました。食品表示には、消費者にとって、どのような利点があるか、**資料C**～**E**を参考にして、簡潔に述べなさい。

資料C　食品表示法のおもな内容

- ○　「食品表示基準」で表示の仕方や記載事項について定め、それぞれの食品に表示することを、食品関連事業者に義務づける。
- ○　虚偽表示や誇大表示などを禁止する。
- ○　消費者庁が食品表示について、食品関連事業者を指導・監督する。

資料D　「食品表示基準」で定められた加工食品に表示するおもな事項

○　名称　　○　製造者名
○　原材料名　　○　原料原産地名
○　消費期限または賞味期限　○　保存方法
○　栄養成分の量及び熱量　○　添加物
○　食物アレルギーの原因となる物質

資料E　消費者基本法に示された消費者のおもな権利

1　安全の確保	2　選択の機会の確保	3　必要な情報の提供
4　教育の機会の提供	5　消費者の意見の反映	6　消費者被害の救済

（資料C～Eいずれも「消費者庁ホームページ」などより作成）

第　五　問　亮太さんは、社会科の授業で、「東北地方の自然環境と人々の暮らし」について調べ、**資料A**を作成しました。これをみて、あとの**1**～**5**の問いに答えなさい。

資料A　東北地方の自然環境と人々の暮らし

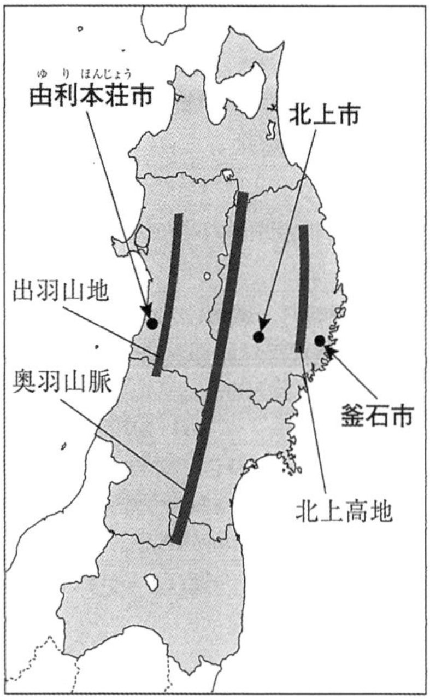

○　中央に奥羽山脈が南北に連なり、その西側には出羽山地、東側には北上高地が広がっています。

○　かつては、多様な鉱産資源に恵まれ、①中尊寺金色堂の造営には、この地方産出の金が用いられました。

○　②気候は、地形や海流などの影響を受け、地域によって異なっています。

○　地形や気候に応じ、③農業が発達しています。平地では、豊富な水資源をいかして米づくりがさかんに行われています。内陸部の山に囲まれた［　④　］とよばれる土地や、扇状地では、さくらんぼやももなどの果樹栽培がみられます。

○　1970年代以降、高速道路や自動車専用道路などによってつくられる⑤高速道路網の整備が進められました。現在も整備は進められています。

1　下線部①と同じ平安時代に創建されたものとして、最も適切なものを、次の**ア**～**エ**から**1つ**選び、記号で答えなさい。

ア　法隆寺　　**イ**　正倉院　　**ウ**　平等院鳳凰堂　　**エ**　東大寺南大門

2　下線部②について、亮太さんは、東北地方の日本海側と太平洋側、内陸部の気候を比較するために、ほぼ同緯度の**由利本荘市**、**北上市**、**釜石市**の３つの市の気温と降水量を調べ、**資料B**を作成しました。３つの市と、**資料B**中のグラフ**X**～**Z**の組み合わせとして、正しいものを、あとの**ア**～**カ**から**1つ**選び、記号で答えなさい。

資料B　３つの市の気温と降水量

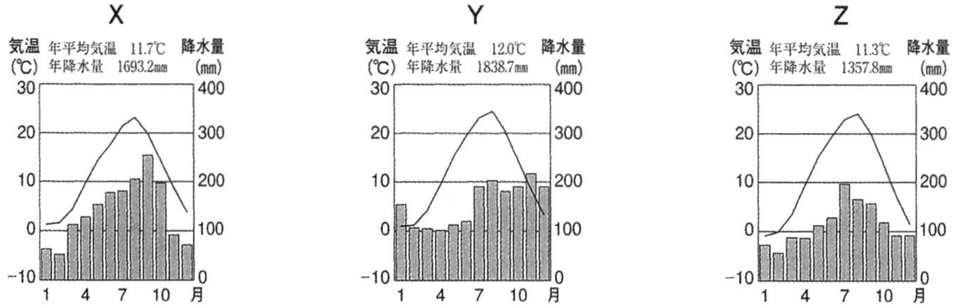

（「気象庁ホームページ」より作成）

ア　**X** － 由利本荘市　**Y** － 北上市　**Z** － 釜石市
イ　**X** － 由利本荘市　**Y** － 釜石市　**Z** － 北上市
ウ　**X** － 北上市　**Y** － 由利本荘市　**Z** － 釜石市
エ　**X** － 北上市　**Y** － 釜石市　**Z** － 由利本荘市
オ　**X** － 釜石市　**Y** － 由利本荘市　**Z** － 北上市
カ　**X** － 釜石市　**Y** － 北上市　**Z** － 由利本荘市

3　下線部③について、亮太さんは、東北地方各県の農業について調べ、**資料C**を作成しました。**資料C**から読みとれることを述べた文として、最も適切なものを、あとの**ア**～**エ**から**1つ**選び、記号で答えなさい。

資料C　**東北地方各県の農業統計**（2021年）

	面積（km²）	耕地面積（km²）	農業産出額（億円）	農業産出額に占めるおもな農作物の内訳（億円）			
				米	野菜	果実	畜産
青森県	9,646	1,496	3,277	389	753	1,094	947
岩手県	15,275	1,493	2,651	460	245	132	1,701
宮城県	7,282	1,255	1,755	634	271	22	753
秋田県	11,638	1,464	1,658	876	285	75	356
山形県	9,323	1,158	2,337	701	455	694	392
福島県	13,784	1,373	1,913	574	431	297	475

（注）数字は四捨五入している。

（「生産農業所得統計」などより作成）

ア　秋田県と山形県の米の産出額の合計は、東北地方全体の米の産出額の半分以上を占めている。
イ　福島県の野菜と果実の産出額の合計は、福島県の農業産出額全体の半分以上を占めている。
ウ　岩手県の畜産の産出額は、岩手県の農業産出額全体の７割を超えている。
エ　東北地方の中で、県の面積に占める耕地面積の割合は、青森県より宮城県の方が大きい。

4　［④］にあてはまる語句を書きなさい。

5　下線部⑤について、亮太さんは、**資料D**、**E**を作成しました。東北地方の高速道路網の整備には、どのようなことが期待されているか、整備状況の特徴を含めて、**資料D**、**E**をもとにして、簡潔に述べなさい。

資料D　**東北地方の高速道路・おもな自動車専用道路の整備状況**

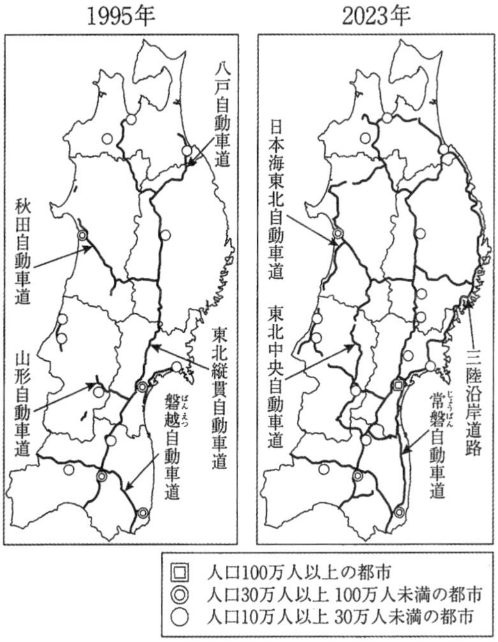

（注）2023年の整備状況中の都市については、市町村が合併した都市も含む。

資料E　**東北地方の高速道路・おもな自動車専用道路の整備状況の推移**

年代	整備状況
1970年代	関東地方と東北地方を結ぶ東北縦貫自動車道の一部が開通した。
1980年代	山形自動車道や八戸自動車道の一部が開通した。
1990年代	秋田自動車道や磐越自動車道が開通した。
2000年代	日本海東北自動車道の一部が開通した。
2010年代	常磐自動車道と三陸沿岸道路が接続した。
2020年代	福島県から山形県を通り、秋田県に至る東北中央自動車道の整備が続いている。

（資料D、Eともに「国土交通省ホームページ」などより作成）

第　六　問　彩夏さんは、社会科の授業で、「社会保障制度のあゆみ」について調べ、**資料A**を作成しました。これを読んで、あとの**1**～**5**の問いに答えなさい。

> **資料A　社会保障制度のあゆみ**
> 世界の中でいち早く18世紀に産業革命が起こった［　①　］は、「世界の工場」とよばれましたが、労働者の生活環境の悪化などの問題が起こり、労働者の生活を保障する制度がつくられていきました。20世紀前半の世界恐慌に対して、アメリカでは、フランクリン・ローズベルト大統領により、政府が公共事業を起こすなどの積極的に経済を調整する［　②　］政策がとられ、社会保障に関する制度が導入されました。日本では、第二次世界大戦後、社会保障制度が整えられていきました。日本の社会保障制度は、社会保険、公的扶助、③社会福祉、④公衆衛生の４つの柱からなり、社会の重要な基盤となっています。

1　［　①　］にあてはまる国として、正しいものを、次の**ア**～**エ**から**1**つ選び、記号で答えなさい。

ア　イギリス　　**イ**　フランス　　**ウ**　ドイツ　　**エ**　アメリカ

2　［　②　］にあてはまる語句を書きなさい。

3　下線部③に関連して、道路や施設、設備などが、高齢者や障がいのある人をはじめ、すべての人々にとって利用しやすい状態であることを何というか、最も適切なものを、次の**ア**～**エ**から**1**つ選び、記号で答えなさい。

ア　ワーク・ライフ・バランス　　**イ**　バリアフリー

ウ　リサイクル　　**エ**　インフォームド・コンセント

4　下線部④について述べた文として、最も適切なものを、次の**ア**～**エ**から**1**つ選び、記号で答えなさい。

ア　収入が少なく、生活に困っている人々に、生活費や教育費を支給する。

イ　適切な保護や支援の必要がある幼児や児童に対し、施設やサービスを提供する。

ウ　人々の健康な生活を支えるために、感染症の予防や生活環境の改善をはかる。

エ　労働者が子育てや介護と、仕事とを両立できるように支援する。

5　彩夏さんは、日本の社会保障制度の一つである社会保険に関して、2000年に介護保険制度が導入されたことを知り、さらに調べを進め、**資料B**～**D**を作成しました。介護保険制度はどのようなことを目的として導入されたと考えられるか、**資料B**～**D**を参考にして、簡潔に述べなさい。

資料B　全人口のうち65歳以上の人が占める割合（%）

年	1990	2000	2010	2020
割合	12.1	17.4	23.0	28.6

（注）数字は四捨五入している。

資料C　世帯数と平均世帯人数の推移

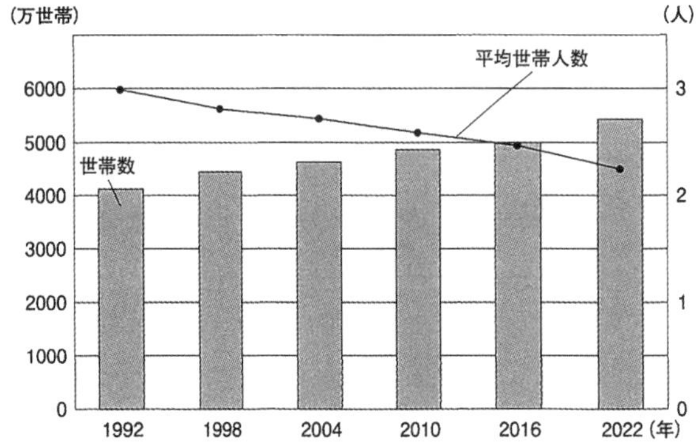

資料D　介護保険制度の概要

○　満40歳以上の全国民に加入を義務づけ、保険料を徴収する。

○　保険料と公費を財源とし、制度の運営は、市町村、特別区が行う。

○　原則として、65歳以上で要介護認定を受けた場合、１～３割の自己負担で、介護サービスを受けることができる。

○　介護サービスには、居宅サービス、施設サービス、地域密着型サービスがあり、介護福祉士や訪問介護員などの、介護に関する専門職員が介護にあたる。

（資料B～Dいずれも「厚生労働省ホームページ」などより作成）

令和６年度　**第３時**

社会解答用紙

（灰色）の欄には、記入しないこと。

第一問　　／15

1	(1)		／3
	(2)		／3
2			／3
3	(1)		／3
	(2)	政策	／3

第二問　　／17

1	(1)		／3
	(2)		／3
	(3)		／3
2			／3
3			／5

第三問　　／17

1		／3
2		／3
3	→ →	／3
4		／3
5		／5

第四問　　／17

1	(1)		／3
	(2)		／3
2			／3
3			／3
4			／5

受験番号	

令和６年度

公立高等学校入学者選抜

学力検査

英　語

（第４時　13：00～13：50）

注　意

1 「始め」の合図があるまで、開いてはいけません。

2 解答用紙は、この表紙の裏面になります。

3 「始め」の合図があったら、この表紙を取り外し、表裏それぞれの面に受験番号を記入してから、解答用紙が表になるように折り返しなさい。

4 問題は、８ページまであります。

5 問題は、第一問から第五問まであります。

6 答えは、全て解答用紙に書き入れなさい。

7 「やめ」の合図で、すぐ鉛筆をおきなさい。

第四問 /29

1		/2
2		/4
3		/3
4	(1)	/4
	(2)	/4
5	(1)	/3
	(2)	/3
	(3)	/3
	(4)	/3

第五問 /8

	/8

※100点満点

受験番号	

得点	

英語

令和６年度

公立高等学校入学者選抜学力検査問題

英　語

※教英出版注
音声は，解答集の書籍ＩＤ番号を
教英出版ウェブサイトで入力して
聴くことができます。

第　一　問　（放送によるテスト）次の**問題１**から**問題４**に答えなさい。

問題１　英語を聞いて、その内容を最も適切に表しているものを、それぞれア、イ、ウ、エの中から１つ選んで、その記号を**解答用紙**に書きなさい。

１番　ア　イ　ウ　エ

２番　ア　イ　ウ　エ

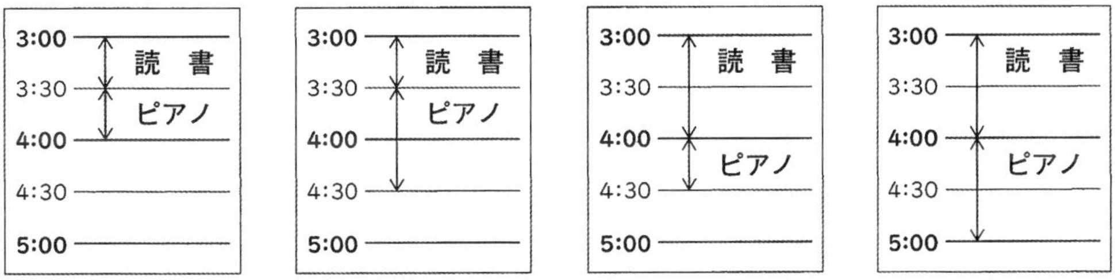

第一問（放送によるテスト）は、次のページにつづきます。

問題２　亜美（Ami）とニック（Nick）が会話をします。二人の会話は、問題用紙に示されている順に進みます。［　　　　　　］に入る発言として最も適切なものを、それぞれ**ア**、**イ**、**ウ**、**エ**の中から**１つ**選んで、その記号を**解答用紙**に書きなさい。会話の［　　　　　　］のところでは、チャイム音が鳴ります。

１番
Ami:　・・・・・・・・・・・・・・・
Nick:　・・・・・・・・・・・・・・・
Ami:　・・・・・・・・・・・・・・・
Nick:　［（チャイム音）］

ア　Sounds good.
イ　It's in my classroom.
ウ　I don't have homework.
エ　Here you are.

２番
Nick:　・・・・・・・・・・・・・・・
Ami:　・・・・・・・・・・・・・・・
Nick:　・・・・・・・・・・・・・・・
Ami:　［（チャイム音）］

ア　Oh, I'm so lucky.
イ　Oh, look at the actor.
ウ　Oh, will you take trains?
エ　Oh, who was the actor?

問題３　裕也（Yuya）と留学生のエマ（Emma）が会話をします。そのあとで会話について３つの質問をします。それらの質問に対する答えとして最も適切なものを、それぞれ**ア**、**イ**、**ウ**、**エ**の中から**１つ**選んで、その記号を**解答用紙**に書きなさい。

１番
ア　Her friend.
イ　Her host family.
ウ　Yuya and his friend.
エ　Yuya and his family.

２番
ア　At 5:00 p.m.
イ　At 6:00 p.m.
ウ　At 8:00 p.m.
エ　At 9:30 p.m.

３番
ア　He showed Emma how to go to the city zoo.
イ　He told Emma about when to visit the city zoo.
ウ　He helped Emma meet the staff members at the city zoo.
エ　He heard about the city zoo's event from Emma.

K 教英出版

問題4　留学生のメグ（Meg）が話をします。メグの質問に対するあなたの答えを、**英語**で**解答用紙**に書きなさい。

第一問（放送によるテスト）は、ここまでです。

第　二　問　次の**1**～**3**の問いに答えなさい。

1　次の(1)～(3)の二人の会話が成立するように、（　　　）に入る最も適切なものを、それぞれあとのア～エから**1つ**選び、記号で答えなさい。

(1)　*Sana:*　David, you have a beautiful guitar. How did you get it?
David:　My brother（　　　）his old one to me.
ア　gives　イ　gave　ウ　given　エ　giving

(2)　*Child:*　I opened the windows, but it's still hot in this room.
Father:　Then, let's close them and turn（　　　）the air conditioner.
ア　on　イ　in　ウ　into　エ　out

(3)　*Oliver:*　Are you（　　　）for today's math test?
Ren:　Yes, I studied a lot this week.
ア　late　イ　interesting　ウ　ready　エ　kind

2　次の(1)、(2)の二人の会話が成立するように、（　　　）内の語句を正しい順に並べかえ、(1)はア～エ、(2)はア～オの記号で答えなさい。ただし、文頭にくる語も小文字で示しています。

(1)　*Jessie:*　How（ア　students　イ　there　ウ　many　エ　are）in your class?
Satoru:　We have 40 students.

(2)　*Kumi:*　（ア　bought　イ　the cake　ウ　was　エ　me　オ　you）delicious.
Lucy:　I'm glad to hear that.

3　次のチラシは、やよい市（Yayoi City）が開催するイベントについてのものです。あとの(1)、(2)の（　　　）に入る最も適切なものを、それぞれア～エから１つ選び、記号で答えなさい。

〔チラシの一部〕

English Day for Junior High School Students

Come and enjoy English classes with ALTs in Yayoi City!

DATE:	Sunday, September 17
TIME:	1:00 p.m. to 4:00 p.m.
PLACE:	Yayoi Culture Center

・Each student can join only one class. Choose one from the list below.

Class	Activities
Class A	Playing games and sports
Class B	Learning about foreign cultures
Class C	Making cookies and enjoying tea time
Class D	Making a short video to introduce Yayoi City

・You have to speak in English during the event.
・You need to bring sports clothes for Class A.
・To join the event, send us an e-mail by September 10. (✉ ○○○@yayoi-city.jp)

(1)　If students want to try cooking with ALTs, they should join（　　　）.

ア　Class A　　イ　Class B　　ウ　Class C　　エ　Class D

(2)　At the event, students（　　　）.

ア　will join a class in the afternoon
イ　have to talk with ALTs in Japanese
ウ　will receive an e-mail from ALTs
エ　have to wear their school uniforms

第　三　問　次の英文は、中学生の佳奈美（Kanami）が、英語の授業でスピーチをしたときのものです。この英文を読んで、あとの１～５の問いに答えなさい。

Hi, everyone. Today, I'll talk about my favorite place, the local **shogi* club. It has members of different ages, from children to elderly people. We meet at the local *community center twice a month. I've been a member of ①<u>it</u> since the fifth *grade in elementary school.

When I started going to the club, 30 members played *shogi* there. Some of them had a lot of knowledge about *shogi* and taught other members how to play it. Thanks to their help, all the members enjoyed the club. That year, a tournament was held to decide the best player in the club. It was my first *shogi* tournament. Though I did my best, I lost in the first game. Then I realized, "I need to practice *shogi* more and learn different skills." I started to do that after the tournament, and the members supported me. Sometimes elderly members taught me new skills, and sometimes younger members had practice games with me. I became good at *shogi* little by little.

When I was in the sixth grade, I joined the tournament held by the club again. I was so happy to win twice. Many members said to me, "Good job!" and I was glad. However, I lost against Mr. Yamada in the third game. He was an elderly member who often taught me *shogi*. After the game, he said, "Kanami, you have become stronger than before as a result of your efforts. So ②if you continue your efforts, you'll develop your skills even more and win our next game." I *gained confidence when I heard that. Then I realized, "I've *grown a lot because the members have supported me." The club helped me connect with various people, and they taught me many things. Age difference wasn't a big barrier. The club and its members were precious to me.

Now I'm a junior high school student. I've started helping younger members practice *shogi* in the club. I want to be a bridge between the members and keep seeing their happy faces there.

＜注＞ *shogi club　将棋愛好会　*community center　公民館　*grade　学年
*gain(ed) confidence　自信がつく　*grown ← grow　成長する

1　下線部①が示す内容として最も適切なものを、次の**ア**～**エ**から**1つ**選び、記号で答えなさい。

ア　the local *shogi* club　**イ**　the local community center
ウ　the fifth grade　**エ**　elementary school

2　次の質問に対する答えを、本文の内容に合うように**英語**で書きなさい。

What did Kanami start to do after her first *shogi* tournament?

3　下線部②のように山田さん（Mr. Yamada）が思ったのはなぜか、本文の内容から具体的に**日本語**で書きなさい。

4　次の**ア**～**オ**を佳奈美のスピーチの流れに合うように並べかえ、記号で答えなさい。

ア　Kanami joined a *shogi* tournament for the first time.
イ　Kanami started to support younger members in the *shogi* club.
ウ　Kanami lost in the third game of the tournament held by the *shogi* club.
エ　Kanami started to go to the *shogi* club at the community center.
オ　Kanami won two games in the tournament held by the *shogi* club.

5　次の英文は、佳奈美のスピーチを聞いた生徒が書いたコメントです。本文の内容をふまえて、［　　　］に入る最も適切な**ひとつづきの英語4語**を、本文中から抜き出して書きなさい。

Thank you for your great speech. You said that your *shogi* club is a wonderful place because you can ［　　　］ and learn together with them. I also want to find a good place like your club for myself.

第 四 問　次の英文は、日本を観光したことがある外国人の体験談を紹介するウェブサイトに掲載された、ルーカス（Lucas）、ジャック（Jack）、リー（Lee）の体験談です。これらの英文を読んで、あとの**1**〜**5**の問いに答えなさい。

Lucas

I'm interested in traditional Japanese culture, so I decided to visit Kyoto. I tried ①a *calligraphy trial lesson for tourists there, and it became my best memory. At the beginning of the lesson, the teacher taught us what calligraphy is. Next, we practiced writing *kanji* with the *writing brush. After that, we *chose our favorite word and wrote it in *kanji*. I chose the word "light." I love that word because my name means "light." The teacher showed me the *kanji* for it, 光, and I enjoyed writing it with the writing brush. I was happy to experience this lesson.

By trying calligraphy, I became more interested in Japanese culture. I think we can learn more about another country if we have a *chance to experience its culture.

Jack

In Japan, I enjoyed visiting not only well-known places, but also areas that were not so famous. It was fun to see the daily lives of local people. Actually, I had ②a little trouble when I visited a small restaurant during my stay. The menu was written in Japanese, and it had no pictures of the dishes. I couldn't choose dishes because I couldn't read Japanese. Then a Japanese man spoke to me in English and helped me choose delicious dishes. We enjoyed eating and talking. He asked me, "[③] tomorrow?" I answered, "I'm going to look around the town." Then he *offered to show me nice places there. The next day, he showed me around the town, and we had a great time.

If you have a good chance to meet local people and communicate with them during your trip, please enjoy it. I'm sure that it'll be a great experience.

Lee

I traveled to Japan to go to a town that was in my favorite Japanese anime. I visited several places that were popular among fans of that anime. The best place was a big lake in the town. I went there in the evening and enjoyed watching the beautiful *sunset. It reminded me of my favorite scene in the anime, and I felt happy. However, some tourists were talking *loudly, and they were so *noisy. I was *disappointed because I wanted to enjoy the sunset quietly. Other people who were enjoying the wonderful scene also seemed disappointed. Since then, I've been more careful about my actions as a tourist.

I think we should be careful about what we do during our trips. It's important to respect both the places that we visit and the people who enjoy them. Let's be good tourists!

＜注＞ *calligraphy trial lesson　書道体験レッスン　　*writing brush　毛筆
*chose ← choose　　*chance　機会　　*offer(ed) to〜　〜しようと申し出る
*sunset　夕焼け　　*loudly　大声で　　*noisy　騒がしい
*disappointed　がっかりした

1　下線部①でルーカスが行ったことを、次のア～エから１つ選び、記号で答えなさい。

ア　He wrote his name in English.　　イ　He learned about Kyoto.

ウ　He explained what calligraphy is.　　エ　He wrote his favorite word in *kanji*.

2　下線部②が示す具体的な内容を、本文中から探して**日本語**で書きなさい。

3　本文中の［　③　］に入る適切な内容を考えて、**英語**で書きなさい。

4　次の(1)、(2)の質問に対する答えを、本文の内容に合うように**英語**で書きなさい。

(1)　Which city did Lucas go to when he visited Japan?

(2)　Why did Lee feel happy when she watched the beautiful sunset?

5　次の英文は、このウェブサイトを見た奈央（Nao）とソフィア（Sophia）の会話です。本文の内容をふまえて、あとの(1)～(4)の問いに答えなさい。

Nao:　I enjoyed reading the stories on the website. These three people experienced something（　Ⓐ　）during their trips.

Sophia:　That's true. From Lucas's story, I found that we can learn more about other countries by［　Ⓑ　］.

Nao:　Jack's story tells us that［　Ⓒ　］can bring us a wonderful experience during our trips.

Sophia:　That's right. I learned an important thing from Lee. She talks about being a good tourist. She says［　Ⓓ　］.

Nao:　I like her message. These three stories tell us the things that will be useful when we travel.

(1)（　Ⓐ　）に入る最も適切なものを、次のア～エから１つ選び、記号で答えなさい。

ア　traditional　　イ　terrible　　ウ　famous　　エ　unique

(2)［　Ⓑ　］に入る最も適切なものを、次のア～エから１つ選び、記号で答えなさい。

ア　teaching about our cultures there　　イ　experiencing their cultures

ウ　speaking their languages　　エ　visiting many places there

(3)［　Ⓒ　］に入る最も適切なものを、次のア～エから１つ選び、記号で答えなさい。

ア　sharing time with local people　　イ　solving local people's troubles

ウ　becoming a local tour guide　　エ　cooking local dishes

(4)［　Ⓓ　］に入る最も適切なものを、次のア～エから１つ選び、記号で答えなさい。

ア　we should visit many foreign countries to be good tourists

イ　we should learn about traditional culture of other countries

ウ　it's important to think about good behavior as a tourist

エ　it's necessary to talk with local people in their language

第　五　問　英語の授業で、あなたの学習者用端末に、ＡＬＴの先生が作成した次のような課題が送られてきました。この英文を読んで、先生の質問に対するあなたの答えを、**３文以上の英語**で書きなさい。

〔学習者用端末の画面〕

In the next class, I want you to talk about using *randoseru*. We call them “school backpacks” in English. In Japan, many elementary school students use them. However, in my country, most students do not.

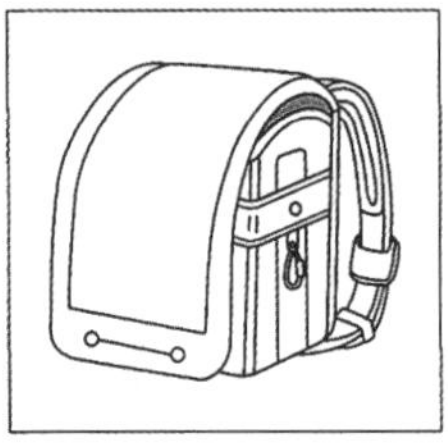

Write your opinion about the questions below.

Do you think using school backpacks is good for elementary school students? Why do you think so?

令和６年度

第４時　英語解答用紙

（網掛けの欄）の欄には、記入しないこと。

第一問　/25

問題１	１番		/3
	２番		/3
問題２	１番		/3
	２番		/3
問題３	１番		/3
	２番		/3
	３番		/3
問題４			/4

第二問　/20

1	(1)		/2
	(2)		/2
	(3)		/2
2	(1)	→ → →	/4
	(2)	→ → → →	/4
3	(1)		/3
	(2)		/3

第三問　/18

1		/2
2		/4
3		/4
4	→ → → →	/4
5		/4

Yuya: Emma, are you looking at the website of the city zoo?
Emma: Yes. Actually, I'm going to go there with my host family next Saturday. Then we'll join an event called "Night Zoo." I'm so excited.
Yuya: Wow. I've been there with my friend before, but I didn't know about that event.
Emma: The zoo is usually open from 9:30 a.m. to 5:00 p.m. But during the event, it's open until 8:00 p.m. So we can enjoy seeing animals at night.
Yuya: That's great. I also want to go to it. Do you know anything else?
Emma: Yes. Visitors can join a tour. In the tour, the staff members guide them around the zoo and talk about how animals live at night.
Yuya: How nice! I want to hear stories from them. I'll tell my family about the event. Maybe I can go.
Emma: I hope you can go. The tour starts at 6:00 p.m.
Yuya: All right. Thanks, Emma.

続いて質問に移ります。

1番 Who will go to the city zoo with Emma?
(この間約 4 秒)

2番 What time does the city zoo close when "Night Zoo" is held?
(この間約 4 秒)

3番 Which is true about Yuya?
(この間約 9 秒)

次に**問題4**に移ります。留学生のメグ（Meg）が話をします。メグの質問に対するあなたの答えを、**英語**で**解答用紙**に書きなさい。英語を**2回**放送したあとに、答えを記入する時間をとります。では、始めます。

I want to get some advice from you. I'm studying Japanese hard, but I can't speak it well. I really want to improve my Japanese. What should I do in my daily life to improve it?
(この間約 4 秒)

繰り返します。

I want to get some advice from you. I'm studying Japanese hard, but I can't speak it well. I really want to improve my Japanese. What should I do in my daily life to improve it?
(この間約 15 秒)

これで放送によるテストを終わります。次の問題に移ってください。

2番 *Nick:* Hey, Ami. Listen. Something good happened yesterday.
Ami: What was it?
Nick: I saw a famous actor at the station.
Ami: (チャイム音)
(この間約 4 秒)

繰り返します。
Nick: Hey, Ami. Listen. Something good happened yesterday.
Ami: What was it?
Nick: I saw a famous actor at the station.
Ami: (チャイム音)
(この間約 7 秒)

次に**問題3**に移ります。裕也（Yuya）と留学生のエマ（Emma）が会話をします。そのあとで会話について３つの質問をします。それらの質問に対する答えとして最も適切なものを、それぞれ**ア**、**イ**、**ウ**、**エ**の中から**１つ**選んで、その記号を**解答用紙**に書きなさい。はじめに会話、続いて質問の順で、**２回**放送されます。では、始めます。

Yuya: Emma, are you looking at the website of the city zoo?
Emma: Yes. Actually, I'm going to go there with my host family next Saturday. Then we'll join an event called "Night Zoo." I'm so excited.
Yuya: Wow. I've been there with my friend before, but I didn't know about that event.
Emma: The zoo is usually open from 9:30 a.m. to 5:00 p.m. But during the event, it's open until 8:00 p.m. So we can enjoy seeing animals at night.
Yuya: That's great. I also want to go to it. Do you know anything else?
Emma: Yes. Visitors can join a tour. In the tour, the staff members guide them around the zoo and talk about how animals live at night.
Yuya: How nice! I want to hear stories from them. I'll tell my family about the event. Maybe I can go.
Emma: I hope you can go. The tour starts at 6:00 p.m.
Yuya: All right. Thanks, Emma.

続いて質問に移ります。

1番 Who will go to the city zoo with Emma?
(この間約 4 秒)

2番 What time does the city zoo close when "Night Zoo" is held?
(この間約 4 秒)

3番 Which is true about Yuya?
(この間約 7 秒)

会話を繰り返します。

※教英出版注
音声は，解答集の書籍ＩＤ番号を
教英出版ウェブサイトで入力して
聴くことができます。

これから、**第一問**の放送によるテストを行います。放送を聞いて**問題１**から**問題４**に答えなさい。放送中に問題用紙にメモをとってもかまいません。

問題１、英語を聞いて、その内容を最も適切に表しているものを、それぞれ**ア**、**イ**、**ウ**、**エ**の中から**１つ**選んで、その記号を**解答用紙**に書きなさい。英語は、それぞれ**２回**放送されます。では、始めます。

１番　You need to bring lunch and something to drink for the picnic. You don't need an umbrella because it'll be sunny.

（この間約 4 秒）

繰り返します。

You need to bring lunch and something to drink for the picnic. You don't need an umbrella because it'll be sunny.

（この間約 4 秒）

２番　Today, I started reading a book at 3:00 p.m. I read it for one hour, and after that, I played the piano for thirty minutes.

（この間約 4 秒）

繰り返します。

Today, I started reading a book at 3:00 p.m. I read it for one hour, and after that, I played the piano for thirty minutes.

（この間約 7 秒）

次の問題に移ります。ページをめくり、２ページに進んでください。

（この間約 4 秒）

問題２、亜美（Ami）とニック（Nick）が会話をします。二人の会話は、問題用紙に示されている順に進みます。空欄に入る発言として最も適切なものを、それぞれ**ア**、**イ**、**ウ**、**エ**の中から**１つ**選んで、その記号を**解答用紙**に書きなさい。会話の空欄のところでは、チャイム音（チャイム音）が鳴ります。会話は、それぞれ**２回**放送されます。では、始めます。

１番
Ami:　I wrote a report in English. Can you check it after school?
Nick:　Sure. Where will we meet?
Ami:　How about in your classroom?
Nick:　（チャイム音）

（この間約 4 秒）

繰り返します。

Ami:　I wrote a report in English. Can you check it after school?
Nick:　Sure. Where will we meet?
Ami:　How about in your classroom?
Nick:　（チャイム音）

（この間約 4 秒）

令和6

第4時
英　語

英語「放送によるテスト」台本

受験番号	

令和６年度

公立高等学校入学者選抜

学力検査

理　　科

（第５時　14：10～15：00）

注　　意

1 「始め」の合図があるまで、開いてはいけません。

2 解答用紙は、この表紙の裏面になります。

3 「始め」の合図があったら、この表紙を取り外し、表裏それぞれの面に受験番号を記入してから、解答用紙が表になるように折り返しなさい。

4 問題は、８ページまであります。

5 問題は、第一問から第五問まであります。

6 答えは、全て解答用紙に書き入れなさい。

7 「やめ」の合図で、すぐ鉛筆をおきなさい。

第　四　問

/16

1			/3
2			/3
3	(1)		/3
	(2)		/4
4			/3

第　五　問

/16

1		①(　　　　　)　②(　　　　　)	/3
2		[A]	/3
3	(1)	[図] 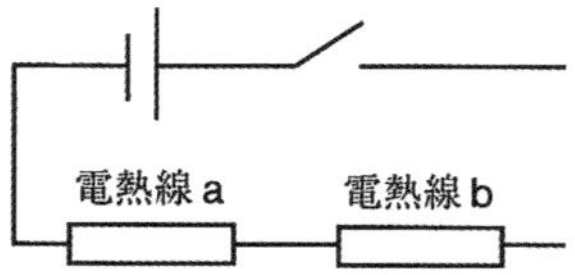	/3
	(2)	[J]	/3
	(3)	(実験Ⅱで回路に電流を流す時間):(図4の回路に電流を流す時間)=　　:	/4

※100点満点

受験番号	

得点	

理科

2024(R6) 宮城県公立高
K 教英出版

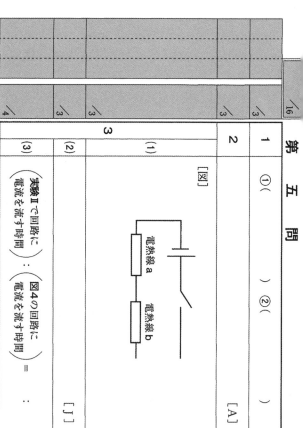

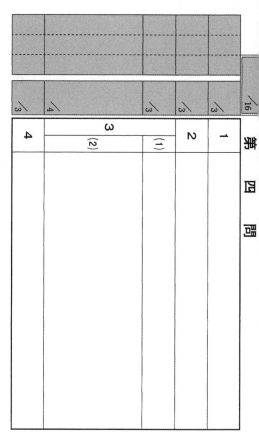

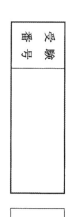

令和６年度
公立高等学校入学者選抜学力検査問題
理　　科

第　一　問　次の１～３の問いに答えなさい。

１　図１のように、悟さんは学校の廊下で、友人の春樹さんの姿を見て、春樹さんに手をあげてあいさつをしました。次の(1)～(3)の問いに答えなさい。

図１

(1)　悟さんが、春樹さんの姿を見て、手をあげたように、刺激に対して意識して起こした反応の例として、最も適切なものを、次のア～エから１つ選び、記号で答えなさい。

ア　外に出たら肌寒く感じたので、上着を着た。
イ　熱いものにふれてしまい、とっさに手を引っこめた。
ウ　顔に向かってボールが飛んできたので、思わず目を閉じた。
エ　口に食べ物を入れたら、だ液が出た。

(2)　ヒトは、感覚器官である目で光を刺激として受けとっています。目のように、ヒトの感覚器官であるものとして、最も適切なものを、次のア～エから１つ選び、記号で答えなさい。

ア　筋肉　　　イ　心臓　　　ウ　胃　　　エ　鼻

(3)　図２は、ヒトの神経を伝わる信号の経路を表した模式図です。図２の中のａ～ｄの実線（―――）は、感覚器官や運動器官と、脳やせきずいとをつなぐ神経を表しています。悟さんが、感覚器官である目で春樹さんの姿を見てから、運動器官である手をあげるという反応を起こす信号が伝わる経路として、最も適切なものを、次のア～エから１つ選び、記号で答えなさい。

図２

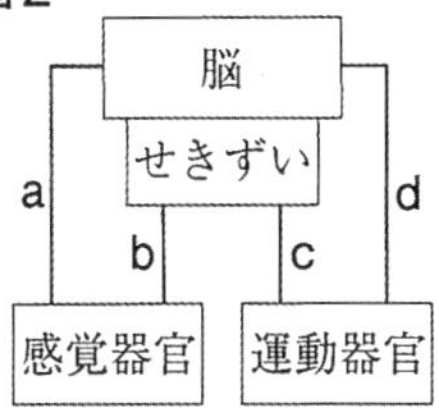

ア　感覚器官 → a → 脳 → d → 運動器官
イ　感覚器官 → b → せきずい → c → 運動器官
ウ　感覚器官 → a → 脳 → せきずい → c → 運動器官
エ　感覚器官 → b → せきずい → 脳 → せきずい → c → 運動器官

2　恵子さんは、理科の授業で、３種類の白い粉末Ａ、Ｂ、Ｃがそれぞれ何の物質であるかを調べるための**実験**を行いました。あとの(1)～(3)の問いに答えなさい。ただし、３種類の粉末Ａ～Ｃは、塩化ナトリウム、デンプン、ショ糖のいずれかです。

〔 **実験** 〕

[1]　粉末Ａ～Ｃを、それぞれ別のアルミニウムはくの皿にとり、ガスバーナーで加熱したときのようすを観察した。

[2]　粉末Ａ～Ｃを10ｇずつはかりとり、それぞれ別のビーカーに入れ、各ビーカーに50cm^3の水を加えて、よくかき混ぜたときのようすを観察した。

[3]　[1]と[2]の結果を、**表**にまとめた。

表

	粉末Ａ	粉末Ｂ	粉末Ｃ
加熱したときのようす	燃えて炭になった	変わらなかった	とけたあと燃えて炭になった
水を加え、よくかき混ぜたときのようす	とけなかった	全てとけた	全てとけた

(1)　[1]で、粉末Ａや粉末Ｃを加熱すると炭になったのは、粉末Ａや粉末Ｃに炭素がふくまれていたからです。粉末Ａや粉末Ｃのように、炭素をふくむ物質を何というか、答えなさい。

(2)　[2]で、恵子さんは、粉末が水にとけなかった場合に、ろ過で粉末と水を分けようと考えました。ろ過のしかたを表した図として、最も適切なものを、次のア～エから**１つ**選び、記号で答えなさい。

ア
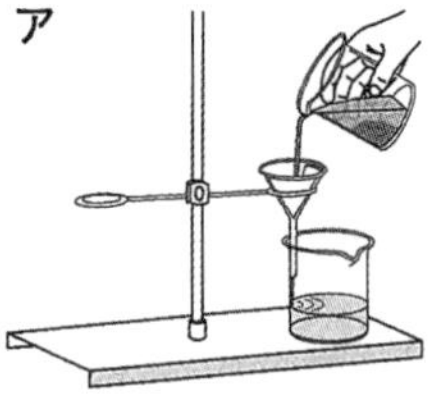

イ
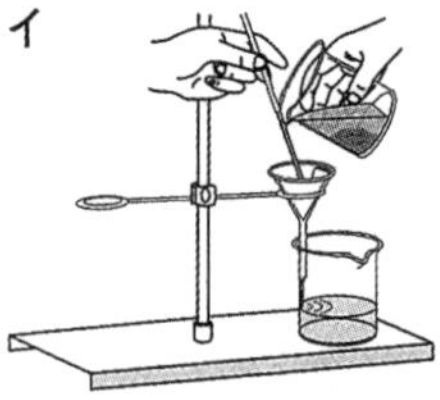

ウ
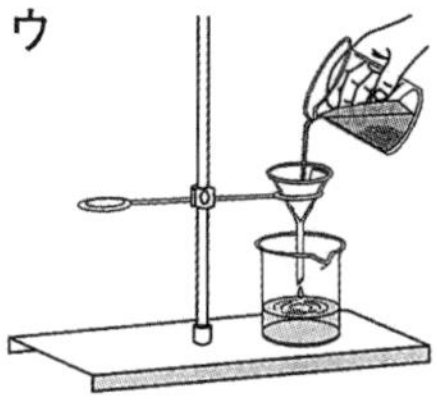

エ
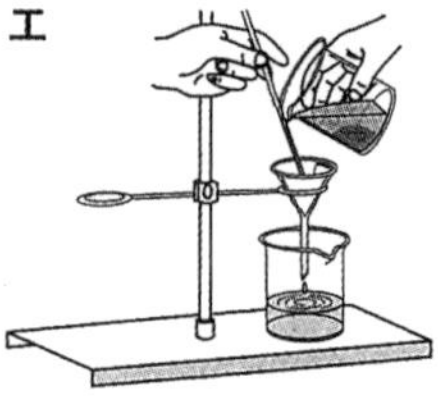

(3)　恵子さんは、**表**をもとに、粉末Ｂと粉末Ｃが何の物質であるかを考えました。粉末Ｂと粉末Ｃの物質の組み合わせとして、最も適切なものを、次のア～エから**１つ**選び、記号で答えなさい。

ア　粉末Ｂ　－　デンプン　　　　　粉末Ｃ　－　塩化ナトリウム
イ　粉末Ｂ　－　デンプン　　　　　粉末Ｃ　－　ショ糖
ウ　粉末Ｂ　－　塩化ナトリウム　　粉末Ｃ　－　デンプン
エ　粉末Ｂ　－　塩化ナトリウム　　粉末Ｃ　－　ショ糖

教英出版

3　夏のある日の夕方、図3の宮城県内のA地点にある建物の中にいた志穂さんは、雷の音がくり返し聞こえてきたので、窓の外を見たところ、南西の方角に雷の光を発する積乱雲が見えました。次の(1)～(4)の問いに答えなさい。

図3

(1)　積乱雲などの雲は、空気が冷やされて空気中にふくむことのできる最大質量をこえた水蒸気が水滴などになり発生します。1 m^3の空気がふくむことのできる、水蒸気の最大質量を何というか、答えなさい。

(2)　積乱雲の発達のしかたと積乱雲がもたらす雨の降り方について述べた次の文の内容が正しくなるように、①のア、イ、②のウ、エからそれぞれ1つ選び、記号で答えなさい。

積乱雲は、あたたかい空気が①（ア　ゆっくりと　イ　急激に）おし上げられ、強い上昇気流が生じることで発達し、②（ウ　強い　エ　弱い）雨が短時間に降ることが多い。

(3)　雷のように、たまった電気が一瞬で流れ出したり、空間を移動したりする現象を何というか、最も適切なものを、次のア～エから1つ選び、記号で答えなさい。

ア　放電　　イ　送電　　ウ　帯電　　エ　発電

(4)　志穂さんは、雷の光を発する積乱雲が上空をふく風によって近づいてくるかどうかを推測することにしました。はじめに、この積乱雲の現在の位置を、ウェブサイトで調べ、図4のように、地図に×とA地点の位置をかきこみました。次に、雷のようすをビデオカメラで撮影し、撮影した動画を用いて、a 雷の光が見えてから雷の音が聞こえるまでの時間を測定したところ、40秒でした。さらに、動画を撮影した15分後に、同じ方法で、雷の光が見えてから雷の音が聞こえるまでの時間を測定したところ、b 30秒でした。次の①～③の問いに答えなさい。

図4

①　雷の光が見えたあとに、雷の音が聞こえる理由を、光の速さと空気中で音の伝わる速さとを比べて、簡潔に述べなさい。

②　下線部aのとき、A地点から雷が発生しているところまでのおおよその距離として、最も適切なものを、次のア～エから1つ選び、記号で答えなさい。ただし、空気中での音の伝わる速さを340m/sとします。

ア　0.9 km　　イ　1.4 km　　ウ　8.5 km　　エ　14 km

③　志穂さんは、下線部bの結果から、雷が発生している積乱雲が近づいていることを推測することができました。このとき、上空をふく風の向きとして、最も適切なものを、次のア～エから1つ選び、記号で答えなさい。ただし、雷が発生している積乱雲は、上空をふく風によってのみ、動くものとします。

ア　北の風　　イ　東の風　　ウ　南西の風　　エ　北西の風

第　二　問　ある年の２月22日の午前５時頃、宮城県内のある海岸から金星と火星を肉眼や天体望遠鏡で観察しました。**図１**は、そのときの金星と火星の位置を記録したものです。**図２**は、**図１**のときの北極星側から見た太陽、金星、地球、火星の位置を表したものです。次の**１**～**４**の問いに答えなさい。

図１

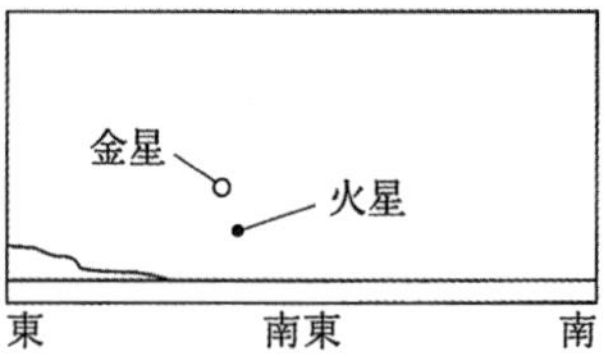

１　太陽のまわりを決まった軌道で公転している天体のうち、ある程度の大きな質量と大きさをもつ、金星や火星をふくむ太陽系の８つの天体を何というか、答えなさい。

２　**図１**の金星を、天体望遠鏡を使って観察し、肉眼で観察したときの向きに直して記録したときの金星の形として、最も適切なものを、次の**ア**～**エ**から**１つ**選び、記号で答えなさい。

図２

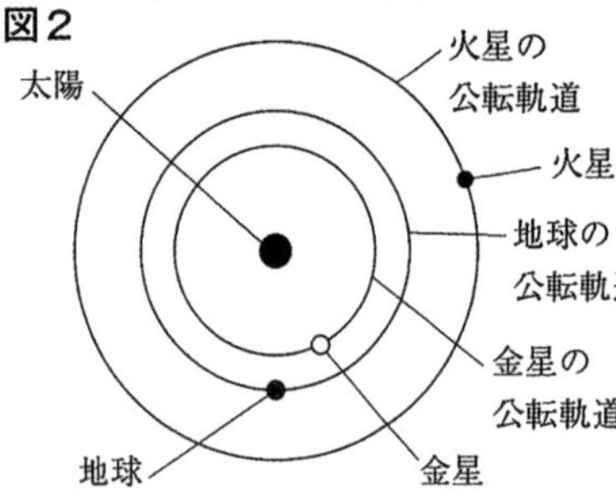

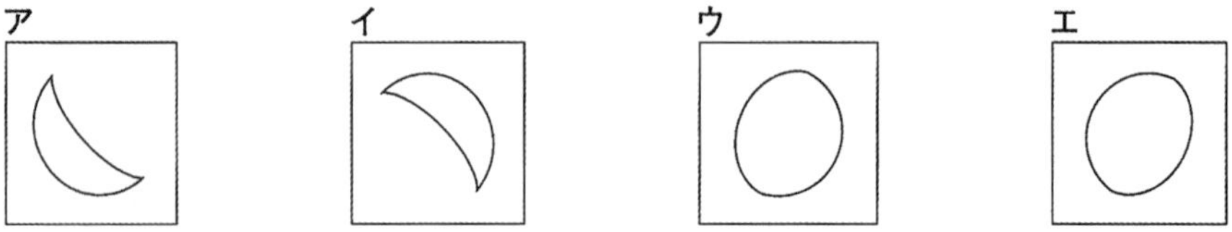

３　**図１**を記録してから、１時間後に肉眼で見たときの金星と火星の位置について述べたものとして、最も適切なものを、次の**ア**～**エ**から**１つ**選び、記号で答えなさい。

ア　金星と火星ともに東の方角へ動き、高度が低くなる。
イ　金星と火星ともに南の方角へ動き、高度が高くなる。
ウ　金星は東の方角へ動き、高度が低くなり、火星は南の方角へ動き、高度が高くなる。
エ　金星は南の方角へ動き、高度が高くなり、火星は東の方角へ動き、高度が低くなる。

４　２月22日の９か月後である、11月22日の午前５時頃に、同じ場所で、金星と火星を観察しようとしましたが、金星は観察できませんでした。次の(1)、(2)の問いに答えなさい。

(1)　11月22日の金星の位置として、最も適切なものを、**図３**の**ア**～**エ**から**１つ**選び、記号で答えなさい。ただし、地球の公転周期を１年、金星の公転周期を0.62年とします。

図３

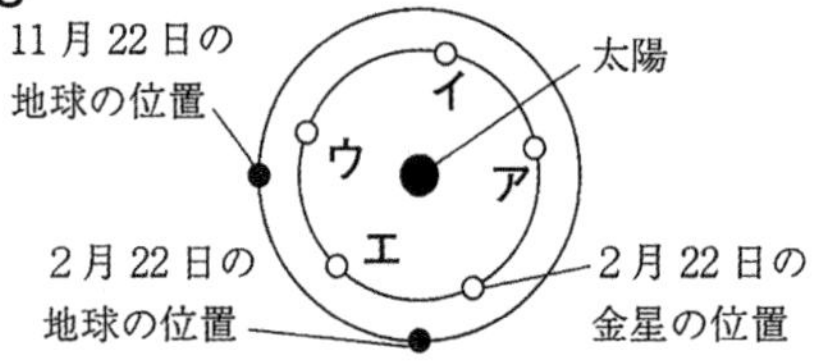

(2)　**図４**は、11月22日の地球と火星の位置を**図２**に加えたものです。天体望遠鏡を使って、２月22日と同じ倍率で火星を観察したときの火星の見え方について述べたものとして、最も適切なものを、次の**ア**～**エ**から**１つ**選び、記号で答えなさい。

図４

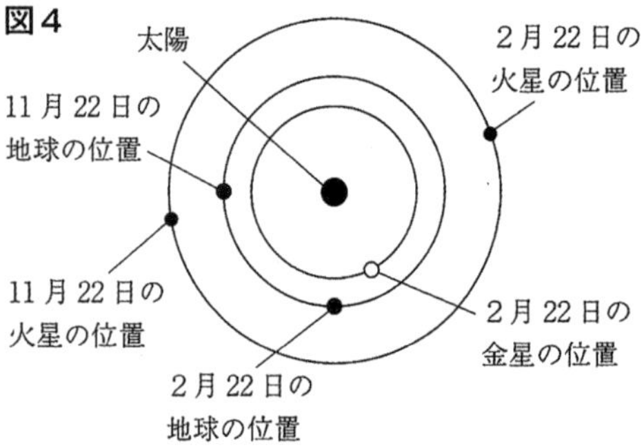

ア　２月22日に観察したときよりも見かけの大きさが大きくなり、半分以上欠けて見える。
イ　２月22日に観察したときよりも見かけの大きさが小さくなり、半分以上欠けて見える。
ウ　２月22日に観察したときよりも見かけの大きさが大きくなり、ほぼ丸い形に見える。
エ　２月22日に観察したときよりも見かけの大きさが小さくなり、ほぼ丸い形に見える。

第　三　問　硝酸と水酸化カリウム水溶液の中和について調べた**実験Ⅰ**と、硝酸と水酸化カリウム水溶液の中和で生じる塩である硝酸カリウムの再結晶について調べた**実験Ⅱ**について、あとの**1**～**5**の問いに答えなさい。ただし、ＢＴＢ溶液を加えたときの水溶液の濃度の変化は考えないものとします。

〔 **実験Ⅰ** 〕

1　うすい硝酸と、うすい水酸化カリウム水溶液を、それぞれ別の試薬びんに用意した。

2　うすい硝酸が入っている試薬びんから、うすい硝酸を10cm^{3}はかりとり、ビーカーに入れ、ＢＴＢ溶液を数滴加え、よくかき混ぜたところ、水溶液の色は黄色になった。

3　図のように、2のビーカーにうすい水酸化カリウム水溶液を５cm^{3}ずつ加え、ガラス棒でよくかき混ぜ、色の変化を調べると、20cm^{3}加えたところで、混ぜた水溶液の色が緑色に変化した。

4　3に続けて、うすい水酸化カリウム水溶液を５cm^{3}加えたところで、混ぜた水溶液の色が青色に変化した。

5　4に続けて、うすい水酸化カリウム水溶液を５cm^{3}加えたが、混ぜた水溶液の色は青色から変化しなかった。

図

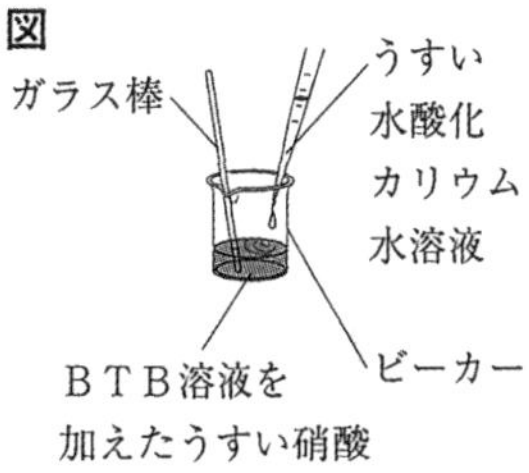

〔 **実験Ⅱ** 〕　硝酸カリウムを、40℃の水に全てとかし、硝酸カリウム水溶液をつくった。つくった水溶液の質量をはかったところ、54.0ｇだった。つくった水溶液から硝酸カリウムを結晶としてとり出すために、水溶液の温度を40℃から０℃に下げたところ、15.5ｇの結晶が出てきた。

1　**実験Ⅰ**の4で、水溶液の色が青色に変化したことから、水溶液は何性を示しているか、答えなさい。

2　硝酸と水酸化カリウム水溶液の中和を化学反応式で表すとき、次の［　①　］にあてはまる化学式を答えなさい。

$$HNO_3 + KOH \longrightarrow KNO_3 + \boxed{①}$$

3　**実験Ⅰ**で、硝酸10cm^{3}を入れたビーカーに水酸化カリウム水溶液を５cm^{3}ずつ加えていき、30cm^{3}まで加えたときの「加えた水酸化カリウム水溶液の体積」と「水溶液中の水素イオンの数」との関係を表したグラフとして、最も適切なものを、次の**ア**～**エ**から**1**つ選び、記号で答えなさい。

ア
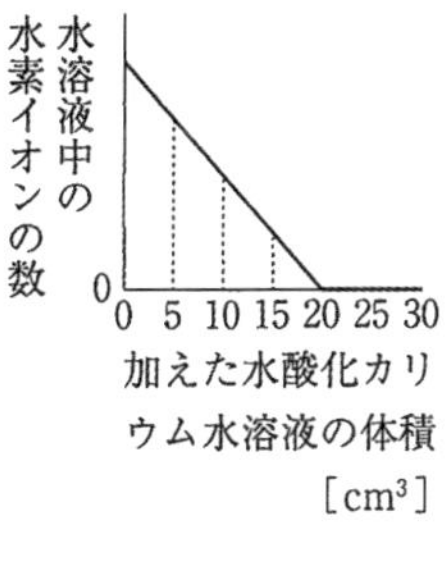

イ
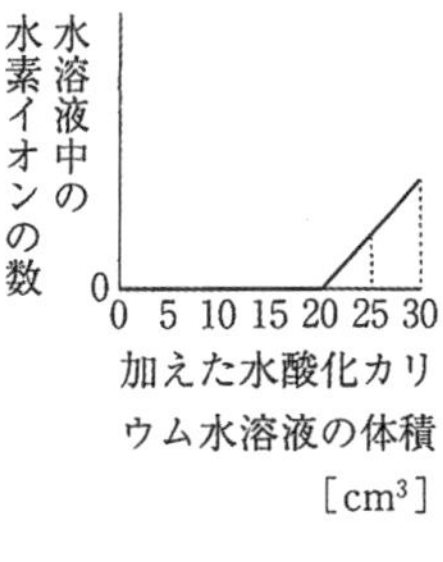

ウ
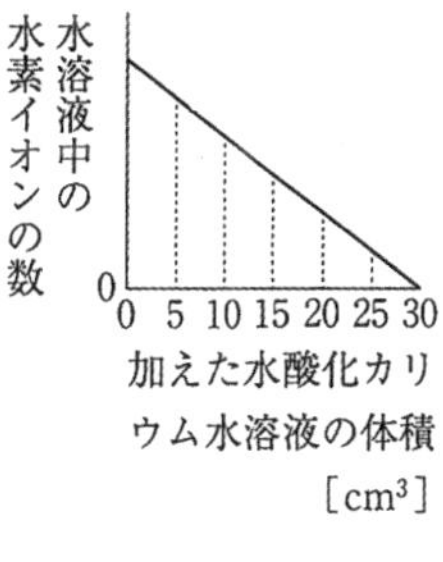

エ
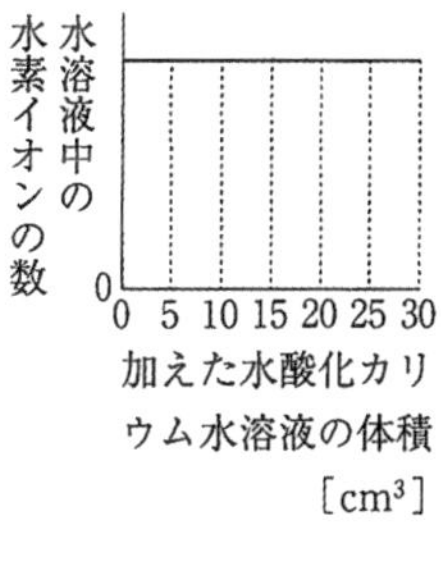

4　**実験Ⅱ**で、水溶液の温度を下げると、硝酸カリウムの結晶が出てくる理由を、**溶解度**という語句を用いて、簡潔に述べなさい。

5　**実験Ⅱ**でつくった硝酸カリウム水溶液を０℃にしたとき、水溶液中にとけている溶質は何ｇか、求めなさい。ただし、硝酸カリウムの溶解度は、水100ｇに対して０℃で13.3ｇであるものとし、計算結果は、小数第２位を四捨五入しなさい。

第　四　問　博さんは、モモの果実の断面が白色のモモと黄色のモモがあることに興味をもち、理科の自由研究でモモの果実について調べることにしました。博さんは、インターネットを利用して、農業研究所でモモの研究をしている木村さんと話しています。次は、博さんと木村さんの会話と木村さんから送られてきた**資料**です。これを読んで、あとの**1**～**4**の問いに答えなさい。

モモの果実の断面は、白色のものだけだと思っていたら、黄色のものもあるのですね。果実の断面が黄色のモモは、特別な種類のモモなのですか。

博さん

木村さん

黄色のモモは、特別なモモではありません。モモにはいろいろな品種があり、果肉の部分が白色ではなく、黄色のものもあります。果肉とは、ふだん、皮をむいて食べている部分のことです。**図1**は、モモの果実の断面の模式図で、果実は、主に果肉と種子からできています。

図1　モモの果実の断面（模式図）

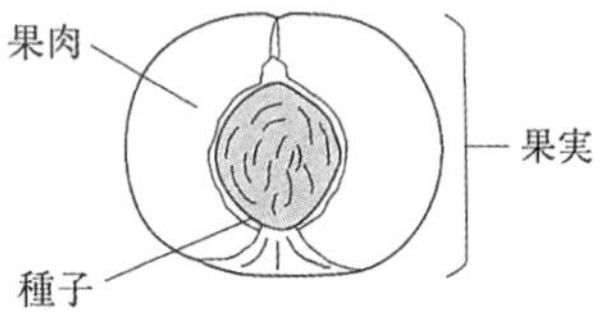

果肉が黄色のモモの果実のでき方は、白色のモモとは違うのですか。

博さん

木村さん

どの品種も、果実のでき方は同じです。**図2**は、一般的なモモの花の断面の模式図です。モモは、①被子植物なので、モモの花のめしべには、②受粉したあと、受精卵ができ、成長すると果実となる部分があります。

果肉の色は、遺伝で決まるのですが、果肉の色に関する**資料**があるので、あとで送ります。

図2　モモの花の断面（模式図）

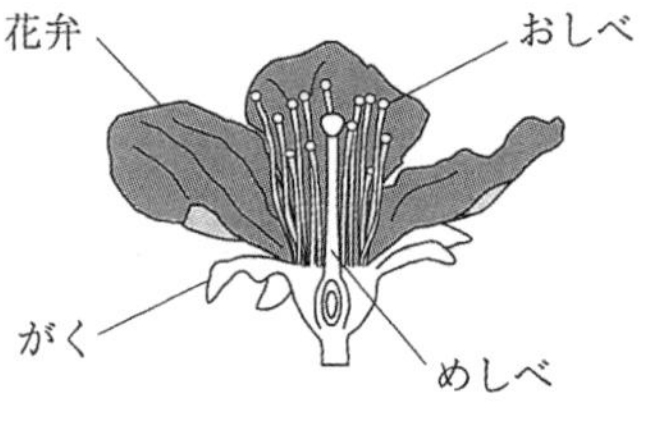

〔 **資料** 〕

モモの果肉の色は、白色が顕性形質、黄色が潜性形質である。果肉の色を決める遺伝子を、白色はA、黄色はaと表すこととする。

図3のように、遺伝子の組み合わせがＡＡの純系の個体がつくった花粉を、遺伝子の組み合わせがaaの、ある品種の純系の個体のめしべに受粉させ、できた果実**P**の世代の果肉の色と個数を調べると、**図4**のように、全て黄色だった。

果実**P**の種子をまき、まいた種子からできた個体で自家受粉させ、果実**Q**の世代を得ると、果肉の色は全て白色となった。

図3

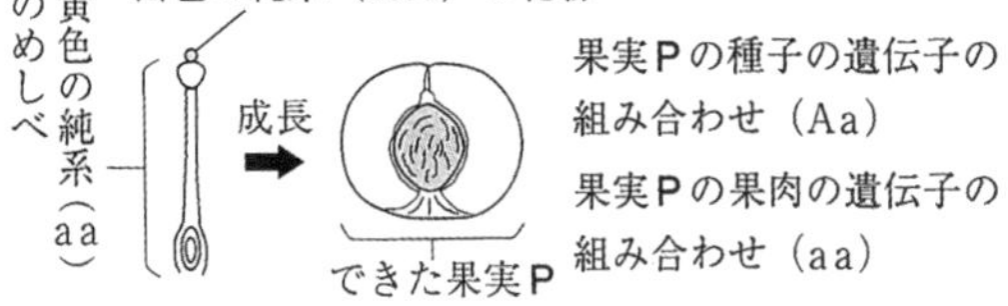

図4

果実**P**の世代の果肉の色と個数

白色	黄色
0［個］	36［個］

（「岡山県農業研報４」より作成）

1　下線部①について、モモと同じように、被子植物に分類されるものとして、最も適切なものを、次の**ア**～**エ**から**1**つ選び、記号で答えなさい。

ア　ゼニゴケ　　**イ**　スギナ　　**ウ**　アブラナ　　**エ**　イチョウ

2　下線部②について、受粉したあと、受精卵ができるまでの過程を述べたものとして、最も適切なものを、次の**ア**～**エ**から**1**つ選び、記号で答えなさい。

ア　師管が胚珠へとのびていき、卵細胞が胚珠の中にある精細胞と受精して、受精卵ができる。

イ　師管が胚珠へとのびていき、精細胞が胚珠の中にある卵細胞と受精して、受精卵ができる。

ウ　花粉管が胚珠へとのびていき、卵細胞が胚珠の中にある精細胞と受精して、受精卵ができる。

エ　花粉管が胚珠へとのびていき、精細胞が胚珠の中にある卵細胞と受精して、受精卵ができる。

3　博さんは、**資料**を読み、**図4**で果実**P**の世代の果肉の色が全て潜性形質の黄色になったことに疑問をもち、その理由を考えることにしました。そこで、**図3**を見直したところ、できた果実**P**の種子の遺伝子の組み合わせと果肉の遺伝子の組み合わせが異なっていることに気がつきました。次の(1)、(2)の問いに答えなさい。

(1)　果実**P**の種子の遺伝子の組み合わせがＡａとなる理由として、最も適切なものを、次の**ア**～**エ**から**1**つ選び、記号で答えなさい。

ア　体細胞分裂によってつくられた、遺伝子Ａをもつ精細胞と遺伝子ａをもつ卵細胞が受精し、受精卵の中で対になるから。

イ　体細胞分裂によってつくられた、遺伝子ａをもつ精細胞と遺伝子Ａをもつ卵細胞が受精し、受精卵の中で対になるから。

ウ　減数分裂によってつくられた、遺伝子Ａをもつ精細胞と遺伝子ａをもつ卵細胞が受精し、受精卵の中で対になるから。

エ　減数分裂によってつくられた、遺伝子ａをもつ精細胞と遺伝子Ａをもつ卵細胞が受精し、受精卵の中で対になるから。

(2)　果実**P**の世代の果肉の遺伝子の組み合わせがａａになった理由を、簡潔に述べなさい。

4　博さんは、果実**Q**の世代の果実から得られた多数の種子をそれぞれまいて、成長した個体の花のめしべに、遺伝子の組み合わせがａａである純系の個体の花粉を受粉させたときに得られる果実の果肉の色について考えました。博さんの考えた交配で得られる果実の果肉の色は、白色と黄色で、どのような個数の比になると予想されるか、最も適切なものを、次の**ア**～**エ**から**1**つ選び、記号で答えなさい。

ア　白色：黄色＝１：３　　**イ**　白色：黄色＝３：１

ウ　白色：黄色＝１：１　　**エ**　白色：黄色＝０：１

第　五　問　回路に流れる電流について調べた次の**実験**Ⅰ、Ⅱについて、あとの**1**～**3**の問いに答えなさい。

〔 **実験**Ⅰ 〕

1　**図1**のように、電源装置、スイッチ、電流計、電熱線a、電圧計を導線でつなぎ、回路をつくった。

2　**図1**の回路のスイッチを入れ、電熱線aに加わる電圧を0Vから3Vまで0.5Vずつ変化させ、回路に流れる電流の大きさをそれぞれ測定した。

図1

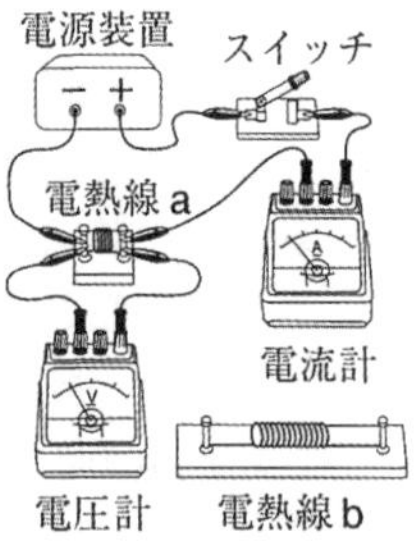

図2

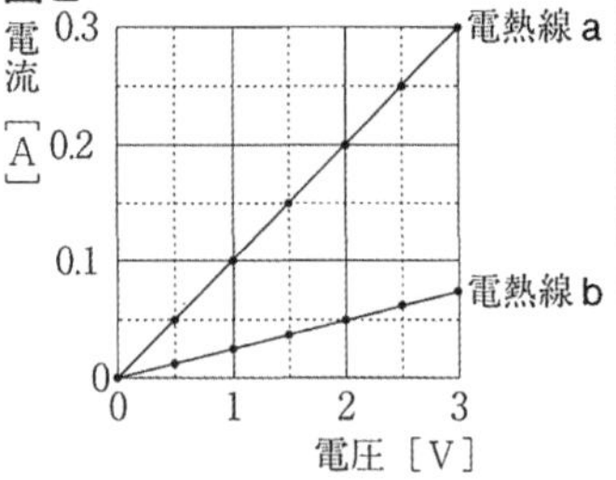

3　1の電熱線aを電熱線bにかえ、2と同様の操作で電流の大きさを測定した。

4　2と3の結果をもとに、電圧と電流の大きさの関係をグラフにまとめたところ、**図2**のようになった。

〔 **実験**Ⅱ 〕　**図3**のように、電源装置、スイッチ、電流計、電圧計、**実験**Ⅰで用いた電熱線a、bを導線でつないで、回路をつくった。**図3**の回路のスイッチを入れ、電圧計の値が2Vになるようにしたところ、電流計の値は0.25Aを示した。

図3

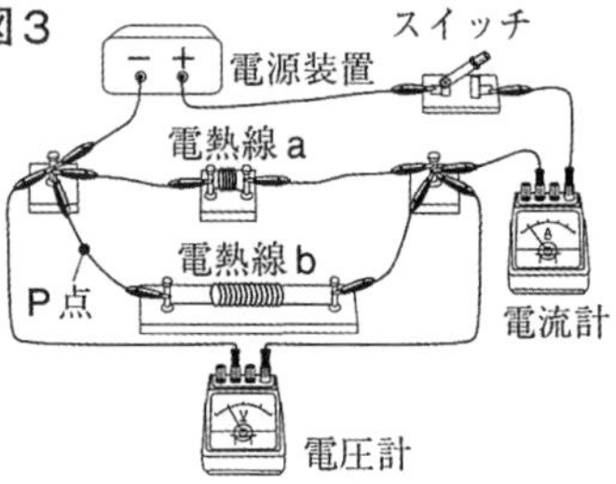

1　**実験**Ⅰ、Ⅱの結果からわかることについて述べた次の文の内容が正しくなるように、①の**ア**、**イ**、②の**ウ**、**エ**からそれぞれ**1つ**選び、記号で答えなさい。

電熱線aは、電熱線bよりも電流が流れ①（**ア**　やすく　**イ**　にくく）、**図3**の回路全体の抵抗の大きさは、電熱線aの抵抗の大きさよりも②（**ウ**　大きい　**エ**　小さい）。

2　**実験**Ⅱにおいて、P点を流れる電流の大きさは何Aか、求めなさい。

3　**図4**のように、電源装置、スイッチ、電流計、**実験**Ⅰで用いた電熱線a、bを導線でつないで、回路をつくりました。次の(1)～(3)の問いに答えなさい。

図4

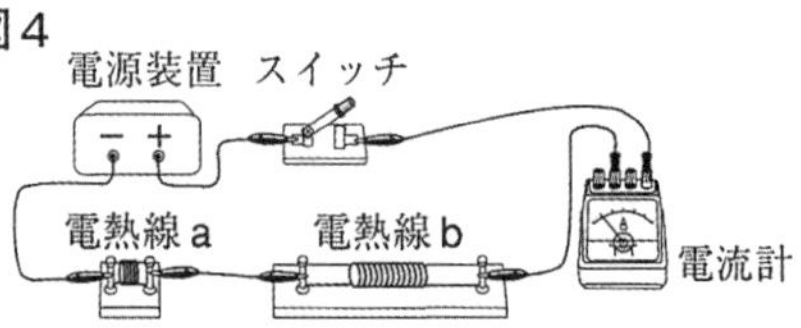

(1)　**図5**は、**図4**の回路を回路図にしたものの一部です。電熱線bに加わる電圧の大きさを調べるためには、**図4**において、どのように電圧計をつなげばよいか、電流計と電圧計の電気用図記号を**解答用紙の図**にかき入れて、**図5**の回路図を完成させなさい。

図5

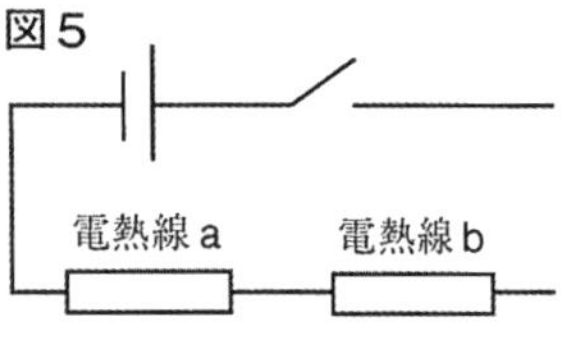

(2)　**図4**の回路のスイッチを入れ、0.1Aの電流を5分間流したとき、電熱線a、bで消費する電力量の合計は何Jか、求めなさい。

(3)　**図4**の回路のスイッチを入れ、**実験**Ⅱと同じように電流計の値が0.25Aになるようにしました。**実験**Ⅱでの電熱線a、bが消費する電力量の合計と、**図4**の回路で電熱線a、bが消費する電力量の合計が等しくなるようにするとき、**実験**Ⅱで回路に電流を流す時間と、**図4**の回路に電流を流す時間の比を、**最も簡単な整数の比**で表しなさい。

教英出版

令和６年度　**第５時**

理科解答用紙

（灰色）の欄には、記入しないこと。

第一問

/36

			解答	
1	(1)			/3
	(2)			/3
	(3)			/3
2	(1)			/3
	(2)			/3
	(3)			/3
3	(1)			/3
	(2)		①(　　　) ②(　　　)	/3
	(3)			/3
	(4)	①		/3
		②		/3
		③		/3

第二問

/16

		解答	
1			/3
2			/3
3			/3
4	(1)		/3
	(2)		/4

第三問

/16

	解答	
1		/3
2		/3
3		/3
4		/3
5	[g]	/4

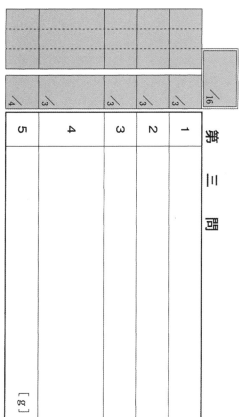

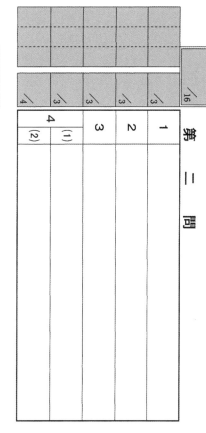

受験番号	

令和５年度
公立高等学校入学者選抜

学力検査

国　語

（第１時　9：05～9：55）

宮城県公立高等学校

注　意

1　「始め」の合図があるまで，開いてはいけません。

2　解答用紙は，この表紙の裏面になります。

3　「始め」の合図があったら，この表紙を取り外し，表裏それぞれの面に受験番号を記入してから，解答用紙が表になるように折り返しなさい。

4　問題は，８ページまであります。

5　問題は，第一問から第五問まであります。

6　答えは，全て解答用紙に書き入れなさい。

7　「やめ」の合図で，すぐ鉛筆をおきなさい。

2023(R5) 宮城県公立高
教英出版

令和５年度　**第１時**

国語解答用紙

の欄には，記入しないこと。

第一問

問一						問二		問三	問四				
① 眺(める)	② 雇(う)	③ 誘致	④ ソ(める)	⑤ リョウイキ	⑥ コウフン	①	②	三	(一)	(二)	(三)	(四)	(五)
/2	/2	/2	/2	/2	/2	/2	/2	/2	/2	/2	/2	/3	/3

/30

第二問

問一	問二	問三		問四	問五
一	二	A	B	四	五
/3	/3	/3	/3	/3	/5

/20

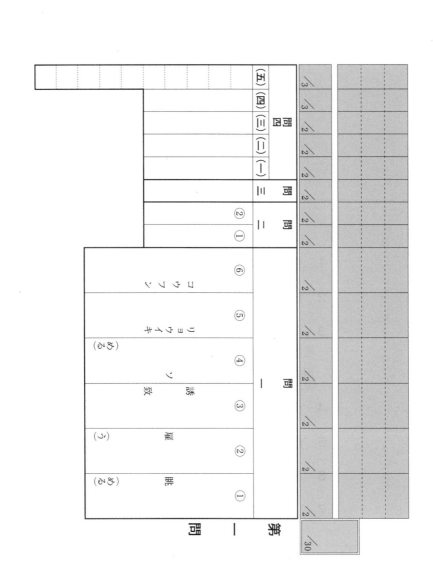

令和５年度

公立高等学校入学者選抜学力検査問題

国　語

第一問　次の問いに答えなさい。

問一　次の文の――線部①～⑥のうち、漢字の部分はその読み方を**ひらがな**で書き、カタカナの部分は**漢字**に改めなさい。

・窓から外を①眺める。

・新たに社員を②雇う。

・観光客を③誘致する。

・草木で布を④ソめる。

・未知の⑤リョウイキを探求する。

・白熱した試合に⑥コウフンする。

問二　次の文の――線部①、②のカタカナを漢字に改めたものとして、正しいものを、それぞれあとの**ア**～**エ**から**一つ**選び、記号で答えなさい。

・説明に対してタン①トウ直入に質問をする。

ア　統　**イ**　刀　**ウ**　党　**エ**　投

・発表会の会場探しに東奔セイ②ソウする。

ア　走　**イ**　早　**ウ**　操　**エ**　創

問三　次の行書で書かれた漢字を楷書で書いたとき、総画数が最も多いものを、次の**ア**～**エ**から**一つ**選び、記号で答えなさい。

ア　雲　**イ**　移　**ウ**　絹　**エ**　閣

問四　ある中学校の生徒会役員は、近隣の保育園と毎年交流会を行っています。今年は、生徒会役員のAさんたち四人が係となり、三週間後に行う交流会の活動内容について話し合いました。次は、Aさんが司会となって話し合ったときの**【黒板の一部】**と**【話し合いの一部】**です。あとの**(一)**～**(五)**の問いに答えなさい。

【黒板の一部】

保育園との交流会について

目的
ふれあいを通じて、楽しい時間を過ごしてもらう。

参加者
・園児（4～5歳児）20人
・生徒会役員10人

活動内容
案Ⅰ　積み木ドミノ倒し
案Ⅱ　ドッヂビー
案Ⅲ　手作り人形劇

【話し合いの一部】

〈Aさん〉　これまで出された案をもとに、交流会の目的に合っているか、準備が可能かどうかという観点から、交流会の活動内容を決めよう。案Ⅰから案Ⅲは、全員が参加できるものばかりだね。まず、目的に合っているかを考えるよ。

〈Bさん〉　案Ⅰの積み木ドミノ倒しは、全員で一本の長いドミノの列を作り、倒して遊ぶというものだから、難しい作業もなく、園児と一緒に楽しく活動できそうだね。

〈Cさん〉　そうだね。ドミノを倒すときは盛り上がりそうだね。でも案Ⅱのドッヂビーもよい案だと思うよ。ルールはドッジボールとほぼ同じだけれど、ボールの代わりに柔らかい円盤を使うから、当てられても痛くないし、全員で楽しく活動できるね。

〈Dさん〉　①確かに、ドッヂビーは楽しく活動できる案だね。でも、少し心配なこともあるよ。ドッヂビーは、小学校低学年くらいになればルールを理解できそうだけれど、園児全員がルールを理解して楽しめるか、保育園への確認が必要になってくるね。

〈Aさん〉　なるほど。案Ⅲの手作り人形で劇をする案はどうかな。

〈Bさん〉　人形劇は、見ている園児も、演じる私たちも一緒に楽しめるよい案だと思うよ。手作りした人形を保育園にプレゼントすれば、交流会後も遊べるし、私たちとのつながりもできるね。

〈Aさん〉　②三つの案のうち、案Ⅰと案Ⅲは目的に合っているけれど、案Ⅱについては、保育園への確認が必要だから保留とするよ。次は、準備が可能かどうかという観点から考えてみよう。

〈Cさん〉　案Ⅰについては、保育園にある積み木の数で、長いドミノの列が作れるかどうかわからないから、今は保留だね。あとで保育園に確認しよう。案Ⅱのドッヂビーで使う円盤は、近くの公民館が無料で貸し出しているから準備できるよ。

〈Dさん〉　案Ⅲの人形劇は、人形を手作りし、練習もするとなると、三週間の準備期間では間に合わないよ。

〈Aさん〉　確かにそうだね。では、これまでの話し合いについて、③表を使って、三つの案を整理してみるね。

〈Bさん〉　表にすると、考えがすっきりして検討がしやすくなるね。

〈Aさん〉　保留にしている点を保育園に確認するとして、結果によっては、別の案も必要になってくると思うよ。考えておこうか。

〈Dさん〉　これまでの意見の長所を生かせるような案にしたいよね。

〈Cさん〉　④先ほどのBさんの、手作りした人形をプレゼントすれば、交流会後も私たちとのつながりができるという意見は、とてもよいと思ったよ。Bさんの意見を生かして、学校や家にある物で簡単に準備できる手作りおもちゃを幾つか持参して、一緒に遊ぶという案はどうかな。例えば、ペットボトルボウリングなどは、遊んだあとに保育園にプレゼントできるよ。

〈Bさん〉　いいね。その案なら準備可能だし、全員で楽しめそうだよ。

〈Dさん〉　そうだね。Cさんの案は、よい案になっていると思うよ。

〈Aさん〉　私も賛成だよ。⑤今のCさんの案に対するみんなの意見は、交流会の目的に合っていて、準備も可能だということでいいかな。この案が、よりよい案になるよう、さらに検討を続けよう。

(一)　**【話し合いの一部】**の中の①「確かに、」で始まるDさんの発言について説明したものとして、最も適切なものを、次の**ア**～**エ**から**一つ**選び、記号で答えなさい。

ア　他の人の意見を受け止めたうえで、気がかりな点を指摘している。
イ　他の人の意見のよいところを見つけて、全面的に同意している。
ウ　他の人の意見に対して、わかりにくかったところを質問している。
エ　他の人と自分の意見を比較して、よりよい結論にまとめている。

(二) **【話し合いの一部】**の中の「三つの案のうち、」②で始まるAさんの発言について、ここでの司会の進め方を説明したものとして、最も適切なものを、次の**ア**～**エ**から**一つ**選び、記号で答えなさい。

ア 自分の意見にこだわらず、相手の意見を柔軟に受け入れている。
イ 話し合いの方向を修正するために、一時的に話題を整理している。
ウ 自分とは異なる考えの根拠を確かめ、自分の考えを主張している。
エ ここまでの話し合いをまとめ、次に話し合うべき観点を提示している。

(三) **【話し合いの一部】**の中に「表を使って、三つの案を整理してみるね。」③とありますが、案Ⅰ～案Ⅲについて、Aさんが整理した表として、最も適切なものを、次の**ア**～**エ**から**一つ**選び、記号で答えなさい。

ア

	目的に合う	準備可能
案Ⅰ	○	×
案Ⅱ	保留	×
案Ⅲ	○	○

イ

	目的に合う	準備可能
案Ⅰ	○	保留
案Ⅱ	保留	○
案Ⅲ	○	×

ウ

	目的に合う	準備可能
案Ⅰ	保留	保留
案Ⅱ	○	○
案Ⅲ	保留	×

エ

	目的に合う	準備可能
案Ⅰ	○	保留
案Ⅱ	×	○
案Ⅲ	○	○

※ ア～エの記号について
「○」は、目的に合っていること、または、準備可能なことを表す。
「×」は、目的に合っていないこと、または、準備不可能なことを表す。

(四) **【話し合いの一部】**の中の「先ほどのBさんの、」④で始まるCさんの発言について説明したものとして、最も適切なものを、次の**ア**～**エ**から**一つ**選び、記号で答えなさい。

ア 他の人の意見を複数提示し、それぞれの案のメリットとデメリットを吟味して説明している。
イ 他の人の意見に対する疑問を、強い調子にならないように言い方に気をつけて発言している。
ウ 他の人の意見の長所を生かしながら、よりよい結論となるように自分の考えを提案している。
エ 他の人の意見を深く理解するために、話し合いの展開を踏まえながら具体的に質問している。

(五) **【話し合いの一部】**の中に「今のCさんの案に対するみんなの意見は、交流会の目的に合っていて、準備も可能だということでいいかな。」⑤とありますが、次の文は、このAさんの発言の意図についてまとめたものです。□にあてはまる適切な表現を考えて、**十字以内**で答えなさい。

Cさんの案に対して、現時点で交流会の係全員の□ことを確かめようとしている。

第二問　次の文章を読んで、あとの問いに答えなさい。

元コンピュータープログラマーの「おれ」は、市職員となってから、市民の詩の朗読音源を集める〈街角の詩〉という企画に携わっていた。路上やライブハウスで朗読される詩の録音活動をしていくなかで、市民の詩に心を動かされた「おれ」は、企画が中止となったあとも個人的に活動を継続し、人々が詩を朗読する場を設けることにした。

お詫び

著作権上の都合により、文章は掲載しておりません。
ご不便をおかけし、誠に申し訳ございません。

教英出版

お詫び

著作権上の都合により、文章は掲載しておりません。
ご不便をおかけし、誠に申し訳ございません。

教英出版

お詫び
著作権上の都合により、文章は掲載しておりません。
ご不便をおかけし、誠に申し訳ございません。
教英出版

（岩井《いわい》　圭也《けいや》「生者のポエトリー」による）

＊をつけた語句の〈注〉
混沌――ものごとが入りまじって、はっきりしない状態。
例のライブ――ここでは、以前「おれ」が録音に訪れた、個人や音楽グループによる詩の朗読会のこと。あとに出てくる「先日のライブ」も同じ。
白井――「おれ」の勤め先である市役所の上司。
パーソナリティ――ここでは、ラジオ番組の司会者のこと。
壮年――三十代から五十代くらいの、働き盛りの年ごろ。
低頭――謝意を表すために頭を低く下げること。

問一　本文中に①「朗読は一度きりだ。」とありますが、詩の朗読について、「おれ」がこのように思ったのはなぜですか。最も適切なものを、次の**ア～エ**から**一つ**選び、記号で答えなさい。

ア　朗読の録音会に多くの参加者が集まったため、進行に余裕がないから。
イ　朗読には高い技術が求められるため、常に成功するとは限らないから。
ウ　朗読は、その瞬間に沸き上がる感情が現れるため、再現できないから。
エ　朗読には緊張による疲労が伴うため、休みなく連続して行えないから。

問二　本文中に②「肩の力が抜けていくのを感じる。」とありますが、次の文は、このときの「おれ」の様子を説明したものです。[　　]にあてはまる適切な表現を考えて、**十字以内**で答えなさい。

予想以上に人が集まった録音会を、参加者たちの協力を得ながら何とか進めてきたところ、参加者の言葉によって、無事に[　　]ことに気づかされ、緊張が緩みほぐれていく様子。

問三　次の対話は、本文中の～～～線部の表現について話し合ったものです。[A]にあてはまる言葉を**十二字**で、[B]にあてはまる言葉を**七字**で、それぞれ本文中から**そのまま**抜き出して答えなさい。

〈Xさん〉　どちらも、「おれ」が涙ぐんだ様子についての描写だね。
〈Yさん〉　そうだね。「涙腺がじわりと緩む」という表現からは、録音会が終わるまで[A]ことに感動しながら、うれしさと感謝で胸がいっぱいになって、涙がにじんだことが読み取れるね。
〈Xさん〉　「鼻の奥がつんとした」は、なくなりそうだった〈街角の詩〉を続けたことに対して、参加者から感謝の言葉をもらった場面での描写だよ。自分が[B]ことは正しかったと肯定的に受け止め、涙が流れるのを我慢していることが伝わるね。
〈Yさん〉　人生で初めて、本当の意味で主体的に行動できたこと、その行動を正面から認めてもらえたことに、喜びを感じているんだね。

問四　本文中に③「気弱そうな男」とありますが、この「男」が、どのような役割を果たす人物として描かれているか説明したものとして、最も適切なものを、次の**ア～エ**から**一つ**選び、記号で答えなさい。

ア　「おれ」が詩に抱いている思いを呼び起こし、詩を読むきっかけを作る人物として描かれている。
イ　参加者を代表して、「おれ」の進行の仕方に対して不満を述べる人物として描かれている。
ウ　録音会を終えて安心する「おれ」に、ステージに立つ喜びを説明する人物として描かれている。
エ　「おれ」に対する感謝の言葉を、勇気を出して熱く伝える人物として描かれている。

問五　本文中に④「人間はきっと、誰でも詩を読むことができる。」とありますが、このときの「おれ」の気持ちを**五十五字以内**で説明しなさい。

第　三　問　次の【文章Ⅰ】、【文章Ⅱ】を読んで、あとの問いに答えなさい。

【文章Ⅰ】

働きアリは自分たちの巣を守るためだけに、エサの採集、女王が生む子どもたちの育児、そして敵の襲来に対する防御などを行います。自分に与えられた使命を、生涯をかけて果たすように遺伝子によってプログラミングされているのです。

働きアリにとっては①そうした生き方こそが自分の遺伝子を共有する姉妹たちの生存率を上げることになり、ひいては働きアリの持つ遺伝子が次の世代に残る確率を最大化することにつながるようにできているのです。こうしたアリの徹底した社会システムを「真社会性」といいます。

ダーウィンの*「自然選択説」に基づけば、真社会性昆虫の巣では、全員が否《いや》が応でも働き者になるはずです。もし、少しでも「怠け者」が出てくれば、ほかの巣とエサや住処《すみか》をめぐる競争で負けてしまいます。だから「怠け者」の存在する余地なんて「理論上は」寸分もないことになります。

しかし、②事実は理論より奇なり。実際にアリの巣を観察していると、ほかの働きアリがせっせと働いているのを尻目に、１日中、なにもしないで巣穴でゴロゴロして過ごす「怠け者」が存在することがわかったのです。怠け者といえどエサは必要ですから、彼らもちゃんとエサだけは食べます。まさに無駄飯食いです。こんな働きアリが巣に居候《いそうろう》されたのでは、全個体が働き者という巣が別に存在したら、その巣に競争で負けてしまい、子孫を残すことが難しくなります。なので「怠け者」を作り出す遺伝子は自然界からは*淘汰《とうた》されて消滅してしまうはずです。

ところが怠け者にもちゃんと存在意義があったのです。この怠け者がいる巣から、働き者のアリを除去してみると、今まで怠けていたアリたちが働き者に変化して、せっせと働き出すことがわかったのです。どうやらこの「怠け者」たちは、労働量が不足する事態が発生したときに巣全体の労働量を*補填するための予備軍らしいということがわかりました。もし、予備軍がなく、巣全体で１００％の労働パフォーマンスを発揮し続けていたら、不測の事態が生じたときにパンクしてしまうことになるでしょう。アリの巣は最初からこの不測の事態を織り込み済みで、常に怠け者が生じるように遺伝的にプログラミングされているのです。

怠け者を「予備軍」と読み替えるだけで、みなさんの中でも、その存在に対する印象がガラリと変わると思います。結局「怠け者」という*レッテルは③人間の先入観がもたらしたものにすぎず、実際には彼らは働かずにじっと力を蓄えて待機する、という「仕事」をしているのです。

（五箇《ごか》　公一《こういち》「これからの時代を生き抜くための生物学入門」による）

【文章Ⅱ】

アメリカの生態学者ティルマンは、草原に生える草の種類をコントロールする実験を行った。その結果、生物多様性が高くなると生産性が高まり、少々の環境変化があっても安定していることが分かったのである。単純に考えると、草原にもっとも成長スピードの速い草を一種類だけ植えることが、いちばん生産性の高い土地の利用法であると思ってしまうかもしれない。しかし現実はそうじゃなくて、種類がたくさんあったほうが、草原全体の生産性が高くなったのである。

草原の草は一見どれもおなじように見えるが、それぞれの性質は微妙に異なっている。そして、草原はどこもおなじように見えても、実は環境が微妙に異なっている。平坦《へいたん》な草原に見えても、きちんと調べれば土地にちょっとした起伏があることが分かるだろう。草原に雨が降って、その水が流れていく。長年のこのような過程が土を少しずつ削り、起伏が生まれるのである。すると、草原のなかに、少しだけ湿った場所や、少しだけ乾いた場所が生じるだろう。草は種類によって、湿った場所が得意なもの、逆に乾いていて日当たりの良い場所を好むものがある。草の多様性が高いと、草原内のいろんな環境にぴったりマッチした草が生えてくるので全体として生産性が高くなるのである。

④生物多様性が高いメリットはほかにもある。生態系にはいろんな突発的な出来事が起こる。たとえば、雨が少なくて干ばつが生じる年があるかもしれない。逆に、雨が多すぎて草原が水びたしになる年もあるかもしれない。そんなとき、干ばつに弱い草や、水びたしに弱い草は枯れてしまうかもしれない。生物多様性が高ければ、その場所に干ばつに強い草、水びたしに強い草が生えることが可能だから、突発的な出来事が生じても、草原全体は安定するのだ。さらに、ある種の病気が流行したときに、草の種類が一種類だけなら草原の全体が枯れてしまう。草の種類が複数あることで、草原全体に及ぶ病気の影響が最小限にとどめられるのだ。ここで学んだように、⑤一見無駄なように思えてもいざというときに役立つという性質を冗長性という。冗長性を高めるため、僕らは生物多様性を守らなければならないのである。

（伊勢《いせ》武史《たけし》「２０５０年の地球を予測する」
ちくまプリマー新書による）

＊をつけた語句の〈注〉

自然選択説――生存に有利な形質を持つものが生き残り、適応しないものは滅びるという、ダーウィン提唱の進化論。

淘汰――ここでは、外界に適応しないものとして滅びること。

補填――不足分を補って埋めること。

レッテル――ここでは、ある人物や物事に対する一方的な評価のこと。

問一　**【文章Ⅰ】**の本文中に「①そうした生き方」とありますが、このことを説明したものとして、最も適切なものを、次の**ア**～**エ**から**一つ**選び、記号で答えなさい。

ア　生涯をかけて、自分たちの巣を守るためだけに行動し続ける生き方。
イ　生涯をかけて自分の使命を理解し、徐々に任務を果たしていく生き方。
ウ　生涯にわたり、女王が生む子どもに、エサの採集方法を教える生き方。
エ　生涯にわたり、巣を守るよりも自分の遺伝子を残そうとする生き方。

問二　**【文章Ⅰ】**の本文中に「②事実は理論より奇なり。」とありますが、次の文は、このことを説明したものです。［　］にあてはまる適切な表現を考えて、**十五字以内**で答えなさい。

ダーウィンの「自然選択説」の理論に基づけば、真社会性昆虫の巣では、エサや住処をめぐる競争に勝つために全員が働き者になるはずだが、不思議なことに、［　］という事実が見つかったこと。

問三　**【文章Ⅰ】**の本文中に「③先入観」とありますが、次の対話は、このことについて**【文章Ⅱ】**と比べて話し合ったものです。［　］にあてはまる言葉を、**【文章Ⅱ】**の本文中から**八字**で**そのまま**抜き出して答えなさい。

〈Xさん〉　**【文章Ⅰ】**でいう「先入観」は、人間があらかじめ持ってしまっている、働きアリに対する一方的な見方のことだよね。

〈Yさん〉　そうだね。そして**【文章Ⅱ】**の本文中にも、この「先入観」と類似する、人間のものの見方が例示されているよ。

〈Xさん〉　確かにそうだね。**【文章Ⅱ】**の、草原に生える草の種類をコントロールする実験の例では、「単純に考えると」という表現が用いられ、一番生産性の高い土地の利用法は、最も成長速度の速い草を［　］ことだと思われやすいと書かれているよ。

〈Yさん〉　二つの文章中に現れた、人間のものの見方には、似通ったところがあるんだね。

問四　**【文章Ⅱ】**の本文中に「④生物多様性が高いメリット」とありますが、次の文は、このことについて、筆者が述べていることを説明したものです。あとの(一)、(二)の問いに答えなさい。

生物多様性が高いことで、草原内の［A］に適合した草が生えてくるため、草原全体としての生産性は高くなる。また、生物多様性が高いと、［B］ことにもなる。

(一)　［A］にあてはまる言葉を、**【文章Ⅱ】**の本文中から**六字**で**そのまま**抜き出して答えなさい。

(二)　［B］にあてはまる表現として、最も適切なものを、次の**ア**～**エ**から**一つ**選び、記号で答えなさい。

ア　病気の流行は起こりやすくなるが、一方で気象の変化には強い草が生き残る
イ　草原は不安定になるが、極端な環境の変化や病気の流行が起きたときには逆に安定する
ウ　極端な環境の変化が起きたあとには、より病気に強い種類の草が生まれる
エ　極端な環境の変化や病気の流行が起きたときに、草原全体が被る影響を最小限に抑える

問五　**【文章Ⅱ】**の本文中に「⑤一見無駄なように思えてもいざというときに役立つという性質を冗長性という。」とありますが、**【文章Ⅰ】**の本文中にも、この「冗長性」が現れている事例があります。その事例の内容を、**五十字以内**で説明しなさい。

第四問 次の【漢詩】と、その【書き下し文】を読んで、あとの問いに答えなさい。

【漢詩】

農謡五首其五

方《ほう》岳《がく》

*漠《ばく》漠《ばく》タル*余香着キ草花ニ
*森《しん》森《しん》タル*柔緑長ズ二桑《さう》麻《ま》一
*池《ち》塘《たう》水満チテ蛙《かはづ》ハ成シレ市《いち》ヲ
門《もん》巷《かう》春深クシテ燕《つばめ》ハ作ルレ家ヲ

【書き下し文】

農謡五首其五

方岳

漠漠《ばくばく》たる余香草花に着き
（草花が一面に咲き）
森森《しんしん》たる柔緑桑麻《さうま》長ず
（桑の木も麻も丈が伸びた）
池塘《ちたう》水満ちて蛙《かはづ》は市《いち》を成し
（かえるたちは市場のようなにぎやかさだ）
門巷《もんかう》春深くして燕《つばめ》は家を作る
（村里の春は深まって）

（「秋崖集《しゅうがいしゅう》」による）

*をつけた語句の〈注〉
漠漠――たちこめるさま。
余香――あり余るほど豊かな香り。
森森――さかんに茂るさま。
柔緑――柔らかい緑の葉。
池塘――ため池。

問一 この【漢詩】の形式を何というか、最も適切なものを、次のア～エから一つ選び、記号で答えなさい。

ア 五言絶句　**イ** 五言律詩
ウ 七言絶句　**エ** 七言律詩

問二 【書き下し文】を参考にして、【漢詩】中の「着キ草花ニ」に返り点を付けなさい。

問三 次の対話は、【漢詩】について話し合ったものです。あとの(一)、(二)の問いに答えなさい。

〈Xさん〉 この【漢詩】は、全体を通して、晩春の［ A ］が、さまざまな感覚に訴えるように表現されているよ。
〈Yさん〉 そうだね。第三句の「蛙成市」は、［ B ］様子が、にぎわう市場にたとえられているね。
〈Xさん〉 そのときの情景を思い浮かべると、耳にも聞こえてくるように感じられて、おもしろいと思ったよ。

(一) ［ A ］にあてはまる表現として、最も適切なものを、次のア～エから一つ選び、記号で答えなさい。

ア 農民の豊かな暮らしぶり　**イ** 生命感あふれる村里の風景
ウ 動物たちの荒々しい息遣い　**エ** 大自然に調和する村人の姿

(二) ［ B ］にあてはまる適切な表現を考えて、**十五字以内**で答えなさい。

第五問

ある中学校の図書委員会では、読書週間に合わせて、読書の魅力を伝えるキャッチコピーを全校生徒から募集し、校内に掲示することにしました。次の【キャッチコピー】の［　］に入れる言葉として、あなたはどのような言葉がふさわしいと考えますか。その言葉がふさわしいと考えた理由も含めて、**百六十字～二百字**で書きなさい。

【キャッチコピー】

読書はあなたを［　］に連れて行く

第三問

	問一	問二	問三	問四 (一)	問四 (二)	問五
得点 /20	/3	/3	/3	/3	/3	/5

第四問

	問一	問二	問三 (一)	問三 (二)
得点 /10	/2	/2	/3	/3

問二　着キ草花ニ

第五問

/20

※ 解答を記入するときは、原稿用紙の正しい使い方に従い、文字や仮名遣いも正確に書くこと。また、題名、氏名は書かないこと。

160字

200字

受験番号

得点

※100点満点

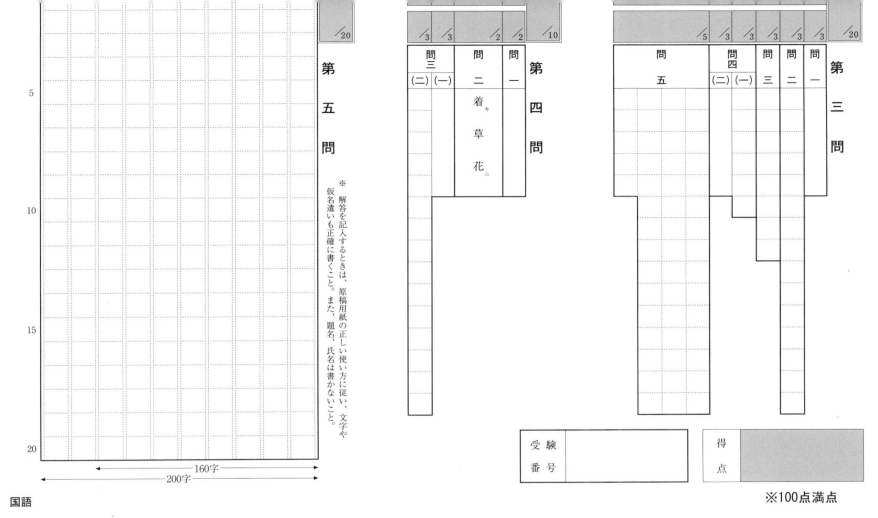

受験番号	

令和５年度
公立高等学校入学者選抜

学力検査
数　学

（第２時　10：15～11：05）

注　　意

1　「始め」の合図があるまで，開いてはいけません。

2　解答用紙は，この表紙の裏面になります。

3　「始め」の合図があったら，この表紙を取り外し，表裏それぞれの面に受験番号を記入してから，解答用紙が表になるように折り返しなさい。

4　問題は，８ページまであります。

5　問題は，第一問から第四問まであります。

6　答えは，全て解答用紙に書き入れなさい。

7　「やめ」の合図で，すぐ鉛筆をおきなさい。

第　三　問

/21

			配点
1	(1)		/3
	(2)		/5
2	(1)		/3
	(2)		/4
	(3)		/6

第　四　問

/21

			配点
1		[証明]	/6
2		[cm]	/4
3	(1)	[cm]	/5
	(2)	[cm^2]	/6

※100点満点

受験番号	

得点	

数学

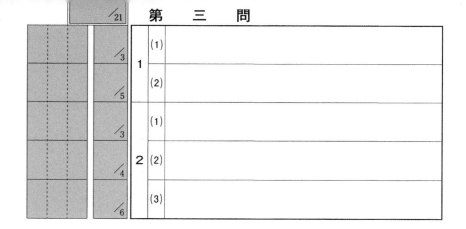

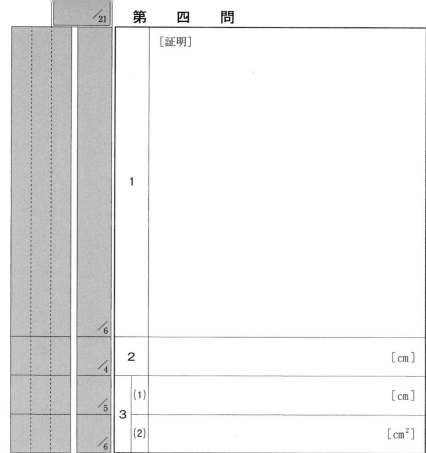

令和５年度

公立高等学校入学者選抜学力検査問題

数　学

第 一 問　次の１～８の問いに答えなさい。

１　$-9+2$　を計算しなさい。

２　$-15 \div \left(-\dfrac{5}{3}\right)$　を計算しなさい。

３　110を素因数分解しなさい。

4　等式　$4a-9b+3=0$　を a について解きなさい。

5　連立方程式 $\begin{cases} 3x-y=17 \\ 2x-3y=30 \end{cases}$ を解きなさい。

6　$\sqrt{54}+\dfrac{12}{\sqrt{6}}$　を計算しなさい。

7　下の図のように，比例 $y=\dfrac{2}{3}x$ のグラフと反比例 $y=\dfrac{a}{x}$ のグラフとの交点のうち，x 座標が正である点をAとします。点Aの x 座標が6のとき，a の値を求めなさい。

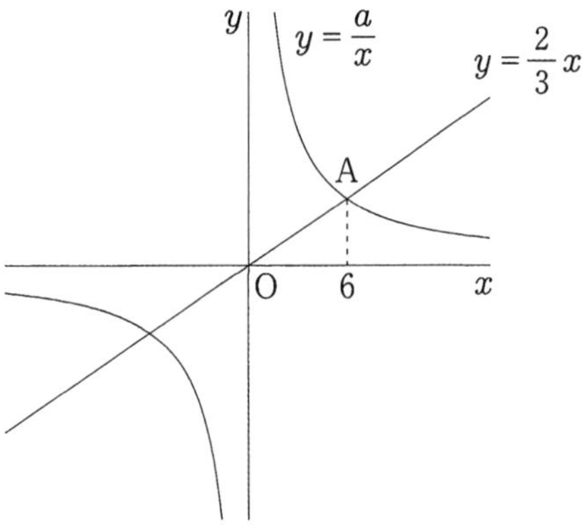

8　ある学年のＡ組，Ｂ組，Ｃ組は，どの組にも35人の生徒が在籍しています。これら３つの組の各生徒を対象に，１か月間に図書室から借りた本の冊数を調べました。下の図は，組ごとに，各生徒が借りた本の冊数の分布のようすを箱ひげ図に表したものです。この箱ひげ図から必ずいえることを，あとの**ア**～**エ**から**１つ**選び，記号で答えなさい。

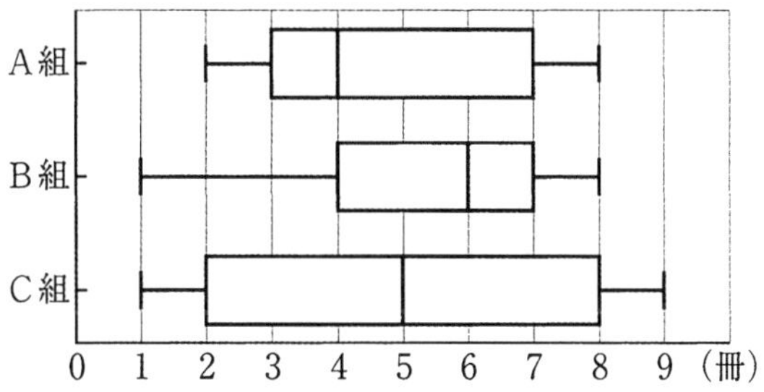

ア　第１四分位数は，Ａ組とＢ組で同じである。
イ　四分位範囲がもっとも小さいのは，Ａ組である。
ウ　借りた本の冊数が６冊以上である人数は，Ｂ組がもっとも多い。
エ　借りた本の冊数が２冊以上８冊以下である人数は，Ｃ組がもっとも多い。

第　二　問　次の**１**～**４**の問いに答えなさい。

１　下の図のような，半径が４㎝，中心角が120°のおうぎ形OABがあります。点Aを通って線分OAに垂直な直線と，点Bを通って線分OBに垂直な直線をひき，その交点をCとします。
次の⑴，⑵の問いに答えなさい。ただし，円周率をπとします。

⑴　$\overset{\frown}{AB}$の長さを求めなさい。

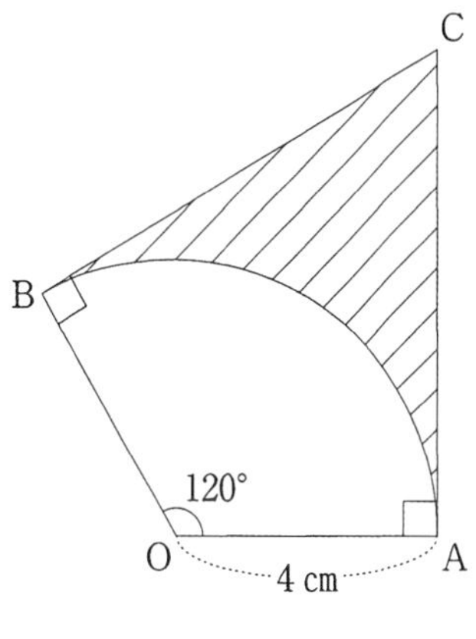

⑵　$\overset{\frown}{AB}$と線分AC，線分BCとで囲まれた斜線部分の面積を求めなさい。

2　哲也さんと舞さんは，坂の途中にあるA地点からボールを転がしたときの，ボールの転がる時間と距離の関係を調べました。その結果，ボールが転がり始めてからx秒間に転がる距離をymとしたとき，xとyの関係は，$y=\frac{1}{4}x^2$であることがわかりました。右の図は，そのときのxとyの関係を表したグラフです。

次の(1)，(2)の問いに答えなさい。

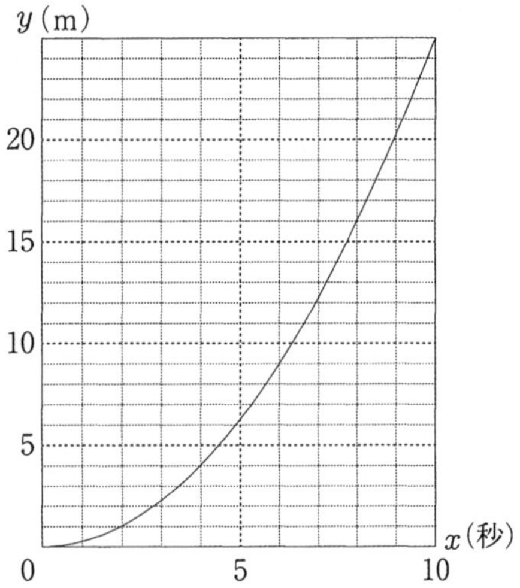

(1)　関数$y=\frac{1}{4}x^2$について，xの値が0から6まで増加するときの変化の割合を求めなさい。

(2)　舞さんは，一定の速さで坂を下っています。舞さんがA地点を通過するのと同時に，哲也さんは，A地点からボールを転がしました。ボールが転がり始めてから6秒後にボールは舞さんに追いつき，ボールが舞さんを追いこしてからは，舞さんとボールの間の距離はしだいに大きくなりました。

ボールが舞さんを追いこしてから，舞さんとボールの間の距離が18mになったのは，ボールが転がり始めてから何秒後ですか。

3　赤球と白球がたくさん入っている箱の中に，赤球が何個あるかを推定します。最初に箱の中にあった，赤球と白球の個数の比は4：1であったことがわかっています。この箱に白球を300個追加し，箱の中の球をよくかき混ぜました。そのあと，120個の球を無作為に抽出したところ，赤球が80個ありました。

この結果から，最初に箱の中にあった赤球は，およそ何個と考えられますか。

4 下の図のように，100 行 3 列のマス目がある表に，次の **【規則】** にしたがって，1 から 300 までの自然数が 1 から順に，1 つのマスに 1 つずつ入っています。ただし，表の中の・は，マスに入る自然数を省略して表したものです。

【規則】

① 1 行目は，1 列目に 1，2 列目に 2，3 列目に 3 を入れる。

② 2 行目以降は，1 つ前の行に入れたもっとも大きい自然数より 1 大きい数から順に，次のとおり入れる。

偶数行目は，3 列目，2 列目，1 列目の順で数を入れる。

奇数行目は，1 列目，2 列目，3 列目の順で数を入れる。

	1列目	2列目	3列目
1 行目	1	2	3
2 行目	6	5	4
3 行目	7	8	9
4 行目	12	11	10
⋮			
n 行目	・	・	・
⋮			
99 行目	295	296	297
100 行目	300	299	298

たとえば，8 は，3 行目の 2 列目のマスに入っています。

次の(1)，(2)の問いに答えなさい。

(1) 45 は，何行目の何列目のマスに入っていますか。

(2) n 行目のマスに入っている 3 つの自然数のうち，もっとも小さいものを P とします。

次の(ア)，(イ)の問いに答えなさい。ただし，n は 1 以上 100 以下とします。

(ア) 自然数 P を n を使った式で表しなさい。

(イ) n が 2 以上のとき，n 行目の 1 つ前の行を $(n-1)$ 行目とします。$(n-1)$ 行目のマスに入っている 3 つの自然数のうち，もっとも大きいものを Q とします。$P+Q=349$ のとき，n 行目の 3 列目のマスに入っている自然数を求めなさい。

第　三　問　数学の授業で，生徒たちが，直線$y=x$と三角形を素材にした応用問題を考えることになりました。

次の**1**，**2**の問いに答えなさい。

1　京子さんと和真さんは，確率を求める問題をつくろうとしています。2人は，図Ⅰのような，1，2，3，4の数字が1つずつ書かれた4枚のカードが入った袋を使い，次の**【操作】**をすることを考え，それをもとに，［　　　］の会話をしています。

あとの(1)，(2)の問いに答えなさい。

図Ⅰ

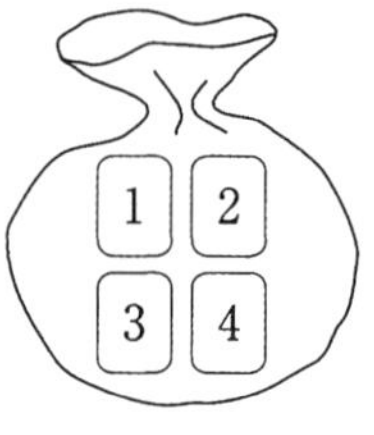

> **【操作】**
> ・袋の中のカードをよくかき混ぜて，カードを1枚取り出し，カードに書かれた数を確認してからもとにもどす。この作業を2回行う。
> ・1回目に取り出したカードに書かれた数をaとして，直線$y=x$上に(a,a)となる点Pをとる。
> ・2回目に取り出したカードに書かれた数をbとして，x軸上に$(b,0)$となる点Qをとる。
> ・原点O，点P，点Qをそれぞれ結んで，△OPQをつくる。

京子さん：この**【操作】**をすると，取り出すカードによって，さまざまな形の△OPQができるね。

和真さん：たとえば，取り出したカードに書かれた数が，1回目が2で，2回目が3のときの△OPQは図Ⅱのようになるよ。他の場合もやってみよう。

京子さん：すべての場合をかいたけれど，この中に，合同な三角形の組はないようだね。つまり，**【操作】**にしたがって△OPQをつくるとき，△OPQは全部で［　①　］通りあるね。

和真さん：△OPQが直角三角形になる場合があったよ。この確率を求める問題にしよう。

(1)　［　①　］にあてはまる正しい数を答えなさい。

図Ⅱ

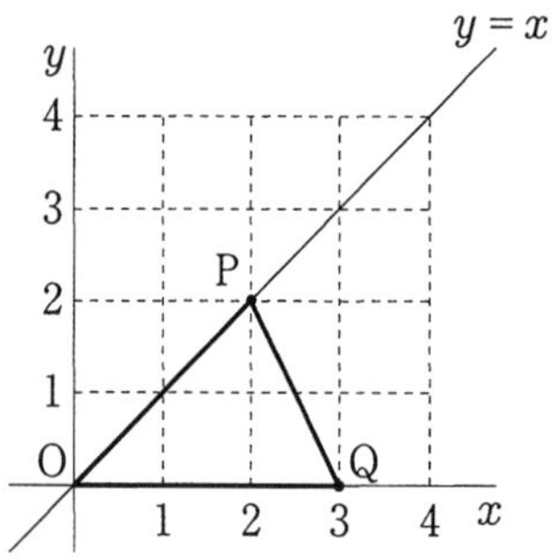

(2)　**【操作】**にしたがって△OPQをつくるとき，△OPQが直角三角形になる確率を求めなさい。

2　優矢さんと志保さんは，三角形の面積を2等分する問題をつくろうとしています。2人は，直線$y=x$上の2点（4，4），（1，1）をそれぞれA，B，x軸上の点（4，0）をCとし，3点A，B，Cをそれぞれ結んで，△ABCをつくりました。図Ⅲは，直線$y=x$と△ABCをかいたものです。2人は，図Ⅲを見ながら，次の［　　］の会話をしています。

あとの(1)～(3)の問いに答えなさい。

優矢さん：頂点Aを通り，△ABCの面積を2等分する直線は，△ABCが二等辺三角形ではないようだから，［②］だね。

志保さん：頂点を通らない直線で△ABCの面積を2等分する場合も考えてみようよ。

優矢さん：直線$y=x$上の点（3，3）をDとして，点Dを通り，△ABCの面積を2等分する直線だとどうなるかな。

志保さん：その直線は<u>辺BC</u>と交わりそうだよ。その直線と辺BCとの交点の座標を求める問題にしよう。

図Ⅲ

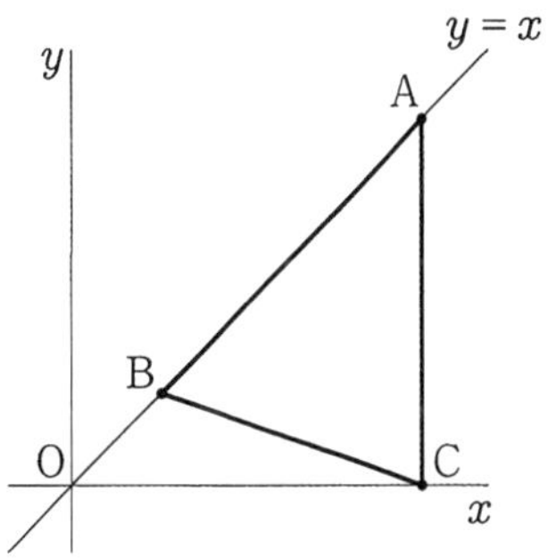

(1)　［②］にあてはまるものとして正しいものを，次の**ア**～**エ**から**1つ**選び，記号で答えなさい。

ア　∠BACの二等分線　　　**イ**　辺BCの垂直二等分線

ウ　頂点Aから辺BCへの垂線　　　**エ**　頂点Aと辺BCの中点を通る直線

(2)　下線部について，2点B，Cを通る直線の式を求めなさい。

(3)　図Ⅳは，優矢さんと志保さんが，図Ⅲにおいて，点Dを通り，△ABCの面積を2等分する直線をかき，その直線と辺BCとの交点をEとしたものです。

点Eの座標を求めなさい。

図Ⅳ

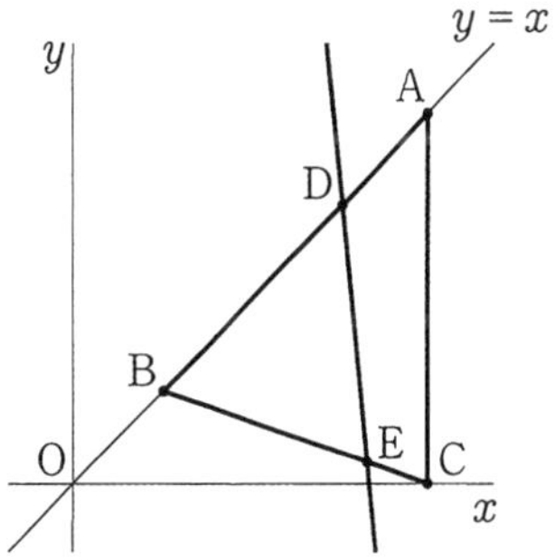

第　四　問　図Ⅰのような，AB＝DC＝ 7 cm，AD＝ 5 cm，BC＝ 9 cm，AD∥BCの台形ABCDがあります。辺BC上に，BE＝ 3 cmとなる点Eをとります。また，直線DE上に，DE：EF＝2：1となる点Fを，直線BCに対して点Dと反対側にとり，点Bと点Fを結びます。

次の**1**～**3**の問いに答えなさい。

1　△CDE∽△BFEであることを証明しなさい。

図Ⅰ

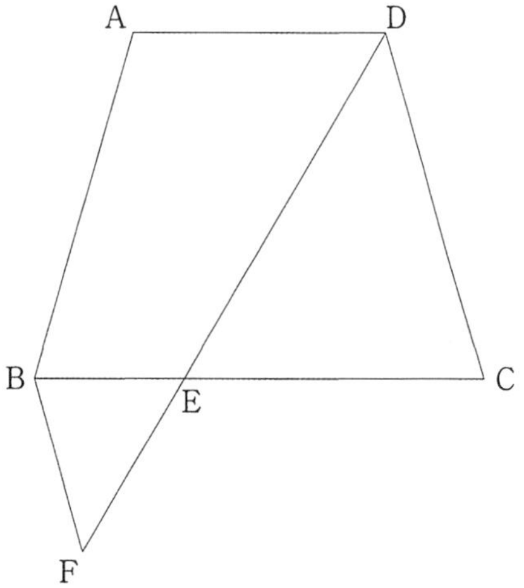

2　線分BFの長さを求めなさい。

3　図Ⅱは，図Ⅰにおいて，点Dから辺BCに垂線をひき，辺BCとの交点をGとしたものです。また，直線AGと直線DCとの交点をHとし，点Fと点Hを結びます。

次の(1)，(2)の問いに答えなさい。

(1)　線分DGの長さを求めなさい。

図Ⅱ

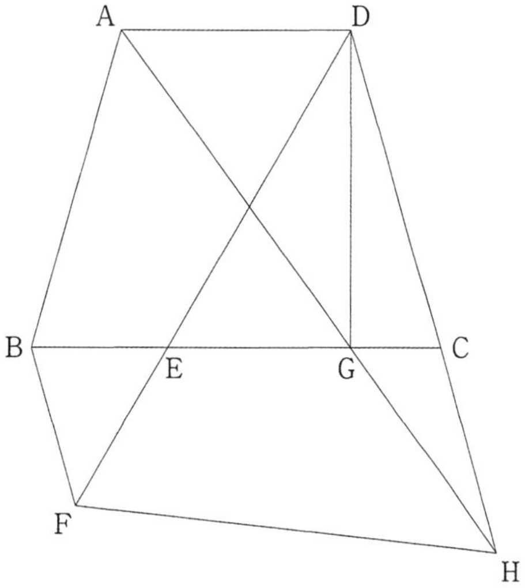

(2)　四角形BFHCの面積を求めなさい。

令和５年度　第２時

数学解答用紙

[shaded box] の欄には，記入しないこと。

第一問

/26

1		/3
2		/3
3		/3
4		/3
5		/3
6		/3
7		/4
8		/4

第二問

/32

1	(1)		[cm]	/3
	(2)		[cm^2]	/5
2	(1)			/3
	(2)		[秒後]	/5
3		およそ	[個]	/5
4	(1)	行目の	列目	/3
	(2)	(ア)		/3
		(イ)		/5

受験番号	

令和５年度
公立高等学校入学者選抜

学力検査

社　　会

（第３時　11：25～12：15）

注　　意

1 「始め」の合図があるまで，開いてはいけません。

2 解答用紙は，この表紙の裏面になります。

3 「始め」の合図があったら，この表紙を取り外し，表裏それぞれの面に受験番号を記入してから，解答用紙が表になるように折り返しなさい。

4 問題は，８ページまであります。

5 問題は，第一問から第六問まであります。

6 答えは，全て解答用紙に書き入れなさい。

7 「やめ」の合図で，すぐ鉛筆をおきなさい。

第　五　問

/17

1	(1)		/3
	(2)		/3
2	(1)		/3
	(2)		/3
3			/5

第　六　問

/17

1	(1)		/3
	(2)		/3
2		→ →	/3
3			/3
4			/5

※100点満点

受験番号		得点	

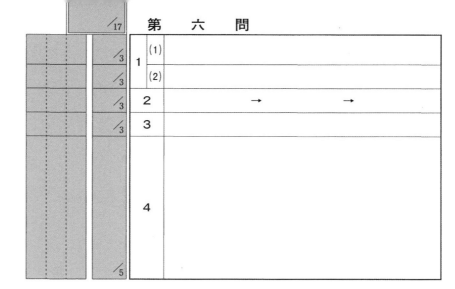

令和５年度

公立高等学校入学者選抜学力検査問題

社　　会

第　一　問　平等権について，次の１，２の問いに答えなさい。

１　平等権をはじめとした人権は，人々の長年の努力によって獲得されてきました。このことについて，次の⑴～⑶の問いに答えなさい。

⑴　18世紀に，すべての人間が平等であることなど，保障されるべき人権が記された独立宣言を発表した国を，次の**ア～エ**から**１つ**選び，記号で答えなさい。

ア　イギリス　　**イ**　フランス　　**ウ**　アメリカ　　**エ**　ドイツ

⑵　人権の保障を初めて国際的にうたい，人権の尊重を世界共通で達成すべき基準として，1948年に国際連合で採択されたものを，次の**ア～エ**から**１つ**選び，記号で答えなさい。

ア　世界人権宣言　　**イ**　ポツダム宣言　　**ウ**　ベルサイユ条約　　**エ**　権利章典

⑶　日本で，部落差別からの解放を目的に，1922年に結成された団体を，次の**ア～エ**から**１つ**選び，記号で答えなさい。

ア　全国水平社　　**イ**　立志社　　**ウ**　国会期成同盟　　**エ**　財閥

２　夏美さんは，社会科の授業で平等権について学び，現代における女性の雇用について調べ，次のように**資料Ａ**と**まとめ**を作成しました。これをみて，あとの⑴，⑵の問いに答えなさい。

資料Ａ　日本の女性の年齢別就業率

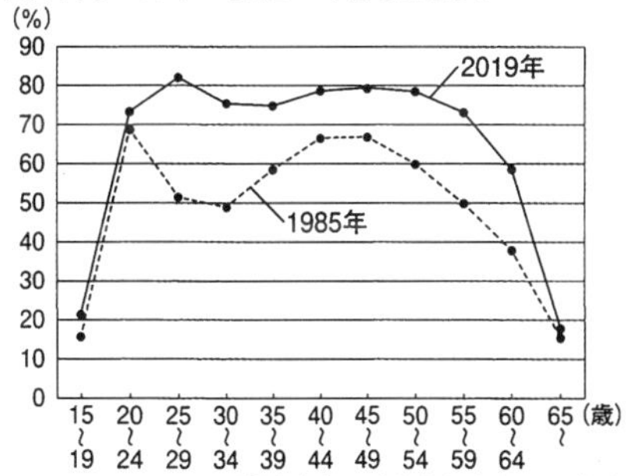

（「総務省　労働力調査」より作成）

まとめ

資料Ａから，1985年と2019年の女性の年齢別就業率を比べると，すべての年齢層で，2019年の方が就業率が高くなっており，特に［ a ］や，55歳～59歳と60～64歳の年齢層で，就業率に大きな差が生まれていることがわかります。このような変化の背景には，1985年の［ b ］や，1990年代の育児・介護休業法，男女共同参画社会基本法の制定などがあったと考えられます。

⑴　**まとめ**の文中の［ a ］にあてはまる，最も適切な年齢層の組み合わせを，次の**ア～エ**から**１つ**選び，記号で答えなさい。

ア　15歳～19歳と20歳～24歳　　**イ**　25歳～29歳と30歳～34歳

ウ　35歳～39歳と40歳～44歳　　**エ**　45歳～49歳と50歳～54歳

⑵　**まとめ**の文中の［ b ］にあてはまる，労働に関する募集や採用，配置などについて男女を平等に扱うことを定めた法律名を書きなさい。

第　二　問　優子さんは，社会科の授業で，「東南アジアの経済発展」について調べました。次の**1**～**4**の問いに答えなさい。

1　優子さんは，**略地図**を作成して，東南アジア諸国の位置を調べました。東南アジア諸国について説明した文として，正しいものを，次の**ア**～**エ**から**1つ**選び，記号で答えなさい。

ア　ベトナムの東部は，インド洋に面している。

イ　タイは，中国と陸続きで国境を接している。

ウ　マレーシアの領土は，東経150度と東経180度の間に広がっている。

エ　インドネシアには，赤道が通っている。

略地図

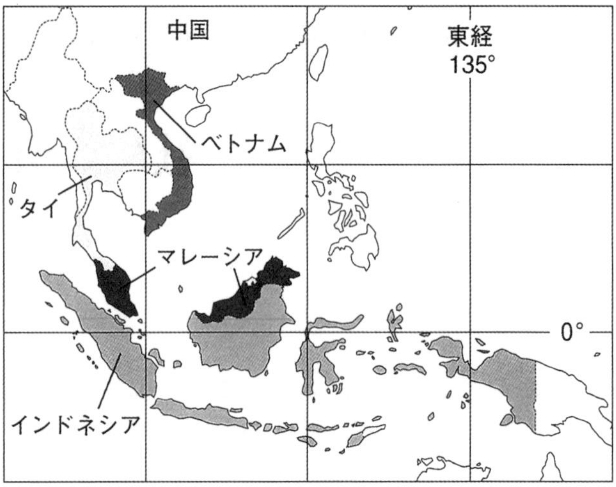

（注）緯線と経線は15度ごとに引いてある。

2　優子さんは，東南アジア諸国によって結成された，ＡＳＥＡＮ《アセアン》（東南アジア諸国連合）について調べ，**資料A**を作成しました。これをみて，あとの(1)，(2)の問いに答えなさい。

資料A　ＡＳＥＡＮについて

ＡＳＥＡＮのうごき	加盟国と加盟年
1967年　当時この地域で起きていた［　a　］を背景に，地域の平和と安全や，経済成長の促進を目的に設立された。 ⇩ 1992年　地域内の経済的協力の強化に取り組むため，ＡＳＥＡＮ自由貿易協定を結んだ。 ⇩ 2015年　地域内の経済的協力などを，より発展させるため，<u>ＡＳＥＡＮ共同体</u>が設立された。	1967年　インドネシア，マレーシア，フィリピン，シンガポール，タイ 1984年　ブルネイ・ダルサラーム 1995年　ベトナム 1997年　ラオス，ミャンマー 1999年　カンボジア

（「外務省ホームページ」などより作成）

(1)　［　a　］にあてはまる語句として，最も適切なものを，次の**ア**～**エ**から**1つ**選び，記号で答えなさい。

ア　第一次世界大戦　　**イ**　ベトナム戦争　　**ウ**　朝鮮戦争　　**エ**　太平洋戦争

(2)　下線部について，優子さんは，ＡＳＥＡＮ共同体について考察するため，ヨーロッパにおける取り組みと比較してみようと考えています。政治や経済などの面で国の枠組みをこえた協力を進めることを目的に，1993年にヨーロッパで発足した地域的枠組みを何というか，書きなさい。

3　優子さんは，ＡＳＥＡＮ主要国の，近年の輸出の状況を知るため，**資料B**を作成しました。**資料B**から読みとれることとして，**誤っているもの**を，あとの**ア**～**エ**から**1つ**選び，記号で答えなさい。

資料B　4か国の輸出上位3品目と輸出総額

	2001年		2019年	
	上位3品目〔輸出総額に占める割合（%）〕	輸出総額（億ドル）	上位3品目〔輸出総額に占める割合（%）〕	輸出総額（億ドル）
ベトナム	原油〔20.8〕 衣類〔12.0〕 魚介類〔12.0〕	150	機械類〔41.7〕 衣類〔11.7〕 はきもの〔 7.2〕	2,646
タイ	機械類〔42.0〕 魚介類〔 6.2〕 衣類〔 5.6〕	651	機械類〔29.1〕 自動車〔11.2〕 プラスチック〔 4.6〕	2,336
マレーシア	機械類〔59.9〕 液化天然ガス〔 3.6〕 原油〔 3.4〕	880	機械類〔42.0〕 石油製品〔 7.0〕 液化天然ガス〔 4.2〕	2,380
インドネシア	機械類〔16.1〕 原油〔10.1〕 液化天然ガス〔 9.6〕	563	石炭〔13.0〕 パーム油〔 8.8〕 機械類〔 8.3〕	1,670

（注）数字は四捨五入している。

（「世界国勢図会2021/22」などより作成）

ア　ベトナムは，2001年には上位3品目になかった機械類が，2019年には上位3品目にある。
イ　2019年の上位3品目に自動車があるのは，4か国のなかでタイだけである。
ウ　マレーシアの機械類の輸出額は，2001年に比べ，2019年は少なくなっている。
エ　インドネシアは，いずれの年も機械類と鉱産資源が上位3品目にある。

4　優子さんは，ＡＳＥＡＮのなかで，国の経済力の大きさを示す国内総生産が増加しているベトナムに着目し，**資料C**，**D**を作成しました。ベトナムで国内総生産が増加している理由として考えられることを，**資料C**，**D**を参考にして，簡潔に述べなさい。

資料C　ベトナム政府による外国からの投資を促す政策の一部

○　道路や電気設備などの社会資本を整え，利便性を備えた工業団地を整備している。
○　電子産業や自動車産業，ハイテク産業などを，経済成長のために優先する産業として指定し，工業団地に積極的に誘致している。
○　工業団地に進出する企業は，税金の免除など優遇措置を受けることができる。

（注）投資とは，利益を見込んで製造工場をつくることや，事業を拡大させるなどのために資金を出すこと。

（「日本貿易振興機構ホームページ」より作成）

資料D　ベトナムへの外国企業からの投資額の推移

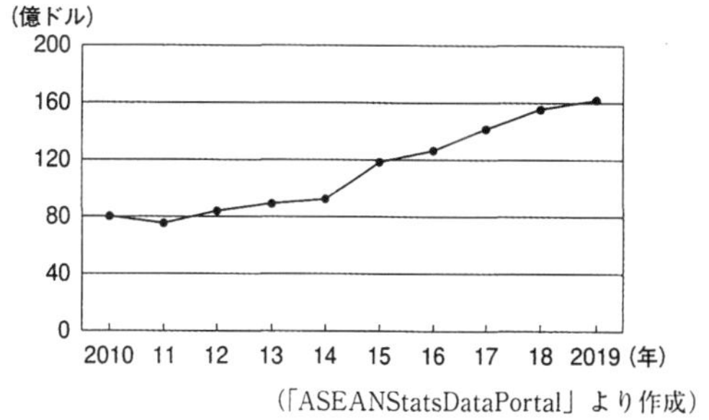

（「ASEANStatsDataPortal」より作成）

第　三　問　真一さんは，社会科の授業で，「古代から近世における農村のようす」について調べ，次のような表を作成しました。これをみて，あとの**1**～**5**の問いに答えなさい。

	農村のようす
古代	律令制により，班田収授法にもとづき，６年ごとに戸籍が作られ，その戸籍に登録された人々に，［　①　］という土地が与えられた。墾田永年私財法が出されると，貴族や有力な寺院が荘園を所有するようになった。
中世	鎌倉時代，第３代将軍源実朝が亡くなったあと，②多くの関東の御家人が西日本の地頭に任命され，幕府の支配が広がった。室町時代には，有力な農民が中心となり，［　③　］とよばれるまとまりが生まれ，村の自治のしくみがつくられていた。
近世	④豊臣秀吉の支配を経て，江戸時代の農村では，村方三役とよばれる有力な百姓が中心となり，土地をもつ本百姓たちが村の自治にあたっていたが，しだいに農村内では⑤農民の間の経済的格差が拡大していった。

1　［　①　］にあてはまる語句を書きなさい。

2　下線部②の背景となったできごとについて述べた文として，最も適切なものを，次の**ア**～**エ**から**1**つ選び，記号で答えなさい。

ア　坂上田村麻呂が蝦夷《えみし》を攻め，朝廷が東北地方の支配を広げた。
イ　後鳥羽上皇が幕府をたおすための兵を挙げ，承久の乱が起こった。
ウ　将軍足利義政のあとつぎ問題をきっかけに，応仁の乱が起こった。
エ　平将門が関東地方で，藤原純友が瀬戸内地方で反乱を起こした。

3　［　③　］にあてはまる語句として，最も適切なものを，次の**ア**～**エ**から**1**つ選び，記号で答えなさい。

ア　土倉　　　**イ**　五人組　　　**ウ**　惣　　　**エ**　町衆

4　下線部④の人物の政策について説明した文として，最も適切なものを，次の**ア**～**エ**から**1**つ選び，記号で答えなさい。

ア　江戸などの都市に働きに出ていた農民を農村に戻すとともに，ききんに備えて米を蓄えさせた。
イ　生活が苦しくなり，土地を売るなどした御家人を救うために，徳政令を出した。
ウ　民衆の意見を聞くための目安箱を設置したほか，裁判の基準となる公事方御定書を定めた。
エ　土地で耕作する農民が検地帳に記録され，荘園領主のもっていた土地の権利が失われた。

5　下線部⑤について，真一さんは，18世紀以降の江戸時代の農村は，豊かな農民がいる一方，小作人となる農民が増えるなど，農村内の経済的格差が拡大したことを知り，**資料A**，**B**を作成しました。18世紀以降の江戸時代の農村において，小作人となる農民が増えた理由を，**資料A**，**B**をもとにして，簡潔に述べなさい。

資料A　18世紀ごろの農村について

○　備中ぐわや千歯こきなど農具が改良されるとともに，農民が農具を購入するようになった。
○　農民は，綿花や紅花などの商品作物を生産し，それを売ることで，貨幣を手に入れることができた。
○　商品作物をつくるためには，干鰯《ほしか》や油かすなどの高価な肥料が必要であった。

資料B　18世紀後半のある農民のおもな支出

農具代	銀	491匁
肥料代	銀	2,077匁
生活費	銀	552匁
その他	銀	730匁
支出合計	銀	3,850匁

（注）匁（もんめ）は銀貨の単位である。
（「西成郡史」より作成）

K 教英出版

第　四　問　哲平さんは，社会科の授業で，「財政と私たちの生活」について調べ，**資料A**を作成しました。これを読んで，あとの**1**～**4**の問いに答えなさい。

資料A　財政と私たちの生活

私たちが，暮らしやすい豊かな生活を送るため，政府や地方公共団体は，家計や企業から税金を集め，それを必要な政策にあてる，①財政とよばれる経済活動をしています。財政では，②税金などを財源として，社会保障の制度を整備したり，③公共サービスや社会資本を提供したりしています。公共サービスや社会資本は私たちの生活に不可欠ですが，④それらの維持や改善が課題となっています。

1　下線部①について，日本国憲法で定められた，国の予算を議決する機関として，最も適切なものを，次の**ア**～**エ**から**1つ**選び，記号で答えなさい。

ア　内閣　　**イ**　最高裁判所　　**ウ**　日本銀行　　**エ**　国会

2　下線部②について，国や地方公共団体の政策の財源となる，税金と，その納め方による分類の組み合わせとして，正しいものを，次の**ア**～**エ**から**1つ**選び，記号で答えなさい。

ア　所得税 － 直接税　　**イ**　消費税 － 直接税

ウ　法人税 － 間接税　　**エ**　市町村民税 － 間接税

3　下線部③について，公共サービスや社会資本である，道路や公共施設などの提供については，地方公共団体が大きな役割を果たしています。地方公共団体の財源のうち，教育費や道路の維持費など，特定の事業に対し，国から使い道が決められて支給されるものを，次の**ア**～**エ**から**1つ**選び，記号で答えなさい。

ア　地方税　　**イ**　国債費　　**ウ**　地方交付税交付金　　**エ**　国庫支出金

4　下線部④について，次の(1)，(2)の問いに答えなさい。

(1)　地域の生活環境の改善や地方公共団体の政治について，条例の制定や廃止，議会の解散，監査などを，首長や選挙管理委員会，監査委員に求める，直接民主制の考え方にもとづいた権利を何というか，書きなさい。

(2)　哲平さんは，社会資本の維持や改善について調べを進めるなかで，岐阜県の取り組みを知り，**資料B**～**D**を作成しました。この取り組みは，社会資本の維持や改善にどのような効果があったと考えられるか，**資料B**～**D**をもとにして，簡潔に述べなさい。

資料B　岐阜県の取り組みについて

2009年からはじまった取り組みで，安全で快適な道路を維持するため，岐阜県が，応募してきた県民を，「社会基盤メンテナンスサポーター」として委嘱《いしょく》する。「社会基盤メンテナンスサポーター」は無償のボランティア活動を行う。

（注）委嘱とは，特定の仕事を頼むこと。

資料C　社会基盤メンテナンスサポーターについて

社会基盤メンテナンスサポーターとして委嘱された県民は，危険箇所を早期に発見できるように，普段利用している道路を担当区域とする。担当区域の道路や側溝の損傷，落石，穴など，補修が必要な場所を県へ情報提供する。

資料D　岐阜県の社会基盤メンテナンスサポーターの委嘱者数

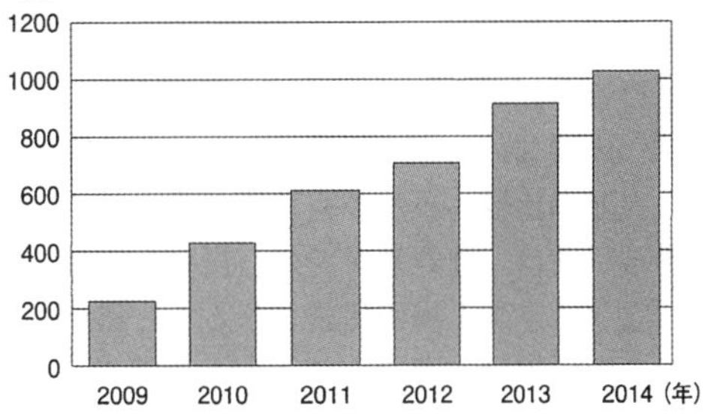

（資料B～Dいずれも「岐阜県ホームページ」などより作成）

第　五　問　絵理さんは，社会科の授業で，「中部地方の自然環境と人々の暮らし」について調べました。次の１～３の問いに答えなさい。

１　絵理さんは，中部地方の自然環境と産業とのかかわりを調べ，**資料Ａ**を作成しました。あとの⑴，⑵の問いに答えなさい。

資料Ａ　中部地方の自然環境と産業とのかかわり

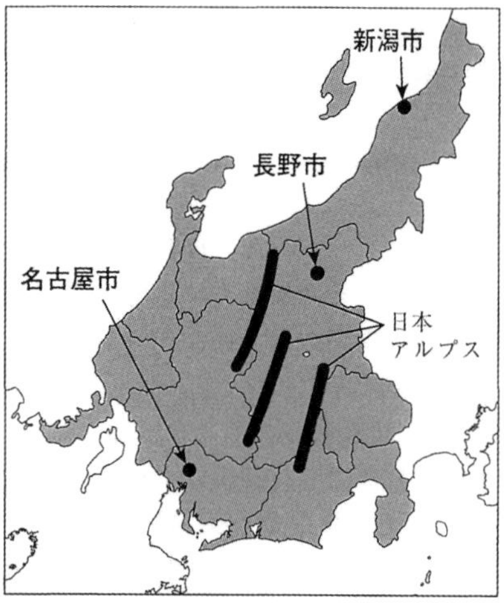

中部地方は，①特色が異なる３つの地域に分けることができます。

○　豪雪地帯を抱える北陸地域には，日本でも有数の米の産地となっている平野が広がっています。また，副業から発達した織物や漆器などが伝統産業として受け継がれています。

○　中央高地には，日本アルプスなどに囲まれた盆地が多くあり，高地の冷涼な気候などを生かした高原野菜の産地となっています。

○　東海地域の台地や砂丘が多い半島では，用水路が整備され，野菜や花を栽培する園芸農業がさかんです。また，名古屋市を中心とした②中京工業地帯が形成されています。

⑴　下線部①について，絵理さんは，中部地方の気候を知るために，**資料Ａ**中に示した**新潟市**，**長野市**，**名古屋市**の３つの市の気温と降水量を調べ，**資料Ｂ**を作成しました。３つの市と，**資料Ｂ**中のグラフ**Ｘ**～**Ｚ**の組み合わせとして，正しいものを，あとの**ア**～**エ**から**１つ**選び，記号で答えなさい。

資料Ｂ　３つの市の気温と降水量

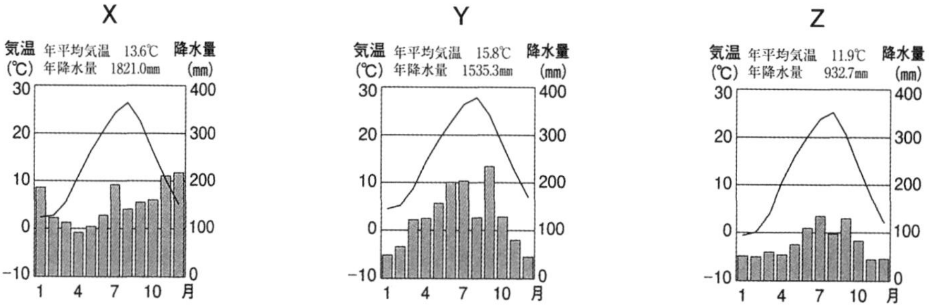

（「理科年表2021」より作成）

ア　**Ｘ** － 新潟市　　**Ｙ** － 長野市　　**Ｚ** － 名古屋市
イ　**Ｘ** － 新潟市　　**Ｙ** － 名古屋市　**Ｚ** － 長野市
ウ　**Ｘ** － 長野市　　**Ｙ** － 名古屋市　**Ｚ** － 新潟市
エ　**Ｘ** － 名古屋市　**Ｙ** － 新潟市　　**Ｚ** － 長野市

⑵　下線部②について，この工業地帯について述べた文として，最も適切なものを，次の**ア**～**エ**から**１つ**選び，記号で答えなさい。

ア　内陸部にあり，高速道路などで生産物を大都市へ輸送することが可能な，食料加工品や印刷物などの比較的小型で軽量の製品を製造する工場が多くみられる。

イ　以前は，周辺地域での石炭の産出による鉄鋼業がさかんであったが，現在は環境技術を用いたリサイクル工場が建設されるなど環境保全に関する産業が発展している。

ウ　かつては，豊富な地下水と綿花の生産地であることを生かした繊維工業がさかんであったが，現在は自動車の生産がさかんに行われている。

エ　多くの島々があるこの地域は，古くから海上交通が発達し，現在は，島を結ぶ高速道路が整備されており，臨海部に石油化学コンビナートや製鉄所がみられる。

2　絵理さんは，中央高地の山脈に囲まれた盆地のようすについて調べ，**資料C**を作成しました。あとの(1)，(2)の問いに答えなさい。

> **資料C　中央高地の山脈に囲まれた盆地のようす**
> 　中央高地は，日本アルプスである，木曽山脈・赤石山脈・［ a ］に囲まれた盆地が多く，また，河川によってつくられた，砂や大きな石の混じった扇状地がみられます。扇状地は，地表面に水がたまりにくい地形のため水田には適さず，③長野県などの盆地では，第二次世界大戦前までくわの栽培がさかんでした。現在は，くわ畑であった場所の多くが，［ b ］に変わっています。高速道路などの交通網が整備されたことで，大都市にも商品を短時間で出荷できるようになりました。

(1)　**資料C**中の［ a ］，［ b ］にあてはまる語句の組み合わせとして，最も適切なものを，次の**ア**～**エ**から**1つ**選び，記号で答えなさい。

ア　a － 飛驒山脈　　b － 果樹園　　**イ**　a － 飛驒山脈　　b － 茶畑
ウ　a － 日高山脈　　b － 茶畑　　**エ**　a － 日高山脈　　b － 果樹園

(2)　下線部③について，長野県では，明治時代の殖産興業政策により，製糸工場が設置されたことを背景として，くわ畑が広がりました。明治時代の日本のようすについて述べた文として，**あてはまらないもの**を，次の**ア**～**エ**から**1つ**選び，記号で答えなさい。

ア　徴兵令が出され，20歳以上の男子が兵役を義務づけられた。
イ　教育機関として，農村に寺子屋が増え，読み，書きなどが学ばれた。
ウ　日清戦争が起き，戦争の翌年に下関条約が結ばれた。
エ　北海道に開拓使が設置され，農地の開墾や道路の建設などが行われた。

3　絵理さんは，山地の多い長野県に着目して，自然環境と人々の暮らしを調べたところ，長野県伊《い》那《な》市が行っている取り組みを知り，**資料D**，**E**を作成しました。この伊那市の取り組みは，どのようなことを目的として行われていると考えられるか，**資料D**，**E**を参考にして，簡潔に述べなさい。

資料D　長野県伊那市の山間部について

○　生活道路の標高の高低差が大きく，移動が大変である。
○　都市部よりも配送にかかる費用が高いことに加え，配送の担い手が不足している。
○　後継者不足や従業員の高齢化などのため，閉店する店舗もあり，商店数が減少を続けている。
○　自家用車をもつ消費者は，山間部以外で買い物をするようになっている。

資料E　長野県伊那市の取り組み

配送用ドローン

【山間部付近の地域配送拠点】
運ばれてきた商品をドローンに積み込む。

→ 商品をのせたドローンが地域配送拠点から，山間部の公民館へ飛行

【山間部の公民館】
商品をのせたドローンが到着する。

↓ ボランティアが商品を配達

【山間部の住民】
テレビの画面で商品を注文する。

⇠（点線矢印）

【山間部以外の商店】
注文を受けた商品を地域配送拠点へ送る。

↑ 車で商品を配送

（資料D，Eともに「伊那市ホームページ」などより作成）

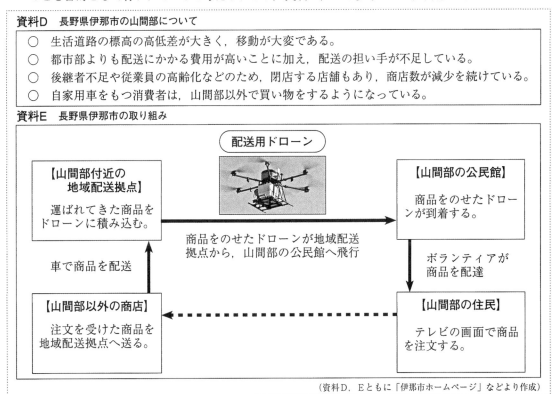

第　六　問　周平さんは，社会科の授業で，「日本の文化の発展」について調べ，**資料A**を作成しました。これを読んで，あとの**1**～**4**の問いに答えなさい。

資料A　日本の文化の発展

日本は，古くから中国や朝鮮半島など，外国から伝わった文化を受け入れながら，①独自の文化を築いてきました。特に，②19世紀半ばから20世紀半ばは，技術革新にともなって日本の社会や文化が大きな変化を見せた時期でした。その後，第二次世界大戦での敗戦により，ＧＨＱの占領下におかれたことで，アメリカの文化が日本各地に広がりました。さらに，高度経済成長期には，自動車や電化製品の普及など，日本人の生活様式も変化しました。現在，③情報化や少子高齢化，グローバル化など，日本社会が大きく変化していますが，その中で，④伝統文化を守りながら，時代の変化に対応し，新しい文化を創造することが求められています。

1　下線部①について，次の(1)，(2)の問いに答えなさい。

(1)　平安時代，唐風の文化を基礎としながら，貴族を中心に日本の風土や文化に合わせた独自の文化が生まれました。この文化を何というか，書きなさい。

(2)　室町時代に生まれた文化には，現代まで引き継がれている文化があります。猿楽などの要素を取り入れながら室町時代に生まれた文化として，最も適切なものを，次の**ア**～**エ**から**1つ**選び，記号で答えなさい。

ア　能　　　**イ**　歌舞伎　　　**ウ**　川柳　　　**エ**　浮世絵

2　下線部②について，この期間の日本と外国とのかかわりについて述べた次の**ア**～**ウ**の文を，起こった年代の古い順に並べかえ，記号で答えなさい。

ア　日中戦争の長期化で，軍需品の生産が優先され，生活必需品は配給制になった。

イ　第一次世界大戦後，都市には西洋風の文化住宅が建てられるとともに，ラジオ放送がはじまった。

ウ　欧米諸国にならった近代化政策がとられるとともに，太陽暦が採用された。

3　下線部③について，周平さんは，情報化の進展と文化の広がりについて調べ，**資料B**を作成しました。**資料B**中の［　　　　］にあてはまる語句として，最も適切なものを，あとの**ア**～**エ**から**1つ**選び，記号で答えなさい。

資料B　情報化の進展について

情報通信技術の発達は，インターネットや，ソーシャルメディアである［　　　　］などに接する機会を増やし，私たちの暮らしを大きく変えました。また，インターネットの発達は，情報化をさらに進展させ，時間や場所に関係なく情報を発信することや，共有することができるなど，文化の広がりをより多様なものにしています。

ア　ＷＨＯ　　　**イ**　ＳＮＳ　　　**ウ**　ＮＧＯ　　　**エ**　ＡＩ

4　下線部④について，周平さんは，伝統文化について調べを進めるなかで，九州地方の伝統的なある祭りに関する取り組みを知り，**資料C**～**E**を作成しました。この取り組みのねらいとして考えられることを，**資料C**～**E**を参考にして，簡潔に述べなさい。

資料C　伝統的なある祭りについて

この祭りは，380年にわたり続けられており，獅子《しし》の踊りや，みこしなど，約1,700人が神社まで歩く行列が見所となっている。

資料D　伝統的なある祭りに関する取り組み

○　祭りの開催期間中に，子ども用の祭り道具をもって，神社まで歩く，子どもが主役の行列を企画した。

○　地元の親子を対象に，実際に祭りで使用される道具に触れることができる体験教室を実施した。

資料E　取り組みに参加した子どもの感想

○　（子どもが主役の行列に参加して）「緊張したけれど，最後まで頑張ることができた。これからもうまくできるように練習したい。」

○　（子どもが主役の行列に参加して）「正式な行列でも生き生きとした動きを披露したい。」

○　（体験教室に参加して）「今日の体験教室で祭りに興味が湧いた。祭りに参加したい。」

（資料C～Eいずれも「八代市ホームページ」より作成）

令和５年度　**第３時**

社会解答用紙

（灰色の欄）の欄には，記入しないこと。

第一問（/15）

			点
1	(1)		/3
	(2)		/3
	(3)		/3
2	(1)		/3
	(2)		/3

第二問（/17）

			点
1			/3
2	(1)		/3
	(2)		/3
3			/3
4			/5

第三問（/17）

		点
1		/3
2		/3
3		/3
4		/3
5		/5

第四問（/17）

			点
1			/3
2			/3
3			/3
4	(1)		/3
	(2)		/5

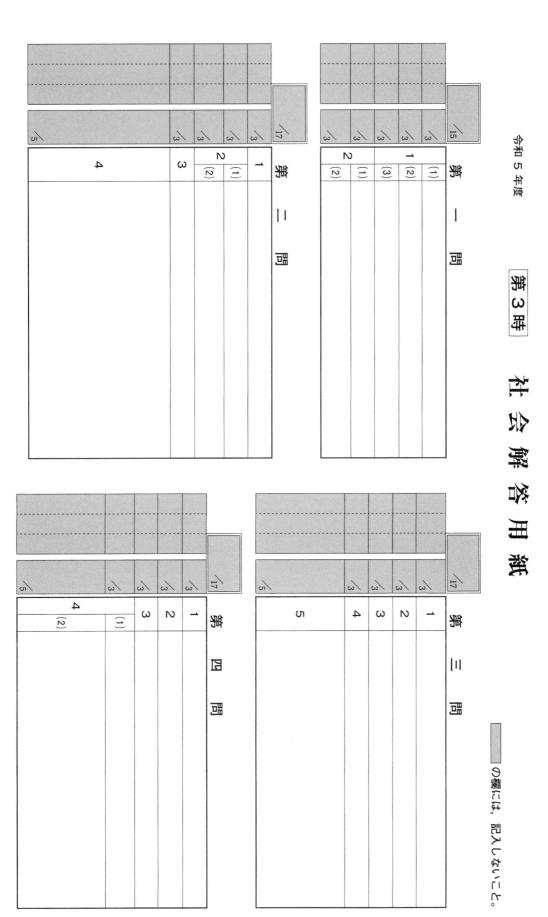

受験番号	

令和５年度
公立高等学校入学者選抜

学力検査
英　語

（第４時　13：00～13：50）

注　　意

1 「始め」の合図があるまで，開いてはいけません。

2 解答用紙は，この表紙の裏面になります。

3 「始め」の合図があったら，この表紙を取り外し，表裏それぞれの面に受験番号を記入してから，解答用紙が表になるように折り返しなさい。

4 問題は，８ページまであります。

5 問題は，第一問から第五問まであります。

6 答えは，全て解答用紙に書き入れなさい。

7 「やめ」の合図で，すぐ鉛筆をおきなさい。

第四問

/26

1		/2
2		/4
3	(1)	/4
	(2)	/4
4	(1)	/3
	(2)	/3
	(3)	/3
	(4)	/3

第五問

/11

1		/3
2		/8

※100点満点

受験番号	
得点	

英語

令和５年度

公立高等学校入学者選抜学力検査問題

英　　語

※教英出版注
音声は，解答集の書籍ＩＤ番号を教英出版ウェブサイトで入力して聴くことができます。

第　一　問　（放送によるテスト）次の**問題１**から**問題４**に答えなさい。

問題１　英語を聞いて，その内容を最も適切に表しているものを，それぞれア，イ，ウ，エの中から１つ選んで，その記号を**解答用紙**に書きなさい。

ア　イ　ウ　エ

１番

ア　イ　ウ　エ

２番

第一問（放送によるテスト）は，次のページにつづきます。

問題２　亮（Ryo）とアリス（Alice）が会話をします。二人の会話は，問題用紙に示されている順に進みます。［　　　　　］に入る発言として最も適切なものを，それぞれ**ア**，**イ**，**ウ**，**エ**の中から**１つ**選んで，その記号を**解答用紙**に書きなさい。会話の［　　　　　］のところでは，チャイム音が鳴ります。

１番　*Ryo:*　・・・・・・・・・・・・・・・
Alice:　・・・・・・・・・・・・・・・
Ryo:　・・・・・・・・・・・・・・・
Alice:　［（チャイム音）］

ア　I'll check there.
イ　I have many books.
ウ　You can't see him.
エ　He is our teacher.

２番　*Alice:*　・・・・・・・・・・・・・・・
Ryo:　・・・・・・・・・・・・・・・
Alice:　・・・・・・・・・・・・・・・
Ryo:　［（チャイム音）］

ア　My racket is black.
イ　I play tennis on Sundays.
ウ　You can use mine.
エ　My sister isn't free on that day.

問題３　伊藤先生（Ms. Ito）と留学生のトム（Tom）が会話をします。そのあとで会話について３つの質問をします。それらの質問に対する答えとして最も適切なものを，それぞれ**ア**，**イ**，**ウ**，**エ**の中から**１つ**選んで，その記号を**解答用紙**に書きなさい。

１番　**ア**　He went to bed early last night.
イ　He didn't sleep much last night.
ウ　He helped his host family this morning.
エ　He had breakfast late this morning.

２番　**ア**　To eat a lot of food for good health.
イ　To learn Japanese from his host family.
ウ　To talk more with his host family.
エ　To make breakfast with his host family.

３番　**ア**　He told Ms. Ito how to sleep well.
イ　He heard of three important things from his host family.
ウ　He wants to know how to cook Japanese food.
エ　He wants to start studying Japanese every morning.

問題4　留学生のローラ（Laura）と博人（Hiroto）が会話をします。二人の会話は，問題用紙に示されている順に進み，ローラが博人に質問をします。博人になったつもりで，［　　　　　］に入る適切な発言を考えて，**英語**で**解答用紙**に書きなさい。会話の［　　　　　］のところでは，チャイム音が鳴ります。

Laura:　・・・・・・・・・・・・・・・・
Hiroto:　・・・・・・・・・・・・・・・・
Laura:　・・・・・・・・・・・・・・・・
Hiroto:　［　　（チャイム音）　　］

第一問（放送によるテスト）は，ここまでです。

第　二　問　次の**1**～**3**の問いに答えなさい。

1　次の(1)～(3)の二人の会話が成立するように，（　　　）に入る最も適切なものを，それぞれあとの**ア**～**エ**から**1つ**選び，記号で答えなさい。

(1) *Kaito:*　Jane, I saw you at the park yesterday. What were you doing there?
Jane:　I was waiting（　　　）my sister.
ア　in　　**イ**　for　　**ウ**　at　　**エ**　to

(2) *Mother:*　（　　　）you go to the supermarket with me now?
Child:　Sorry, I have to do my homework.
ア　Are　　**イ**　Must　　**ウ**　Can　　**エ**　Have

(3) *Yuki:*　Do you know（　　　）Alex will go back to his country?
Ted:　Yes. He'll return there next month.
ア　when　　**イ**　where　　**ウ**　who　　**エ**　what

2　次の(1)，(2)の二人の会話が成立するように，（　　　）に入る適切な**英語**を，それぞれ**1語**書きなさい。ただし，答えはすべて（　　　）内に示された文字で書き始めなさい。

(1)　*Mari:*　　Lily, we should take the train at 10:40 tomorrow.
　　 Lily:　　OK. Let's（ m　　　）at the station at 10:20.

(2)　*Ellie:*　　What is your（ f　　　）food, Toru?
　　 Toru:　　I like curry and rice the best. I eat it every week.

3　次の(1)，(2)の二人の会話が成立するように，（　　　）内の語句を正しい順に並べかえ，(1)は**ア**～**エ**，(2)は**ア**～**オ**の記号で答えなさい。ただし，文頭にくる語も小文字で示しています。

(1)　*Henry:*　　（ **ア** that girl　**イ** who　**ウ** by　**エ** is ）the door?
　　 Chika:　　Oh, she is my friend, Kaori.

(2)　*James:*　　Look! I took some pictures of Mt. Fuji. I'll send them to my sister.
　　 Keita:　　Wow, they are so beautiful! I'm（ **ア** that　**イ** like　**ウ** will　**エ** sure　**オ** she ）them.

第　三　問　次の英文は，高校1年生の和輝（Kazuki）が，軽音楽部（popular music club）での経験について，学校英語新聞に掲載するコラムとして書いたものです。この英文を読んで，あとの**1**～**5**の問いに答えなさい。

Do you remember the concert at our school festival in August? My band played music there.

In April, I joined the popular music club and started a band with my friends. Hana was the vocalist. Ami was the bassist, and Yuji was the drummer. I played the guitar. We were all beginners, so we decided to play just one song for the school festival concert. We found a song that was popular among students and started to practice it in May.

In July, our band had a big problem. Hana transferred to another school because of her father's job. We couldn't find another vocalist, so we tried to play musical instruments while singing. However, it was difficult to do that well. One day, Ami said, "Why don't we play musical instruments without singing?" Yuji said, "I don't want to do ①<u>that</u>. The audience won't enjoy the performance." Then I remembered a concert that I saw on TV. The audience was singing with the band. I said, "How about asking the audience to sing with us?" Yuji said, "Sounds good. I think they will sing with us because many of them know the song." Ami said, "Let's try that. I think that the audience will enjoy our performance more if they can join it." From that day, we tried to keep doing our best.

K 教英出版

令和5

第 4 時
英　語

英語「放送によるテスト」台本

※教英出版注
音声は，解答集の書籍ＩＤ番号を教英出版ウェブサイトで入力して聴くことができます。

これから，**第一問**の放送によるテストを行います。放送を聞いて**問題１**から**問題４**に答えなさい。放送中に問題用紙にメモをとってもかまいません。

問題１，英語を聞いて，その内容を最も適切に表しているものを，それぞれ**ア**，**イ**，**ウ**，**エ**の中から**１つ**選んで，その記号を**解答用紙**に書きなさい。英語は，それぞれ**２回**放送されます。では，始めます。

１番 There are two girls under the tree. A cat is sleeping on the bench.

（この間約 4 秒）

繰り返します。

There are two girls under the tree. A cat is sleeping on the bench.

（この間約 4 秒）

２番 Ken usually goes to school by bike. But he took a bus this morning because it was raining.

（この間約 4 秒）

繰り返します。

Ken usually goes to school by bike. But he took a bus this morning because it was raining.

（この間約 7 秒）

次の問題に移ります。ページをめくり，２ページに進んでください。

（この間約 4 秒）

問題２，亮（Ryo）とアリス（Alice）が会話をします。二人の会話は，問題用紙に示されている順に進みます。空欄に入る発言として最も適切なものを，それぞれ**ア**，**イ**，**ウ**，**エ**の中から**１つ**選んで，その記号を**解答用紙**に書きなさい。会話の空欄のところでは，チャイム音（チャイム音）が鳴ります。会話は，それぞれ**２回**放送されます。では，始めます。

１番
Ryo: Alice, what are you doing?
Alice: I'm looking for Mr. Suzuki, but I can't find him.
Ryo: Maybe he is in the library now.
Alice: （チャイム音）

（この間約 4 秒）

繰り返します。

Ryo: Alice, what are you doing?
Alice: I'm looking for Mr. Suzuki, but I can't find him.
Ryo: Maybe he is in the library now.
Alice: （チャイム音）

（この間約 4 秒）

令和５年度

第５時　理科解答用紙

□の欄には，記入しないこと。

第一問 （/36）

			解答	点
1	(1)			/3
	(2)			/3
	(3)			/3
2	(1)			/3
	(2)			/3
	(3)			/3
3	(1)			/3
	(2)	①	a（　　）b（　　）	/3
		②		/3
		③		/3
	(3)			/3
	(4)			/3

第二問 （/16）

	解答	点
1		/3
2		/3
3		/3
4	［本］	/3
5		/4

第三問 （/16）

		解答	点
1			/3
2			/3
3			/3
4	(1)	①（　　）②（　　）	/3
	(2)		/4

２番 *Alice:* Do you have any plans for next Sunday, Ryo?
Ryo: Yes. I'm going to play tennis with my sister. Will you join us?
Alice: Sounds good. But I don't have a racket.
Ryo: (チャイム音)
(この間約 4 秒)

繰り返します。
Alice: Do you have any plans for next Sunday, Ryo?
Ryo: Yes. I'm going to play tennis with my sister. Will you join us?
Alice: Sounds good. But I don't have a racket.
Ryo: (チャイム音)
(この間約 7 秒)

次に**問題３**に移ります。伊藤先生（Ms. Ito）と留学生のトム（Tom）が会話をします。そのあとで会話について３つの質問をします。それらの質問に対する答えとして最も適切なものを，それぞれ**ア**，**イ**，**ウ**，**エ**の中から**１つ**選んで，その記号を**解答用紙**に書きなさい。はじめに会話，続いて質問の順で，**２回**放送されます。では，始めます。

Ms. Ito: Tom, how are you today? You looked tired during the class.
Tom: Well, I went to bed late last night. I couldn't sleep much, so I got up late this morning.
Ms. Ito: That's too bad. Did you have breakfast?
Tom: No, I didn't. My host family always makes delicious Japanese food for breakfast. I wanted to eat it, but I didn't have time today.
Ms. Ito: Oh, both sleeping well and eating breakfast are important for your health.
Tom: That's true. You talked about three important things for good health. Going to bed early, getting up early, and eating breakfast, right?
Ms. Ito: Yes. If you get up early, you can have a good start to the day. Also, you can do something with your host family in the morning.
Tom: Something? What can I do?
Ms. Ito: How about making breakfast with them?
Tom: That's a nice idea. I want to try it and learn how to make Japanese food from my host family. Thank you very much, Ms. Ito.

続いて質問に移ります。

１番 Why did Tom look tired?
(この間約 4 秒)

２番 What is Ms. Ito's idea for Tom?
(この間約 4 秒)

３番 Which is true about Tom?
(この間約 7 秒)

会話を繰り返します。

Ms. Ito: Tom, how are you today? You looked tired during the class.

Tom: Well, I went to bed late last night. I couldn't sleep much, so I got up late this morning.

Ms. Ito: That's too bad. Did you have breakfast?

Tom: No, I didn't. My host family always makes delicious Japanese food for breakfast. I wanted to eat it, but I didn't have time today.

Ms. Ito: Oh, both sleeping well and eating breakfast are important for your health.

Tom: That's true. You talked about three important things for good health. Going to bed early, getting up early, and eating breakfast, right?

Ms. Ito: Yes. If you get up early, you can have a good start to the day. Also, you can do something with your host family in the morning.

Tom: Something? What can I do?

Ms. Ito: How about making breakfast with them?

Tom: That's a nice idea. I want to try it and learn how to make Japanese food from my host family. Thank you very much, Ms. Ito.

続いて質問に移ります。

1番 Why did Tom look tired?

（この間約 4 秒）

2番 What is Ms. Ito's idea for Tom?

（この間約 4 秒）

3番 Which is true about Tom?

（この間約 9 秒）

次に**問題４**に移ります。留学生のローラ（Laura）と博人（Hiroto）が会話をします。二人の会話は，問題用紙に示されている順に進み，ローラが博人に質問をします。博人になったつもりで，空欄に入る適切な発言を考えて，**英語**で**解答用紙**に書きなさい。会話の空欄のところでは，チャイム音（チャイム音）が鳴ります。会話を**２回**放送したあとに，答えを記入する時間をとります。では，始めます。

Laura: My town is so small and doesn't have many shops.

Hiroto: My town is also small, but I like it very much.

Laura: Why do you like it?

Hiroto: (チャイム音)

（この間約 3 秒）

繰り返します。

Laura: My town is so small and doesn't have many shops.

Hiroto: My town is also small, but I like it very much.

Laura: Why do you like it?

Hiroto: (チャイム音)

（この間約 15 秒）

これで放送によるテストを終わります。次の問題に移ってください。

On the day of the festival, the concert was held in the gym. Before the performance, I said to the audience, “Sorry, we have no vocalist. We can’t sing well, but we’ll try. We’ll be glad if you sing with us. Let’s sing together.” We started to play music, but at first, the audience didn’t sing. However, we didn’t stop our performance. Then, some of the audience started to sing, and others joined. Finally, the gym was full of singing voices. ② When we started our performance, we felt sad. However, when it ended, we were happy.

After the concert, we said, “We had a great time with the audience! Let’s keep trying hard to have more good performances!” We learned it’s important to continue doing everything we can to solve the problem.

＜注＞ vocalist　ボーカル　　bassist　ベース奏者　　drummer　ドラム奏者
transferred to～ ← transfer to～　～に転校する　　musical instrument(s)　楽器
while singing　歌いながら　　audience　観客　　ask(ing)～to…　～に…するように頼む
singing voice(s)　歌声

1　次の質問に対する答えを，本文の内容に合うように**英語**で書きなさい。
How many members were there in the band when Kazuki and his friends started it?

2　下線部①が示す内容として最も適切なものを，次の**ア**～**エ**から**1つ**選び，記号で答えなさい。
ア　Only singing a song.
イ　Only playing musical instruments.
ウ　Playing musical instruments while singing.
エ　Playing musical instruments with a new vocalist.

3　下線部②のように和輝たちの心情が変化した理由を，具体的に**日本語**で書きなさい。

4　次の**ア**～**オ**を和輝のコラムの流れに合うように並べかえ，記号で答えなさい。
ア　Hana left the band because she transferred to another school.
イ　Kazuki found a way to solve the problem and the band members agreed with him.
ウ　Kazuki became a member of the popular music club and started the band.
エ　Kazuki and the band members enjoyed the performance with the audience.
オ　Kazuki and the band members decided to play a popular song for the concert.

5　次の英文は，和輝のコラムを読んだ生徒が書いた感想文です。本文の内容をふまえて，[　　　　] に入る最も適切な**ひとつづきの英語4語**を，本文中から抜き出して書きなさい。

Why did the audience sing with the band? In my opinion, they supported the band because they thought the band members tried hard to have a good performance. If we [　　　　] to solve the problem, we will get a wonderful result. I learned that from Kazuki’s story.

第　四　問　ある高校で，先生が提供した話題について，生徒が意見を発表するという英語の授業が行われました。次の英文は，先生が提供した話題と，その話題について真奈（Mana），里穂（Riho），ジョン（John）が発表したものです。これらの英文を読んで，あとの**1**～**4**の問いに答えなさい。

〔先生が提供した話題〕

Can you imagine how many clothes are given up in Japan? In 2020, about 751,000 tons of clothes were given up from homes. The graph shows how clothes were given up. According to it, twenty percent of the clothes were reused, and fourteen percent were recycled. More than sixty percent were given up as waste.

What can we do to reduce the amount of clothes waste? Please tell me your opinions about this topic.

【Graph】
The Clothes Given Up from Homes in 2020

①

（「環境省ホームページ」より作成）

〔3人の発表〕

Mana

I was surprised to learn that so many clothes were given up as waste. I want to enjoy a lot of different fashions, so I always want new ones. However, if I have too many clothes, I can't wear all of them. I want to cherish the clothes I have. I found that using a clothes rental service is useful. People can wear different kinds of clothes without buying them. I think that's ②<u>a good point of using the service</u>. To reduce clothes waste, we should think about what clothes we buy. It doesn't mean that we can't enjoy fashion.

Riho

If we try to reuse the clothes other people don't need, we can reduce clothes waste. For example, we can wear clothes our family members don't use. However, I think it's difficult to get the clothes we really want in this way. So, I want to introduce a unique way to reuse clothes. Several events are held to exchange clothes with others. I joined one of the events and took some clothes that were too small for me. I was glad because I found people who wanted my clothes and I got clothes that I wanted. I think having events to exchange clothes is a nice way to cherish our clothes.

John

We don't have to give up our clothes if we can use them again in different ways. I'll tell you about my sister, Judy. Our mother has several clothes she doesn't wear. She bought them when she was young. Though their designs are old, they are beautiful. Judy got them and made her own shirt out of them. Our mother was glad because Judy cherished her old clothes. Judy says, "I want to make my mother happy by using her old clothes again. So I'll make more clothes out of her old ones." If we make new clothes by using old ones, we can reduce clothes waste.

＜注＞ given up ← give up～　～を手放す　graph　グラフ　reuse(d)～　～を再使用する
recycle(d)～　～を再生利用する　waste　ごみ　reduce～　～を減らす
fashion(s)　ファッション　cherish(ed)～　～を大切にする　rental　レンタル
exchange～　～を交換する　design(s)　デザイン　out of～　～を材料として

1 [①] に入るグラフとして最も適切なものを，次のア～エから１つ選び，記号で答えなさい。

ア

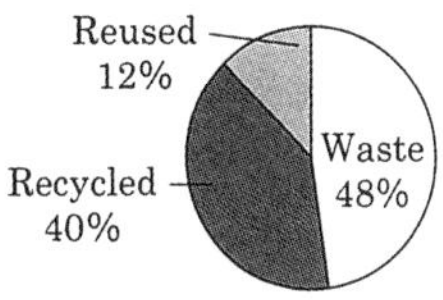

イ

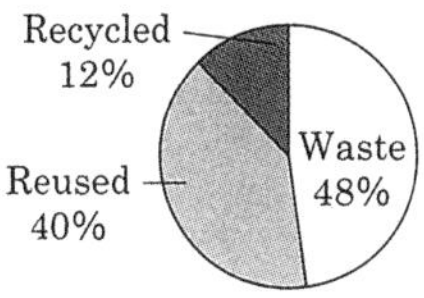

ウ

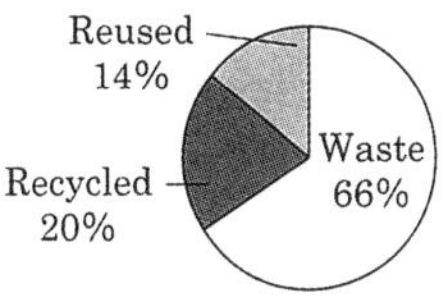

エ

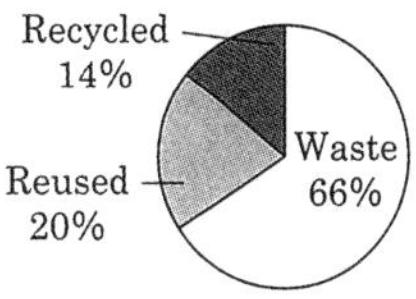

2 下線部②が示す具体的な内容を，本文中から探して**日本語**で書きなさい。

3 次の(1)，(2)の質問に対する答えを，本文の内容に合うように**英語**で書きなさい。

(1) What did Riho take to the event she joined?

(2) Why will Judy make more clothes out of her mother's old ones?

4 次の英文は，３人の発表を聞いたメアリー（Mary）と健太（Kenta）の会話です。本文の内容をふまえて，あとの(1)～(4)の問いに答えなさい。

Mary:	They all thought a lot about the topic. To reduce clothes waste isn't easy, but we can find interesting ways to do it.
Kenta:	I think so, too. Mana's speech showed us that we should be careful when we (Ⓐ) new clothes.
Mary:	According to Riho, the clothes someone (Ⓑ) can be used again by another person who (Ⓒ) them. We should remember that before we give up our clothes.
Kenta:	That's true. John told us that we can reduce clothes waste if we [Ⓓ].
Mary:	These three speeches tell us that [Ⓔ].

＜注＞ careful 注意深い

(1) (Ⓐ) に入る最も適切なものを，次のア～エから１つ選び，記号で答えなさい。

ア get　　イ make　　ウ sell　　エ exchange

(2) (Ⓑ), (Ⓒ) に入る語句の組み合わせとして最も適切なものを，次のア～エから１つ選び，記号で答えなさい。

ア Ⓑ needs ― Ⓒ needs　　イ Ⓑ doesn't need ― Ⓒ needs

ウ Ⓑ needs ― Ⓒ doesn't need　　エ Ⓑ doesn't need ― Ⓒ doesn't need

(3) [Ⓓ] に入る最も適切なものを，次のア～エから１つ選び，記号で答えなさい。

ア exchange old clothes with others　　イ enjoy buying clothes with our family

ウ choose clothes with unique designs　　エ use old clothes to make new ones

(4) [Ⓔ] に入る最も適切なものを，次のア～エから１つ選び，記号で答えなさい。

ア selling our old clothes is the best way to reduce clothes waste

イ having a lot of clothes is necessary to enjoy wearing clothes

ウ we can reduce clothes waste by taking actions to cherish clothes

エ we should find more effective ways to give up our clothes as waste

第　五　問　中学生の慎司（Shinji）と，留学生のデイビッド（David）が，次のような会話をしています。この英文を読んで，あとの**1**，**2**の問いに答えなさい。

Shinji:　I want to buy a gift for my friend who lives in Australia. I don't know what to get for him.

David:　[　①　]

Shinji:　He is seventeen years old.

David:　Oh, is he a high school student?

Shinji:　Yes. Now he is learning Japanese.

David:　I see. Then, how about Japanese books?

Shinji:　Good idea. What kind of book should I choose? Please give me some examples.

David:　For example, you can choose a picture book, a comic book or a guidebook of Japan. Which one is good for him?

Shinji:　[　②　]

＜注＞　gift　贈り物　　picture book　絵本　　guidebook　ガイドブック

1　二人の会話が成立するように，本文中の[　①　]に入る**英語**を**1文**書きなさい。

2　二人の会話が成立するように，本文中の[　②　]に**3文以上の英語**を書きなさい。

令和５年度　**第４時**

英語解答用紙

（灰色）の欄には，記入しないこと。

第一問　/25

問題１	１番		/3
	２番		/3
問題２	１番		/3
	２番		/3
問題３	１番		/3
	２番		/3
	３番		/3
問題４			/4

第二問　/20

1	(1)		/2
	(2)		/2
	(3)		/2
2	(1)		/3
	(2)		/3
3	(1)	→ → →	/4
	(2)	→ → → →	/4

第三問　/18

1		/4
2		/3
3		/4
4	→ → → →	/4
5		/3

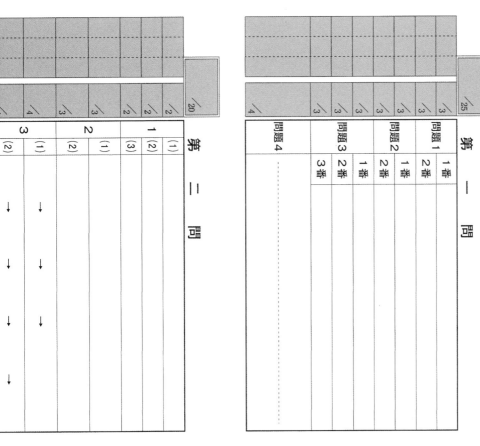

受験番号	

令和５年度
公立高等学校入学者選抜

学力検査
理　　科

（第５時　14：10〜15：00）

注　　意

1 「始め」の合図があるまで，開いてはいけません。

2 解答用紙は，この表紙の裏面になります。

3 「始め」の合図があったら，この表紙を取り外し，表裏それぞれの面に受験番号を記入してから，解答用紙が表になるように折り返しなさい。

4 問題は，８ページまであります。

5 問題は，第一問から第五問まであります。

6 答えは，全て解答用紙に書き入れなさい。

7 「やめ」の合図で，すぐ鉛筆をおきなさい。

第　四　問

1		
2		
3	(1)	[g]
	(2)	[図] 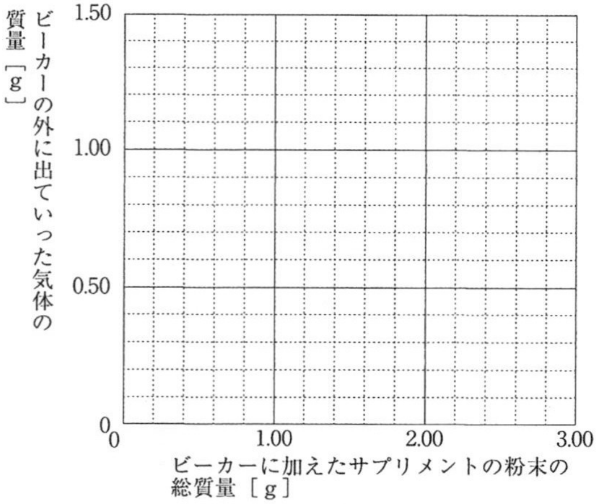
	(3)	[%]

第　五　問

1	
2	①(　　　　)　②(　　　　)
3	[cm/s]
4	
5	

※100点満点

受験番号	

得点	

理科

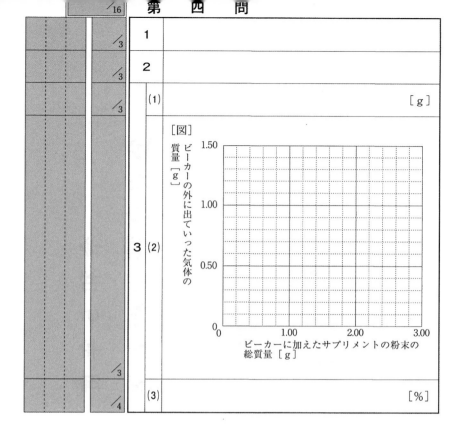

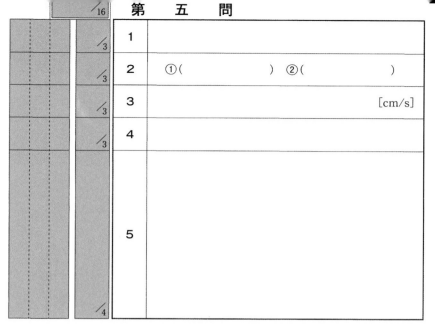

令和５年度
公立高等学校入学者選抜学力検査問題
理　　科

第　一　問　次の１～３の問いに答えなさい。

１　スルメイカのからだのつくりについて調べた次の**観察**について，あとの(1)～(3)の問いに答えなさい。

〔 **観察** 〕

1　スルメイカの外とう膜を切り開き，からだのつくりと内臓を観察した。**図１**は，観察したスルメイカのスケッチである。

2　スポイトを用いて，口から色水（赤インクをうすめたもの）を入れたところ，色水が消化にかかわる器官を通り，肛門から排出されるようすが確認できた。

図１

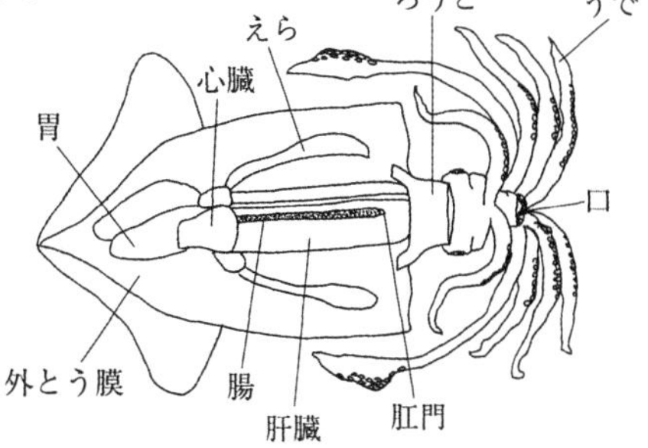

(1)　**観察**で，スルメイカにえらが見られたことから，スルメイカはえらで呼吸していることがわかります。スルメイカと同じように，えらで呼吸する動物を，次の**ア**～**エ**から１つ選び，記号で答えなさい。

ア　ペンギン　　**イ**　カメ　　**ウ**　メダカ　　**エ**　クジラ

(2)　スルメイカのように，背骨がなく，内臓が外とう膜に包まれ，からだに節がないという特徴をもつ無セキツイ動物を何というか，答えなさい。

(3)　下線部で，口から入れた色水が肛門から排出されるまでに通った器官を，色水が通った順に並べたものとして，正しいものを，次の**ア**～**エ**から１つ選び，記号で答えなさい。

ア　口 → 胃 → 肝臓 → 腸 → 肛門　　**イ**　口 → 胃 → 腸 → 肛門

ウ　口 → 腸 → 心臓 → 胃 → 肛門　　**エ**　口 → 腸 → 胃 → 肛門

2　**図2**は，ある年の６月22日９時の日本列島付近の天気図です。次の⑴～⑶の問いに答えなさい。

図2

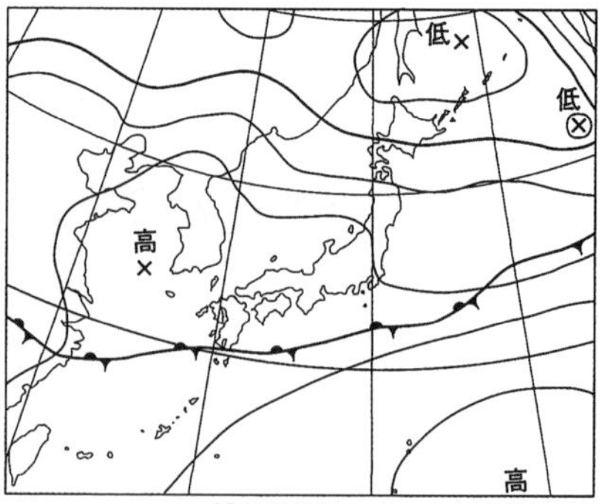

（「気象庁ホームページ」より作成）

⑴　**図2**で，気圧が等しい地点を結んだ線を何というか，答えなさい。

⑵　**図2**の日本列島付近にある停滞前線は，オホーツク海気団と小笠原気団の勢力が同じくらいであるために生じたもので，梅雨前線とよばれます。オホーツク海気団と小笠原気団の性質の組み合わせとして，最も適切なものを，次の**ア**～**エ**から**１つ**選び，記号で答えなさい。

ア　オホーツク海気団　湿潤・寒冷　－　小笠原気団　乾燥・温暖
イ　オホーツク海気団　乾燥・寒冷　－　小笠原気団　湿潤・温暖
ウ　オホーツク海気団　乾燥・寒冷　－　小笠原気団　乾燥・温暖
エ　オホーツク海気団　湿潤・寒冷　－　小笠原気団　湿潤・温暖

⑶　オホーツク海気団の勢力がおとろえ，小笠原気団の勢力が強くなると，梅雨前線が移動して日本列島が小笠原気団におおわれ，晴れる日が多くなってつゆが明けます。このように，日本列島が小笠原気団におおわれたときの特徴的な天気図として，最も適切なものを，次の**ア**～**エ**から**１つ**選び，記号で答えなさい。

ア

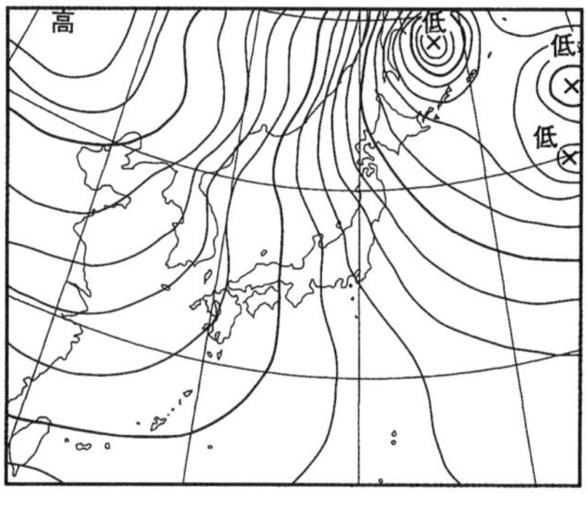

イ

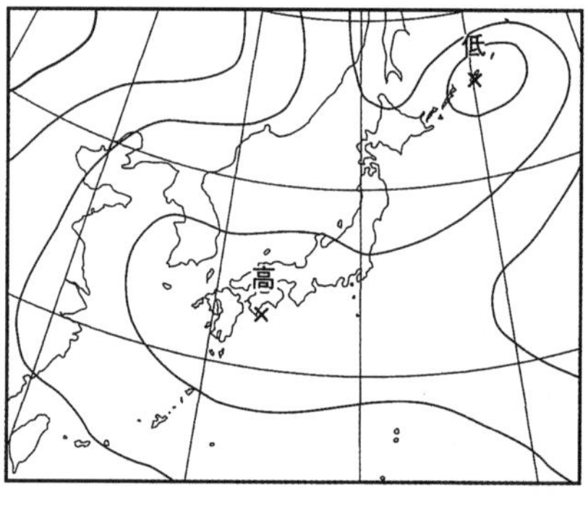

ウ

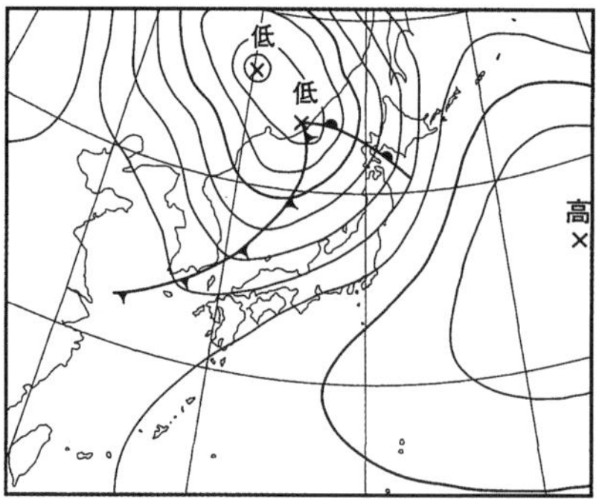

エ

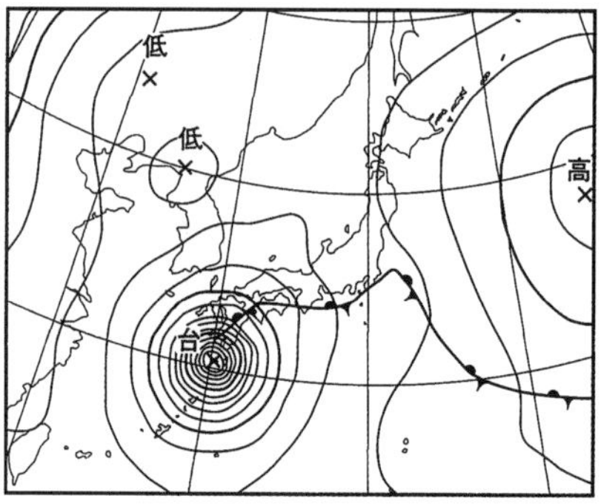

3　原子の構造の解明に関係するできごとをまとめた次の**資料**について，あとの(1)〜(4)の問いに答えなさい。

〔 **資料** 〕

1 陰極線の発見	**2 電子の発見**	**3 原子の構造解明**
真空放電管を使った実験で，真空放電管に大きな電圧を加えると，陰極線が観測された。	真空放電管を使った実験で，陰極線が−《マイナス》の電気をもつ電子の流れだとわかった。	＋《プラス》の電気をもつ陽子と，電気をもたない中性子が発見され，原子の構造が解明された。

(1)　原子の性質について述べたものとして，最も適切なものを，次の**ア**〜**エ**から**1つ**選び，記号で答えなさい。

ア　種類によって大きさが決まっている。　　**イ**　化学変化によって2つに分けることができる。
ウ　1個の質量は種類に関係なく同じである。　**エ**　化学変化によって他の種類の原子に変わる。

(2)　1について，**図3**のように，蛍光板の入った真空放電管の電極**A**，**B**に誘導コイルをつなぎ，誘導コイルの電源を入れて大きな電圧を加えると，電極**A**から電極**B**に向かって出ている陰極線が観測できます。次の①〜③の問いに答えなさい。

図3

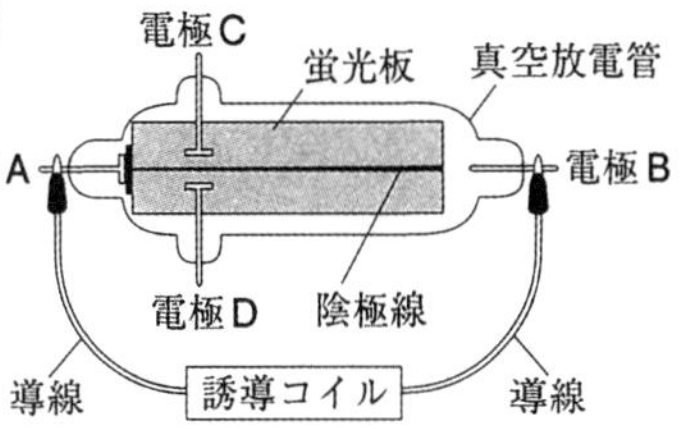

①　陰極線の観測からわかることについて述べた次の文章の内容が正しくなるように，**a**の**ア**，**イ**，**b**の**ウ**，**エ**からそれぞれ**1つ**選び，記号で答えなさい。

陰極線の進む向きから，誘導コイルの＋極につないだのは**a**（**ア**　電極**A**　**イ**　電極**B**）であり，誘導コイルと真空放電管をつなぐ導線の中を電子が移動する向きは，誘導コイルから流れる電流の向きと**b**（**ウ**　同じ　**エ**　逆）である。

②　別の電源を準備し，電極**C**に−極，電極**D**に＋極をつないで電圧を加えると，2のように，陰極線が−の電気をもつことが確認できる現象が起こります。この現象について述べたものとして，最も適切なものを，次の**ア**〜**エ**から**1つ**選び，記号で答えなさい。

ア　陰極線が見えなくなる。　　　　　**イ**　陰極線が電極**C**のほうにひかれて曲がる。
ウ　陰極線が蛍光板全体に広がる。　　**エ**　陰極線が電極**D**のほうにひかれて曲がる。

③　ドイツのレントゲンは，真空放電管を使った実験中に，真空放電管を通りぬける性質をもった放射線を発見しました。このとき発見された，からだの内部を調べる検査などで利用される放射線を何というか，答えなさい。

(3)　3について，解明された原子の構造について述べたものとして，最も適切なものを，次の**ア**〜**エ**から**1つ**選び，記号で答えなさい。

ア　原子核は陽子と中性子からできていて，原子核のまわりに電子が存在する。
イ　原子核は陽子と電子からできていて，原子核のまわりに中性子が存在する。
ウ　原子核は中性子からできていて，原子核のまわりに陽子と電子が存在する。
エ　原子核は陽子からできていて，原子核のまわりに電子と中性子が存在する。

(4)　原子を構成する陽子，電子，中性子のうち，陽子と電子が電気をもっているにもかかわらず，原子が全体として電気を帯びていない理由を，簡潔に述べなさい。

第　二　問　タマネギの根の成長を調べた次の**観察Ⅰ，Ⅱ**について，あとの**1**～**5**の問いに答えなさい。

〔**観察Ⅰ**〕**図1**のように，タマネギを水につけておくと，根が出てきた。1本の根に，**図2**のように，根の先端とそこから5mm間隔で印《しるし》をつけ，印の間を根もとに近いほうからそれぞれ**a**，**b**，**c**とした。再びタマネギを水につけておくと，印をつけてから24時間後，**a**～**c**の長さは**表**のようになった。

図1

図2

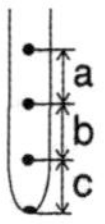

表

	a	b	c
印をつけた直後の長さ〔mm〕	5	5	5
印をつけてから24時間後の長さ〔mm〕	5	6	11

〔**観察Ⅱ**〕

1　**観察Ⅰ**で用いた，印をつけてから24時間後の根を根もとから切りとり，**図3**の3つの部分**X**，**Y**，**Z**をそれぞれ2mmずつ切りとって塩酸処理をした。

2　1の処理をした**X**，**Y**，**Z**をそれぞれ，スライドガラスにのせ，柄つき針の腹で軽くほぐした後，染色液で染色し，カバーガラスをかけ，ろ紙をかぶせた上から押しつぶして，プレパラート**x**，**y**，**z**をつくった。

3　プレパラート**x**～**z**の細胞の大きさと，細胞が細胞分裂しているかを，顕微鏡で観察した。**図4**は，プレパラート**x**～**z**に見られた細胞を，すべて同じ倍率で撮影した写真である。プレパラート**x**，**y**には細胞分裂をしている細胞はなかったが，<u>プレパラート**z**には細胞分裂をしている細胞が多くあった。</u>

図3

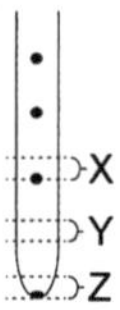

図4

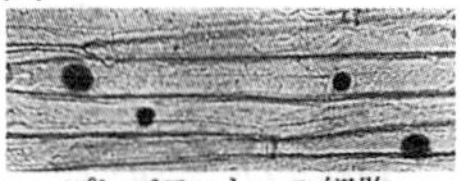

プレパラートxの細胞

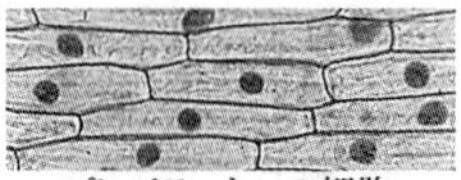

プレパラートyの細胞

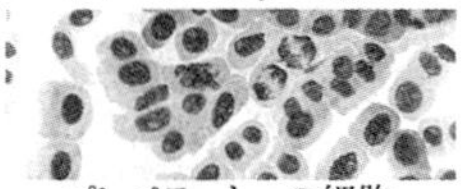

プレパラートzの細胞

1　**観察Ⅰ**で，タマネギは，根から水を吸収しています。植物の根や茎にある維管束のうち，根から吸収された水が通る管を何というか，答えなさい。

2　**観察Ⅱ**の1で，塩酸処理を行う目的について述べたものとして，最も適切なものを，次の**ア**～**エ**から**1つ**選び，記号で答えなさい。

ア　細胞を脱色するため。　　**イ**　細胞を壊して核を取り出すため。

ウ　細胞を1つ1つ離れやすくするため。　　**エ**　細胞分裂の進行をはやめるため。

3　**観察Ⅱ**の2で用いた染色液として，最も適切なものを，次の**ア**～**エ**から**1つ**選び，記号で答えなさい。

ア　ベネジクト液　　**イ**　ヨウ素液　　**ウ**　BTB溶液　　**エ**　酢酸オルセイン

4　下線部について，**図5**は，**図4**のプレパラート**z**に見られた，細胞分裂をしている1個の細胞を拡大したもので，染色体が細胞の両端にわかれたようすが見られます。細胞分裂をしていないタマネギの細胞1個にふくまれる染色体が16本であるとき，**図5**の点線（----）で囲まれた部分にふくまれる染色体の数は何本か，答えなさい。

図5

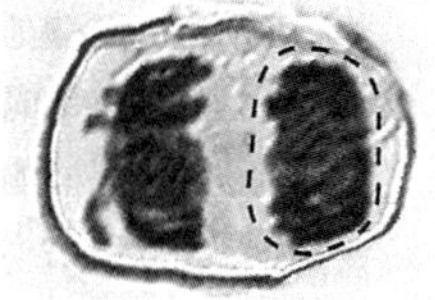

5　**観察Ⅰ**で，**b**の長さの変化に比べ，**c**の長さの変化が大きい理由を，**観察Ⅱ**の結果をもとに，簡潔に述べなさい。

第　三　問　ある地域の地層について，地図やボーリング試料をもとに，**調査結果**にまとめました。あとの**1**～**4**の問いに答えなさい。

〔**調査結果**〕 **図1**は，1目盛りを100mとした方眼紙に，**A**～**C**の3地点を表した地図で，実線(――)は等高線を，数値は標高を示している。**図2**は，**A**～**C**の各地点における地層の重なりを表したものである。

図1

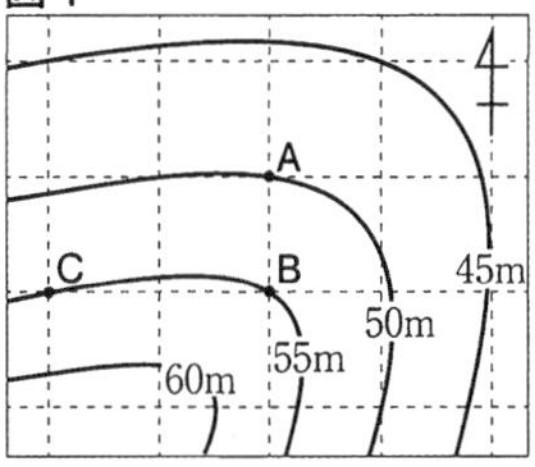

図2

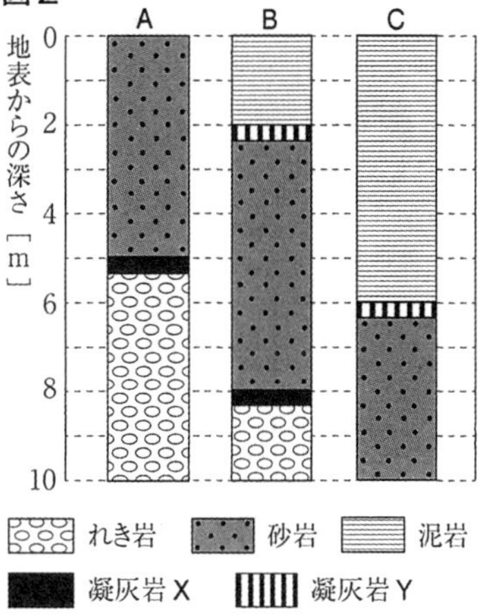

・**A**の砂岩の地層は，ビカリアの化石が見つかったことから，新生代にできた地層であることがわかった。
・**A**の凝灰岩**X**と**B**の凝灰岩**X**，**B**の凝灰岩**Y**と**C**の凝灰岩**Y**は，それぞれ同時期に堆積したものだとわかった。
・この地域に断層やしゅう曲はなく，地層は一定の角度で傾いていることがわかった。

1　下線部について，ビカリアの化石のように，地層の堆積した年代を知ることができる化石を何というか，答えなさい。

2　凝灰岩について述べたものとして，最も適切なものを，次の**ア**～**エ**から**1つ**選び，記号で答えなさい。

ア　角がとれてまるみを帯びた粒でできている。　**イ**　火山噴出物が堆積してできる。
ウ　マグマが地下の深いところで冷えてできる。　**エ**　生物の死がいが堆積してできる。

3　**C**で，泥岩の地層と砂岩の地層が，それぞれ堆積したときの環境を比べると，泥岩の地層が堆積したときの環境のほうが，海岸から離れていたと考えられます。その理由を述べたものとして，最も適切なものを，次の**ア**～**エ**から**1つ**選び，記号で答えなさい。

ア　泥岩は砂岩より構成する粒が小さく，風によって運搬されやすいから。
イ　泥岩は砂岩より構成する粒が大きく，風によって運搬されやすいから。
ウ　泥岩は砂岩より構成する粒が小さく，水によって運搬されやすいから。
エ　泥岩は砂岩より構成する粒が大きく，水によって運搬されやすいから。

4　**調査結果**をもとに，次の(1)，(2)の問いに答えなさい。

(1)　**調査結果**からわかることについて述べた次の文章の内容が正しくなるように，①の**ア**，**イ**，②の**ウ**，**エ**からそれぞれ**1つ**選び，記号で答えなさい。

> **図2**の5種類の地層のうち，堆積した年代が最も古いのは，①（**ア**　れき岩　**イ**　泥岩）である。**A**～**C**の同じ種類の地層をつなげて考えることで，**図2**の5種類の地層は，②（**ウ**　南西　**エ**　北西）が低くなるように傾いていることがわかる。

(2)　**図3**は，**図1**に**ア**～**エ**の4地点を加えたものです。凝灰岩**Y**が標高と同じ高さの地表で観察できると考えられる場所を，**図3**の**ア**～**エ**から**1つ**選び，記号で答えなさい。

図3

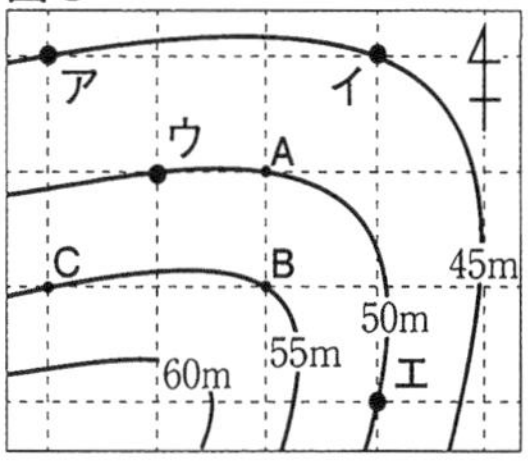

第　四　問　科学部に所属する美咲さんは，自宅にあったカルシウムのサプリメント（栄養補助食品）に貝がらが使用されていることに興味をもち，サプリメントにふくまれる物質の量の調べ方について，同じ部に所属する豊さんと話しています。次の［　　　］は，美咲さんと豊さんの会話です。これを読んで，あとの**1**～**3**の問いに答えなさい。

美咲さん

サプリメントに貝がらが使われているなんて驚いたよ。貝がらは主に炭酸カルシウムという物質からできているんだよ。

豊さん

そうなんだ。貝がらや石灰石に塩酸をかけると二酸化炭素が発生するのは，炭酸カルシウムが関係しているのかな。インターネットで調べてみよう。
炭酸カルシウムと塩酸の化学反応式を見つけたよ。

インターネットで見つけた化学反応式

$$CaCO_3 + 2HCl \longrightarrow CO_2 + CaCl_2 + H_2O$$

炭酸カルシウム　塩酸　二酸化炭素　塩化カルシウム　水

美咲さん

①炭酸カルシウムは，カルシウムと炭素と酸素からできているんだね。この化学変化を使って，サプリメントにふくまれる物質の量を調べられないかな。

豊さん

この化学反応式を見ると，反応後の物質のうち，気体は二酸化炭素だけだよ。②化学変化が起こる前と後の質量を調べれば，発生した二酸化炭素の質量がわかるかな。

美咲さん

なるほど，発生した二酸化炭素が容器の外に出ていくと，全体の質量は小さくなるね。炭酸カルシウムの質量と容器の外に出ていった二酸化炭素の質量との関係がわかれば，サプリメントにふくまれる炭酸カルシウムの量も求められそうだよ。

豊さん

サプリメントにふくまれる炭酸カルシウムの量がわかったら，サプリメントにふくまれるカルシウムの割合も調べられるかな。

1　下線部①について，炭酸カルシウムと同じように3種類の元素からできている化合物を，次の**ア**～**エ**から1つ選び，記号で答えなさい。

ア　酸化銀　Ag_2O　　**イ**　水酸化バリウム　$Ba(OH)_2$
ウ　塩化銅　$CuCl_2$　　**エ**　炭酸水素ナトリウム　$NaHCO_3$

2　下線部②について，化学変化が起こる前と後では，物質全体の質量は変わりません。この法則を何というか，答えなさい。

3 美咲さんたちは，考えた調べ方をもとに，**実験Ⅰ**，**Ⅱ**を行いました。あとの(1)～(3)の問いに答えなさい。

〔 **実験Ⅰ** 〕

[1] ビーカーA，B，Cに10％の塩酸を，25.00 gずつはかりとり，それぞれにガラス棒を入れて，ビーカーA～Cそれぞれの全体の質量をはかった。

[2] 炭酸カルシウムを，ビーカーAには1.00 g，ビーカーBには2.00 g，ビーカーCには3.00 g加えてガラス棒でよくかき混ぜると，すべてのビーカーで気体が発生した。

[3] 十分に時間がたってから，ビーカーA～Cそれぞれの全体の質量をはかった。

[4] [1]ではかった質量に，炭酸カルシウムの質量を足してから，[3]ではかった質量を引いて，ビーカーの外に出ていった気体の質量を求めた。

[5] 炭酸カルシウムの質量とビーカーの外に出ていった気体の質量との関係をグラフにまとめたところ，**図1**のようになった。

図1

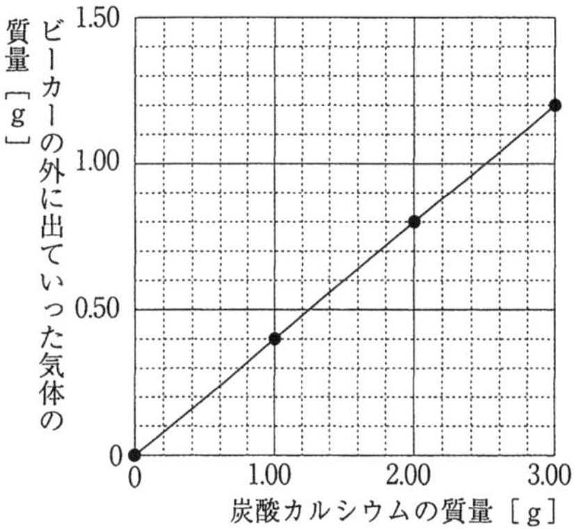

〔 **実験Ⅱ** 〕

[1] サプリメントの粉末を，薬包紙に1.00 gずつとり分けたものを3つ準備した。

[2] ガラス棒を入れたビーカーの質量をはかってから，10％の塩酸25.00 gを入れて，ビーカー全体の質量をはかった。

[3] **図2**のように，[1]でとり分けたサプリメントの粉末を，1.00 gずつビーカーに加えていき，サプリメントの粉末を1.00 g加えるたびに，ガラス棒でよくかき混ぜ，気体が発生して十分に時間がたってから，ビーカー全体の質量をはかった。

図2

[4] [3]ではかったビーカー全体の質量から，[2]ではかった，ガラス棒を入れたビーカーの質量を引いて，「ビーカー内の物質の質量」を求めた。「ビーカーに加えたサプリメントの粉末の総質量」と，「ビーカー内の物質の質量」を**表**にまとめた。

表

ビーカーに加えたサプリメントの粉末の総質量 ［g］	1.00	2.00	3.00
ビーカー内の物質の質量 ［g］	25.70	26.40	27.10

(1) 塩酸は塩化水素の水溶液です。36％の塩酸50 gを水でうすめて，10％の塩酸をつくるとき，必要な水は何gか，求めなさい。

(2) **実験Ⅱ**で，「ビーカーに加えたサプリメントの粉末の総質量」と「ビーカーの外に出ていった気体の質量」との関係を表すグラフを，**解答用紙の図**にかき入れなさい。

(3) **実験Ⅰ**，**Ⅱ**の結果をもとに，**実験Ⅱ**で使用したサプリメントの質量に対するカルシウムの質量の割合は何％か，求めなさい。ただし，炭酸カルシウム1.00 gにふくまれるカルシウムの質量は0.40 gとします。また，サプリメントにふくまれる物質のうち，炭酸カルシウムのすべてが塩酸と反応し，炭酸カルシウム以外の物質は塩酸と反応しないものとします。

第 五 問 レール上の小球の運動を調べた次の**実験**について，あとの**1**～**5**の問いに答えなさい。ただし，小球にはたらく摩擦や空気抵抗は無視できるものとします。また，小球の最下点をふくむ水平面を高さの基準面とします。

〔**実験**〕 まっすぐな長さ80cmのレール**A**，**B**を準備し，それぞれ左端から1cmごとに目盛りをつけた。**図1**のように，レール**A**，**B**の左端が30cmの高さになるように固定し，レール**B**はレールの中心でなめらかに曲げ，レール**A**，**B**の右端，レール**B**の中心を床に固定した。同じ質量の小球**a**，**b**を用意し，小球**a**をレール**A**，小球**b**をレール**B**の左端に置き，同時に静かに手を離すと，2つの小球はレールを離れることなく，レールに沿って進み，小球**b**が小球**a**より先にレールの右端に到着した。また，小球から手を離したときから，0.10秒間隔で連続写真を撮影し，0.10秒ごとの小球**a**，**b**の，基準面からの高さとレールの左端からの距離を調べ，それぞれ**表1**，**表2**にまとめた。レールの左端からの距離は，レールにつけた目盛りを使って調べたものである。

図1

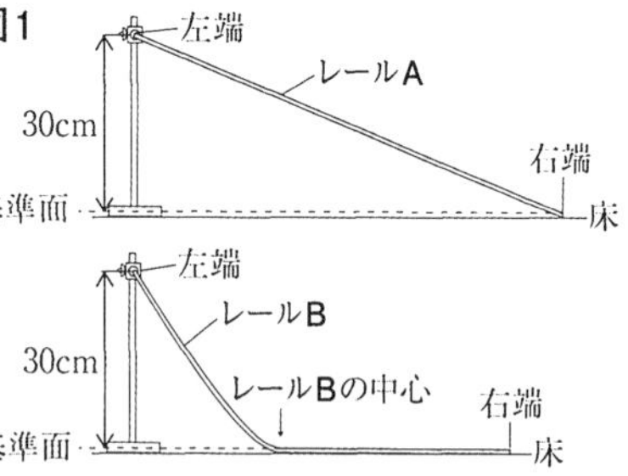

表1

小球a	手を離してからの時間 ［秒］	0	0.10	0.20	0.30	0.40	0.50	0.60
	基準面からの高さ ［cm］	30	29	27	24	19	13	5
	レールの左端からの距離 ［cm］	0	1.8	7.3	16.5	29.4	45.9	66.1

表2

小球b	手を離してからの時間 ［秒］	0	0.10	0.20	0.30	0.40	0.50
	基準面からの高さ ［cm］	30	27	19	5	0	0
	レールの左端からの距離 ［cm］	0	3.5	14.0	31.8	54.4	78.4

1 小球**a**がレール**A**を左端から右端まで進むとき，小球**a**にはたらく重力を示す力の矢印として，最も適切なものを，**図2**の**ア**～**エ**から**1**つ選び，記号で答えなさい。

図2

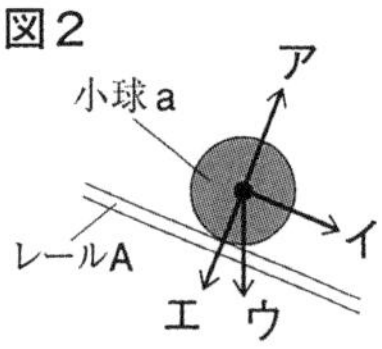

2 **実験**の結果からわかることについて述べた次の文章の内容が正しくなるように，①の**ア**，**イ**，②の**ウ**，**エ**からそれぞれ**1**つ選び，記号で答えなさい。

> 小球**a**は，速さが一定の割合で①（**ア** 減少 **イ** 増加）しながら進んだ。レールの傾きを大きくすると，物体の速さが変化する割合は②（**ウ** 大きく **エ** 小さく）なる。

3 小球**b**がレール**B**の中心からレール**B**の右端に到着するまでの，小球**b**の速さは何cm/sか，求めなさい。

4 小球**a**がレール**A**を左端から右端まで進む間の，小球**a**がもつ位置エネルギーの変化のようすを点線（--------）で，運動エネルギーの変化のようすを実線（———）で表したものとして，最も適切なものを，次の**ア**～**エ**から**1**つ選び，記号で答えなさい。ただし，小球**a**がレール**A**の右端に到着したときの位置エネルギーを0とします。

ア

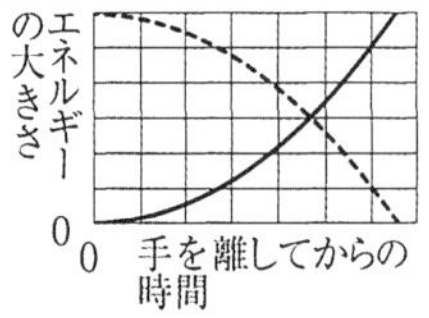

イ

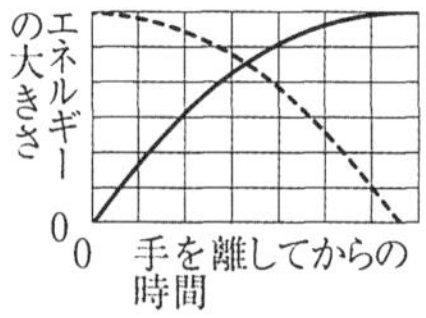

ウ

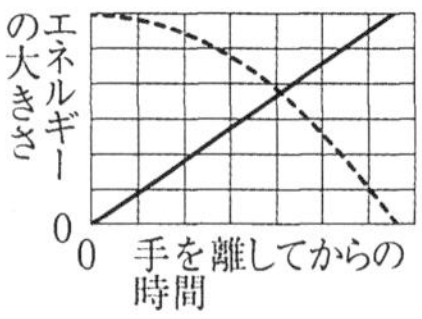

エ

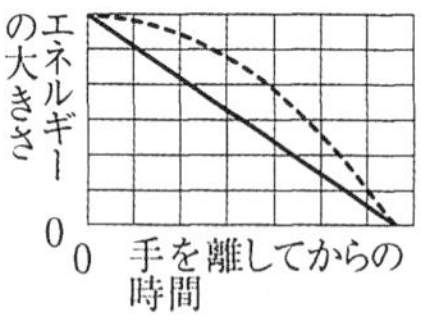

5 **実験**で，小球**b**が小球**a**より先にレールの右端に到着した理由を，**力学的エネルギーの保存**の考え方をもとに，簡潔に述べなさい。

受験番号	

令 和 4 年 度

公立高等学校入学者選抜

学 力 検 査

国　　語

（第 1 時　9：05 ～ 9：55）

宮城県公立高等学校

注　　　意

1 「始め」の合図があるまで，開いてはいけません。

2 解答用紙は，この表紙の裏面になります。

3 「始め」の合図があったら，この表紙を取り外し，表裏それぞれの面に受験番号を記入してから，解答用紙が表になるように折り返しなさい。

4 問題は，8ページまであります。

5 問題は，第一問から第五問まであります。

6 答えは，全て解答用紙に書き入れなさい。

7 「やめ」の合図で，すぐ鉛筆をおきなさい。

2022(R4) 宮城県公立高
K 教英出版

令和４年度

第１時　国語解答用紙

□の欄には，記入しないこと。

第一問

/30

問一

① 握（る）　/2

② 潜（む）　/2

③ 陶酔　/2

④ ウヤマ（う）　/2

⑤ ハンセイ　/2

⑥ スイソク　/2

問二

①　/2

②　/2

問三

/2

問四

（一）　/2

（二）　/2

（三）　/2

（四）　/2

（五）　/4

第二問

/20

問一

/3

問二

/4

問三

（一）　/2

（二）　/3

問四

/5

問五

/3

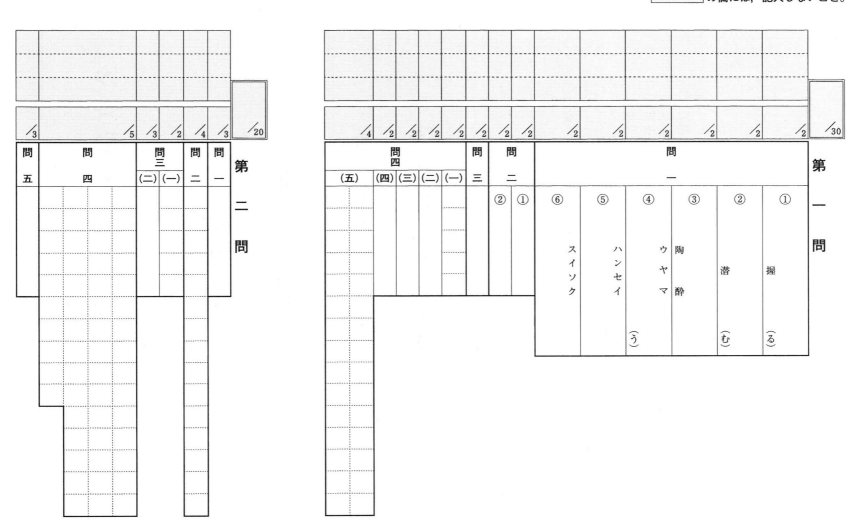

令和４年度
公立高等学校入学者選抜学力検査問題
国　語

第一問　次の問いに答えなさい。

問一　次の文の ―― 線部①～⑥のうち、漢字の部分はその読み方を**ひらがな**で書き、カタカナの部分は**漢字**に改めなさい。

・ハンドルを①握る。

・水底に魚が②潜む。

・すばらしい演奏に③陶酔する。

・お年寄りを④ウヤマう。

・前の試合の⑤ハンセイを生かす。

・結果から原因を⑥スイソクする。

問二　次の文の ―― 線部①、②のカタカナを漢字に改めたものとして、正しいものを、それぞれあとの**ア～エ**から**一つ**選び、記号で答えなさい。

・一石①ニチョウの効果を狙う。

ア 兆　**イ** 丁　**ウ** 鳥　**エ** 頂

・彼はまさに大器②バンセイの人物だ。

ア 晩　**イ** 判　**ウ** 板　**エ** 万

問三　次の□に共通して入る語を、あとの**ア～エ**から**一つ**選び、記号で答えなさい。

・□許可　・□作為　・□頓着

ア 未　**イ** 非　**ウ** 不　**エ** 無

問四　Aさんの中学校では、まもなく始まる読書週間の活動内容を全校生徒に知らせるため、図書委員が校内放送をすることになりました。そこで、図書委員のAさんは、事前に放送のリハーサルを行い、そのリハーサルを、図書委員のBさん、Cさんに聞いてもらいました。次は、Aさんが行った**【放送のリハーサル】**と、その後の、三人による**【話し合いの一部】**です。あとの(一)～(五)の問いに答えなさい。

【放送のリハーサル】

皆さん、こんにちは。図書委員会からのお知らせです。

来週から春の読書週間が始まります。①読書週間の活動は、図書委員会が、二週間にわたって実施されるものです。皆さんに、たくさんの本を読んでもらえるよう、私たちはさまざまな企画を考えました。

一つ目は、特製しおりのプレゼントです。読書週間中に四冊以上の本を借りた人には、図書委員が作ったオリジナルのしおりを差し上げます。

二つ目は、多読クラスの表彰です。読書週間内の貸し出し冊数をクラスごとに集計し、冊数が最も多いクラスを表彰します。

三つ目は、「図書室だより特別号」の発行です。特別号では、新たな試みとして、「先生がおすすめする一冊」というテーマの特集記事を掲載します。この記事で紹介する本は、すべて図書室にあるので、ぜひ読んでみてください。

なお、読書週間の期間中、本の貸し出しは、一回につき、一人五冊までとします。

今回の活動をきっかけにして、これまであまり本を読まなかった人にも、読書習慣を身につけてもらえたらうれしいです。

以上、図書委員会からのお知らせでした。

【話し合いの一部】

〈Aさん〉放送のリハーサルを聞いて、何か意見はあるかな。

〈Bさん〉企画が複数あるので、企画の内容を具体的に紹介する前に一言を加えて、情報を整理することによって、こちらが伝えたいことを、②聞き手が理解しやすくなるような話し方の工夫をしてはどうかな。

〈Aさん〉なるほど。聞き手が理解しやすくなるよう、情報を整理して話すことは大切だね。Cさんは、何か気づいたことがあるかな。

〈Cさん〉三つ目の企画のところで、「『先生がおすすめする一冊』というテーマの特集記事を掲載します。」と言っていたけれど、ひと息で話すと、伝えたい内容を正確に理解してもらえない恐れがあるから、聞き手に、伝えたい内容が正確に伝わるように、③間の取り方を工夫してはどうだろう。

〈Aさん〉分かった。もう少し、間の取り方を工夫してみるよ。

〈Bさん〉④企画について述べた後の、「なお、読書週間の期間中、本の貸し出しは、一回につき、一人五冊までとします。」という部分から、普段借りることができる冊数とは異なると伝わりそうだけれど、少し唐突な感じがするよ。このような言い方をしたのには、何か理由があるのかな。

〈Aさん〉うん。普段借りることができるのは一人二冊までであることを踏まえて、読書週間は、特別に五冊まで借りることができる、ということを伝えたいのだけれど、放送の時間は限られているから、普段と異なる情報だけを、簡潔に話したつもりだよ。

〈Bさん〉そうか。確かに簡潔に話すことは大切だね。でも、本を五冊まで借りられるのは読書週間の期間中だけのことであるという情報をうまく伝えるためには、やはり、普段は一人二冊までであるということを、簡潔に述べる方がよいのではないかな。

〈Cさん〉私もそう思う。読書週間だけ、という特別な感じになるし、読書週間が終わった後に図書室を利用する人にとっても、役に立つ情報だからね。その他のことでは、最後の方で言っていた「これまであまり本を読まなかった人にも、読書習慣を身につけてもらえたらうれしいです。」というところが気になったよ。⑤放送は音声だけで伝えることを考慮すると、「読書習慣」という部分は、別の表現にするとよいのではないかな。

〈Aさん〉いろいろと話してくれて、ありがとう。二人の意見を参考にして、放送に臨むことにするよ。

(一) **【放送のリハーサル】**の中に「①読書週間の活動は、図書委員会が、二週間にわたって実施されるものです。」とありますが、適切な表現になるように、「実施される」の部分を、**五字以内**で直しなさい。

(二) **【話し合いの一部】**の中に「②聞き手が理解しやすくなるような話し方の工夫」とありますが、その工夫として、最も適切なものを、次の**ア**～**エ**から**一つ**選び、記号で答えなさい。

ア 「今回の企画は、次の三つです。」と、企画がいくつあるのかを述べる。

イ 「今回の企画は、いくつあると思いますか。」と、質問を投げかける。

ウ 「今回の企画は、皆さんが楽しめるものばかりです。」と、企画のよさを訴える。

エ 「今回の企画は、生徒全員が参加できます。」と、企画の対象を明確にする。

(三) **【話し合いの一部】**の中に「③間の取り方を工夫」とありますが、「『先生がおすすめする一冊』というテーマの特集記事を掲載します。」という部分を、「／」で示すところで間を取って話したとき、伝えたい内容が正確に伝わるような間の取り方として、最も適切なものを、次の**ア**～**エ**から**一つ**選び、記号で答えなさい。

ア 先生がおすすめする ／ 一冊というテーマの特集記事を掲載します。

イ 先生がおすすめする一冊 ／ というテーマの特集記事を掲載します。

ウ 先生がおすすめする一冊という ／ テーマの特集記事を掲載します。

エ 先生がおすすめする一冊というテーマの特集記事を ／ 掲載します。

(四) **【話し合いの一部】**の中の「④企画について述べた後の、」で始まるBさんの発言の意図として、最も適切なものを、次の**ア**～**エ**から**一つ**選び、記号で答えなさい。

ア Aさんのリハーサルを聞いて、その後の話し合いが深まるように質問を工夫し、Aさんの人柄を理解しようとした。

イ Aさんのリハーサルを聞いて、実際に放送を聞く生徒から出そうな質問を予想し、その質問にAさんが戸惑わないようにした。

ウ Aさんのリハーサルを聞いて、興味を覚えたことについて質問し、Aさんが話し合いをうまく進められるようにした。

エ Aさんのリハーサルを聞いて、自分が気になった点を質問することによって、Aさんの考えや思いを引き出そうとした。

(五) **【話し合いの一部】**の中に「⑤放送は音声だけで伝えることを考慮すると、『読書習慣』という部分は、別の表現にするとよい」とありますが、Cさんがこのように言うのはなぜですか。**三十字以内**で答えなさい。

第二問　次の文章を読んで、あとの問いに答えなさい。

中堅漫画家の亮二《りょうじ》は、人気の衰えを感じ、引退して実家の家業を手伝うことにして向かった空港で、似顔絵描きの老紳士と出会う。老紳士は亮二の作品を知っており、自身もかつては漫画家だったと語る。

「過去も名前も捨てて、それから各所を流れ流れまして。縁やら＊つてやら巡り合わせとかありまして、気がつくと、ここで似顔絵を描くようになりまして。そしたら――」

ふうっと老紳士はため息をつき、笑った。

「楽しかったんです。ああこれが自分の天職だったのか、と思いました。毎日毎日笑顔を見つめて、笑顔を写し取り、描き残してゆく。笑顔でお礼をいわれ、笑顔を描いて得たお金に感謝し、笑顔に囲まれて暮らしてゆける。なんて幸せな日々を得たのだろうと思いました」

なるほど、と亮二はうなずいた。

「わかるような気がします。――①俺も、故郷に帰ったら、似顔絵に挑戦してみようかな」

半ば思いつき、半ば本気でそう口にしたとき、

「あなたは、似顔絵じゃなく、漫画を描けばいいですのに」

静かな、けれど強い声で老紳士がいった。

「え、でも、俺はもう田舎に帰るんですし」

「ご自分でさっきおっしゃってたじゃないですか。いまはどこにいても漫画が描ける、都会から遠くにいても、出版社とやりとりはできるし描けるって担当さんに説得されたって。そして、担当さんたちはあなたの復帰を待っていてくれてるって。おうちのお手伝いをしながら、自分のペースで少しずつ描くこともできるんじゃないですか？」

「それは――そうなんですが、でも……」

②亮二は口ごもった。

「俺は、そこまで＊あの料亭の漫画が好きかどうかわからないですし、俺が本当に描きたい、ヒーローが活躍するような少年漫画は、人気が出なくて描けないですし。いや、自分ではそこそこうまいと思ってましたよ。自分の漫画、大好きでしたよ。でも、運も才能も、あと一歩、たりてなかったっていうか……夢を見続けるのは、無理だったというか」

「夢、あきらめなきゃいけないですかね？」

老紳士はいまは目を上げ、ひた、と亮二を見据えるようにしていた。

「夢の卵を抱えて、いつか孵《かえ》る日を待つ人生というのも良いかと思いますよ。夢見ることを諦めるのは、いつでもできますのでね」

亮二は返答に迷い、＊茶化《ちゃか》すように笑った。

「いやでも、俺の漫画家としての人生は、失敗に終わったと、その、思ってまして」

「人生に失敗とかバッドエンドとかってあるんですかねえ。生きている内は続いている連載漫画みたいなものなんじゃないかと思うんですが。そう勝手に打ち切らなくても」

③老紳士は楽しげに笑う。笑っていない目で。

「人生という漫画の読み手は自分。描くのも自分。読者の気が済むまでは夢の卵を抱えていてもいいんじゃないですか？」

「……」

「ああ、いやすまない、すみませんでした」

ふと我に返ったように老紳士は笑い、手を打つと、柔和な表情で亮二に頭を下げた。

「ついね。もったいないと思ってしまって。いやね、業界に長かったでしょう？　運やツキに恵まれなくて、消えていった漫画家をたくさん見てきたんですよ。すごくいいものを描いてた奴もたくさんいた。でもみんないなくなっちゃってね。いや、消えた漫画家といえば、自分自身がまさにそのひとりなんですが、ははは。――あのね、覚えていて欲しいんです。人間どんなに実力があっても、良い風に恵まれなくて、にっちもさっちもいかなくなるときがある。そんなときは風を待っていてもいいんですよ、きっと。静かに、諦めずに。良い風が吹くその日まで」

「風を、待つ――？」

「はい」

老紳士は微笑《ほほえ》んだ。どこか仙人のような、予言者のような、そんなまなざしをした。

そして、ふっと笑って付け加えた。

「すみませんね。あなたの漫画があまりに良かったものだから、つい夢をみてしまったのかも知れません。自分が行かなかった道のその先を目指してもらえるかも知れないと。もっと遠くまで、あなたなら行けるかも知れないと。――そうしたら、わたしの心の片隅にまだ生きていた、漫画が好きだという思いが報われて＊成仏《じょうぶつ》してくれそうな気がしたのかも」

亮二は老紳士にお礼をいって、ふらふらと歩き出した。飛行機の搭乗時間がどうなったのか、もう諦めて明日の便にでも変えてもらった方がいいのでは、と脳の片隅の冷静な部分が気にしていたけれど、それよりも老紳士から聞いた言葉が、じんと沁《し》みていた。

（そうか、諦めなくてもいいのか）

（夢の卵を抱えていても、いいのか）

（風を待つ――）

空港のあちこちに飾られた桜の花の造花が、美しく見えた。

花たちに招かれるように、ゆらゆらと、上りのエスカレーターに乗り、手すりに寄りかかるようにして、上を、空の方を目指していた。

夜が近づいた空が、大きなガラス越しに見えてきた。紫色の宝石のような光をたたえた空が、滑走路を滑る飛行機が見えた。

いくつもの翼が、空を目指し、陸へと降りてきていた。翼に灯《あか》りを灯《とも》して。

④「そっか、何度飛び立ってもいいんだな」

一度地上に降りても、また空を目指してもいいのだ。何度だって。生きている限り。

（村山《むらやま》　早紀《さき》「風の港」徳間書店による）

＊をつけた語句の〈注〉

つて ―― 自分の希望などを実現するための手がかり。
あの料亭の漫画 ―― かつて亮二が描いていた漫画作品。
茶化す ―― まじめな話を冗談のようにしてしまう。
成仏 ―― ここでは、未練がなくなり、満足すること。

問一　本文中に「①俺も、故郷に帰ったら、似顔絵に挑戦してみようかな」とありますが、亮二がこのように言ったのはなぜですか。最も適切なものを、次の**ア～エ**から**一つ**選び、記号で答えなさい。

ア　これまでの生き方を語る老紳士の話を聞いて、似顔絵を描くことが自分の天職であると気づいたから。
イ　似顔絵を描く楽しさはわかるような気がするが、似顔絵を描くことを仕事にするのは不安なので、よく考えようと思ったから。
ウ　似顔絵を描くことを仕事にすることにまだ迷いはあるが、ためらっていても仕方がないので、早く決断すべきだと気づいたから。
エ　老紳士の話に共感するとともに、似顔絵であれば、自分にも描けるのではないだろうかと思ったから。

問二　本文中に「②亮二は口ごもった。」とありますが、次の文は、このときの亮二の心情について説明したものです。[　　]にあてはまる適切な表現を考えて、**十五字以内**で答えなさい。

老紳士が言うことはもっともだと思うが、漫画家の仕事を続けたとしても、[　　]ことは難しいと考えており、どう返答するか迷った。

問三　本文中に「③老紳士は楽しげに笑う。笑っていない目で。」とありますが、次の対話は、このことについて話し合ったものです。あとの㈠、㈡の問いに答えなさい。

〈Xさん〉　これは、亮二が「[A]」と言ったことを受けて、老紳士が、人生を連載漫画にたとえて話したときの様子だよね。
〈Yさん〉　「楽しげに笑う」から、老紳士の明るい表情が想像できるよ。
〈Xさん〉　そうだね。ただ、それと矛盾するような「笑っていない目で」は重要だよ。何か老紳士の思いのようなものが感じられるね。
〈Yさん〉　うん。老紳士の、[B]がにじみ出ているようだね。

㈠　[A]にあてはまる表現を、本文中から**二十字**で**そのまま**抜き出して、**はじめの五字**で答えなさい。

㈡　[B]に入る表現として、最も適切なものを、次の**ア～エ**から**一つ**選び、記号で答えなさい。

ア　隠していた自分の本心を知られることを恐れる気持ち
イ　何とかして自分の考えを伝えたいという真剣な気持ち
ウ　自分の思いを理解してもらえないことを悲しむ気持ち
エ　自分の発言を客観的に見つめようという冷静な気持ち

問四　本文中に「④そっか、何度飛び立ってもいいんだな」とありますが、このときの亮二の気持ちを、**五十五字以内**で説明しなさい。

問五　本文中の～～～線部の表現について説明したものとして、最も適切なものを、次の**ア～エ**から**一つ**選び、記号で答えなさい。

ア　「仙人のような、予言者のような、そんなまなざし」という直喩によって、目に見えることが確かな事実であることを印象づけている。
イ　「ふらふらと」という擬態語によって、具体的な説明が難しいような状態を伝え、読み手の興味を引き出している。
ウ　「空港のあちこちに飾られた桜の花の造花が、美しく見えた。」という描写によって、登場人物の心情を暗示している。
エ　「いくつもの翼が、空を目指し、陸へと降りてきていた。翼に灯りを灯して。」という倒置の技法によって、情報の正しさを強調している。

第三問　次の文章を読んで、あとの問いに答えなさい。

食事や入浴、あるいは散歩など、さまざまな習慣があるが、呼吸ほど頻繁《ひんぱん》に行われる営みはない。人は、寝ているときですら呼吸をしている。

呼吸に変化が生じてくると生活にも違いが出てくる。世の中ではさまざまなことが呼吸的に行われていることが分かってくる。

たとえば、話すという行為も呼吸の深度によって性質が変わってくる。独りで話すことを独話という。誰かと言葉を交わすことを会話という。そして、深いところでつながりながら言葉や経験の深みを探るのが対話だ。

どんなに多く言葉を交わしても、互いの呼吸が合わなければ会話に留《とど》まり、対話にはならない。対話は、互いに呼吸の共鳴から始まる。

考えが浅いまま独話する。人はすぐに行き詰まる。*袋小路《ふくろこうじ》に入って出られなくなり、愚かなことを思い込むことすらある。浅い独話は危険ですらある。

①奇妙なもので、会話は、互いが一方的に話していてもどうにか成り立つのである。ときおり、カフェなどで原稿を書いていると、隣の人の声がどうしても耳に入ってくる。大きな声で、楽しそうに話しているのだが、よく聞いてみるとそれぞれが好きなことを話しているだけで、接点がほとんどない場合が少なくない。相手が受け止めていようがいまいが関係なく、ひたすら近況を話している。

②こうしたことをどんなに繰り返しても、けっして対話にはならない。対話は、話者が自分の言いたいことを話したときに始まるのではなく、相手の「おもい」を受け止めたところに始まる。

「おもい」とひらがなで書いたのは、対話が始まるとき、私たちが受容しなくてはならないのは、言葉にできる「思い」や「想い」だけでなく、その人の心の深いところにあって、本人すらその全貌を知らない「念《おも》い」が、おぼろげながらにでも感じられなくてはならないからである。対話において人が、どうにかして相手に伝えたいと願うのは、言葉になる事象よりも、むしろ、言葉にならない「念い」なのではあるまいか。

近代哲学の方向性を決定したとされる*デカルトが、読書をめぐって、次のように興味深いことを述べている。

すべて良書を読むことは、著者である過去の世紀の一流の人びとと親しく語り合うようなもので、しかもその会話は、かれらの思想の最上のものだけを見せてくれる、入念な準備のなされたものだ。

（デカルト『方法序説』谷川多佳子訳）

「親しく語り合う」と記されているように、ここでは「会話」と訳されているが、その本質的意味は、先に述べた「対話」であることが分かる。

デカルトは、③「読む」という営みも対話的に行われなくてはならない、と考えている。相手が語ることを受け止めるだけでなく、その言葉を受けて自らの内面で*生起《せいき》したことを声によって「語る」のとは別の方法で、過去の賢者に送り届けなくてはならない、というのである。

それは「書く」ことにほかならない。デカルトは多くの本を読んだが、何よりも深く読んだ人だった。そして、その経験に呼応するように深く書いた人だった。

「読む」と「書く」はまさに、呼吸のような関係にある。④「読む」は言葉を吸うこと、そして「書く」は吐くことに似ている。「読む」あるいは「書く」という営みは、世に言われているよりもずっと身体を使う。「あたま」だけでなく、心身の両面を含んだ「からだ」の仕事なのである。

さらにいえば、深く読むために多く本を読んでもあまりうまくいかない。それでは吸ってばかりいることになる。

書くことにおいても同じで、深く書きたいと思って、多く書いてもあまり*功を奏さない。深く「読む」ためには深く「書く」必要がある。

「読む」を鍛錬するのは「書く」で、「書く」を鍛えるのは「読む」なのである。「読む」と「書く」を*有機的につなぐことができれば言葉の経験はまったく変わる。それを実現する、もっとも簡単な行為は、心動かされた文章を書き写すことなのである。

本に線を引くだけでなく、その一節をノートなどに書き記す。じつに*素樸《そぼく》な行為だが手応えは驚くほど確かだ。

「十読は一写に如《し》かず」ということわざもある。一度書き写す、それは十回の読書に勝る経験になる、というのである。

近代以前の日本では、多くの人にとって、本を読むとは、持っている人から借りて、それを書き写すことだった。「読む」と「書く」を同時に行うことによって初めて、「読む」という行為が始まる。それが常識だった。

（若松《わかまつ》　英輔《えいすけ》「読書のちから」による）

＊をつけた語句の〈注〉

袋小路――――――ここでは、物事が行き詰まった状態のこと。
デカルト――――――十七世紀に活躍したフランスの哲学者。
生起――――――ある物事が現れ起こること。
功を奏さない――――成功しない。うまくいかない。
有機的――――――多くの部分が結びついて全体をつくり、互いに関連・影響し合いながらまとまっているさま。
素樸――――――素朴。

問一　本文中に「①奇妙なもので、」とありますが、筆者がこのように述べる理由を説明したものとして、最も適切なものを、次の**ア**〜**エ**から**一つ**選び、記号で答えなさい。

ア　会話とは、誰かと言葉を交わすことであるにもかかわらず、互いが一方的に話していてもどうにか成り立つものであるから。

イ　会話は、互いが一方的に話していてもどうにか成り立つにもかかわらず、話し手と聞き手が必要だと考えられているから。

ウ　会話とは、互いが一方的に話していてもどうにか成り立つものであるにもかかわらず、独話とは異なると思われているから。

エ　考えが浅いままの独話はすぐに行き詰まるにもかかわらず、会話ならば、互いが一方的に話していてもどうにか成り立つから。

問二　本文中に「②こうしたことをどんなに繰り返しても、けっして対話にはならない。」とありますが、次の文は、「対話」と「会話」について、筆者の考えを説明したものです。[　　]にあてはまる適切な表現を考えて、**二十字以内**で答えなさい。

> 「対話」は、他者と言葉を交わすという点では「会話」と共通するが、[　　]という点で、「会話」とは異なるのである。

問三　本文中に「③『読む』という営みも対話的に行われなくてはならない、」とありますが、次の文は、「『読む』という営み」について、筆者の考えを説明したものです。あとの**(一)**、**(二)**の問いに答えなさい。

> 対話的に行う「読む」という営みは、書物から読み取ったことを踏まえて、[A]を、「書く」という方法を用いて、[B]に語りかけることによって成り立つのである。

(一)　[A]にあてはまる言葉を、本文中から**十二字**で**そのまま**抜き出して答えなさい。

(二)　[B]にあてはまる言葉として、最も適切なものを、次の**ア**〜**エ**から**一つ**選び、記号で答えなさい。

ア　その書物に登場する人

イ　その書物を読んだ人

ウ　その書物を読んでいない人

エ　その書物を著した人

問四　本文中に「④『読む』は言葉を吸うこと、そして『書く』は吐くことに似ている。」とありますが、筆者がこのように述べるのはなぜですか。最も適切なものを、次の**ア**〜**エ**から**一つ**選び、記号で答えなさい。

ア　「読む」によって必要な言葉を「からだ」に取り込めば、「書く」によって不要な言葉が「からだ」から排出されると考えられるから。

イ　「読む」によって多くの言葉を「あたま」に取り込めば、「書く」ときに多くの言葉が使えるようになると考えられるから。

ウ　「読む」とは言葉を「からだ」に取り込むことであり、「書く」とは言葉を「からだ」から送り出すことであると捉えることができるから。

エ　「読む」とは言葉を「あたま」に取り込むことであり、「書く」とは身体を使って言葉を送り出すことであると捉えることができるから。

問五　本文を通して、筆者が最も主張したいことはどのようなことですか。呼吸のありように触れながら、**五十五字以内**で説明しなさい。

第四問 次の【漢文】と、その【書き下し文】を読んで、あとの問いに答えなさい。

【漢文】

①夫《そレ》治《をさムルハ》国《ヲ》、猶《なホ》如《ごとシ》レ栽《うウルガ》レ樹《きヲ》。②本《ほん》根《こん》不《レバ》レ揺《ゆるガ》、則《すなはチ》枝《し》葉《えふ》茂《も》盛《せいス》。*君《きみ》能《よク》清《せい》静《せいナラバ》、*百《ひやく》姓《せい》何《ゾ》得《ン》レ不《ルヲ》二安楽《ナラ》一乎《や》。

【書き下し文】

夫《そ》れ(そもそも)国を治《をさ》むるは、猶《な》ほ(ちょうど)樹《き》を栽《う》うるがごとし(植え育てるのと同じだ)。本根《ほんこん》(根もと)揺《ゆる》がざれば、則《すなは》ち枝葉茂盛《しえふもせい》す(枝葉は繁茂する)。君《きみ》能《よ》く清静《せいせい》ならば(心清らかであれば)、百姓《ひやくせい》何ぞ安楽ならざるを得んや(どうして安楽とならないことがあろうか)。

(「貞観政要《じょうがんせいよう》」による)

＊をつけた語句の〈注〉
君——君主。
百姓——人民。

問一 【書き下し文】を参考にして、【漢文】中の「①夫レ治ムルハ国ヲ、」に返り点を付けなさい。

問二 【漢文】中に「②本根不レバレ揺ガ、則チ枝葉茂盛ス。」とありますが、「本根」と「枝葉」について、【漢文】中の語で、それぞれが対応しているものの組み合わせとして、最も適切なものを、次のア〜エから**一つ**選び、記号で答えなさい。

ア 「本根」……君　「枝葉」……樹
イ 「本根」……百姓　「枝葉」……君
ウ 「本根」……君　「枝葉」……百姓
エ 「本根」……百姓　「枝葉」……国

問三 次の対話は、【漢文】について話し合ったものです。あとの(一)、(二)の問いに答えなさい。

〈Xさん〉 【漢文】の最後にある「何ぞ安楽ならざるを得んや」という表現から、「いや、安楽とならないはずがない」という考えが読み取れるよ。つまり、【漢文】で筆者は、国を統治するにあたっては、[A]ことが大切だと述べているね。
〈Yさん〉 うん。そして、そのようなことを述べている、【漢文】の論の進め方の特徴は、「[B]」と説明できるよ。

(一) [A]に入る適切な表現を考えて、**十字以内**で答えなさい。
(二) [B]にあてはまる表現として、最も適切なものを、次のア〜エから**一つ**選び、記号で答えなさい。

ア 二つのものを対比して、それぞれの良いところを分析している
イ たとえ話を用いることによって、主張に説得力を持たせている
ウ 話題を急に転換することによって、読者の注意を引きつけている
エ 中心的な主張を述べた後に根拠を示して、論理を明確にしている

第五問

次の【創作している俳句】について、[　　]に指示語を入れて、この俳句を完成させるとしたら、あなたは【言葉の候補】の中の、どの指示語を選びますか。あとのア〜ウから**一つ**選び、その記号を**解答用紙の所定の欄**に書き入れ、その指示語を用いることによって、句全体でどのような情景や心情を表現できると考えたのかを、**百六十字〜二百字**で書きなさい。

【創作している俳句】

見渡せば春の訪れ[　　]にある

【言葉の候補】

ア ここ　イ そこ　ウ どこ

第三問

問一	問二	問三(一)	問三(二)	問四	問五	計
/3	/4	/3	/2	/3	/5	/20

第四問

問一 夫レ治ムルハ国ヲ、

問一	問二	問三(一)	問三(二)	計
/2	/2	/3	/3	/10

第五問

選んだ記号

/20

※ 解答を記入するときは、原稿用紙の正しい使い方に従い、文字や仮名遣いも正確に書くこと。また、題名、氏名は書かないこと。

160字

200字

受験番号	

得点	

※100点満点

国語

K 教英出版

受験番号	

令和４年度
公立高等学校入学者選抜

学力検査

数　　学

（第２時　10：15～11：05）

注　　意

1 「始め」の合図があるまで，開いてはいけません。

2 解答用紙は，この表紙の裏面になります。

3 「始め」の合図があったら，この表紙を取り外し，表裏それぞれの面に受験番号を記入してから，解答用紙が表になるように折り返しなさい。

4 問題は，８ページまであります。

5 問題は，第一問から第四問まであります。

6 答えは，全て解答用紙に書き入れなさい。

7 「やめ」の合図で，すぐ鉛筆をおきなさい。

第三問

/21

1	(1)		［通り］	/3
	(2)			/4
2	(1)		［Wh］	/3
	(2)	(ア)	［図］	/5
		(イ)	［時］　［分］	/6

［図］

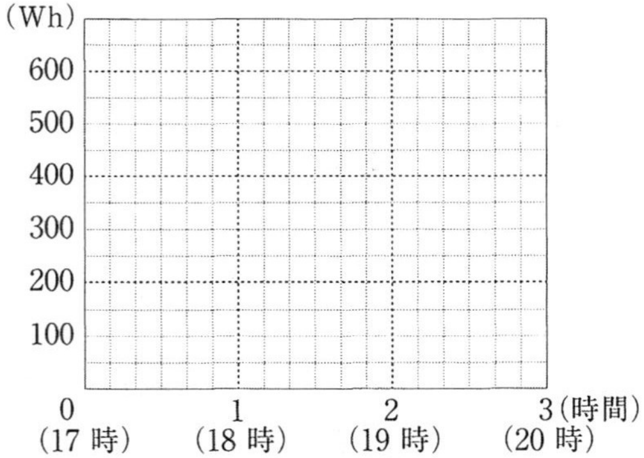

第四問

/21

1	［cm］	/4
2	［証明］	/6
3	［cm^2］	/5
4	ED ： DG ＝ 　：	/6

※100点満点

受験番号	

得点	

数学

K 教英出版

令和４年度

公立高等学校入学者選抜学力検査問題

数　　学

第 一 問　次の１～８の問いに答えなさい。

１　$-7-4$　を計算しなさい。

２　$6+(-2)^2$　を計算しなさい。

３　$3xy^2 \div 15xy$　を計算しなさい。

4　$a=-1$，$b=\frac{3}{5}$ のとき，$(a+4b)-(2a-b)$ の値を求めなさい。

5　$\sqrt{3}\times\sqrt{6}-\sqrt{2}$ を計算しなさい。

6　2次方程式　$x^2-x-12=0$ を解きなさい。

7　下の図のような，点$(-5,2)$を通る反比例のグラフがあります。このグラフ上の，x座標が3である点のy座標を求めなさい。

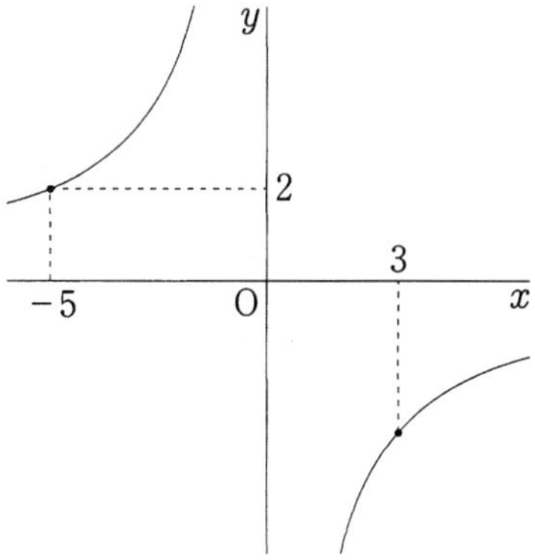

8　下の図のような，$\angle ABC = 43°$ の$\triangle ABC$があります。$\triangle ABC$の内部に点Dをとり，点Dと点A，点Dと点Cをそれぞれ結び，$\angle ADC = \angle x$ とします。$\angle BAD = 28°$，$\angle BCD = 32°$ のとき，$\angle x$の大きさを求めなさい。

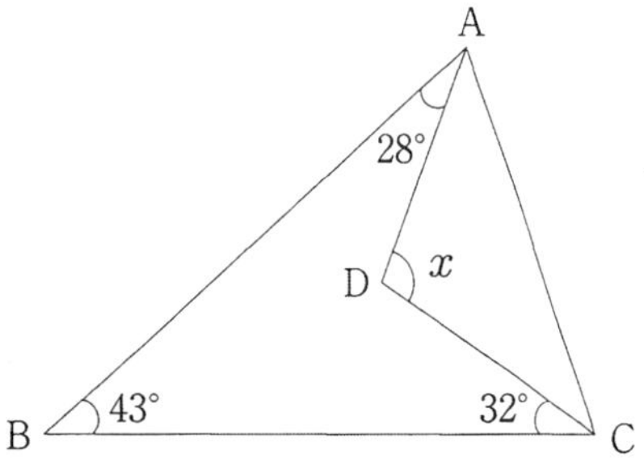

第　二　問　次の**1**～**4**の問いに答えなさい。

1　下の図のように，関数 $y = \frac{1}{2}x^2$ のグラフ上に，x座標が2である点Aをとります。また，関数 $y = -x^2$ のグラフ上に，点Aとx座標が等しい点Bと，点Bとy座標が等しくx座標が異なる点Cをとります。

次の(1)，(2)の問いに答えなさい。

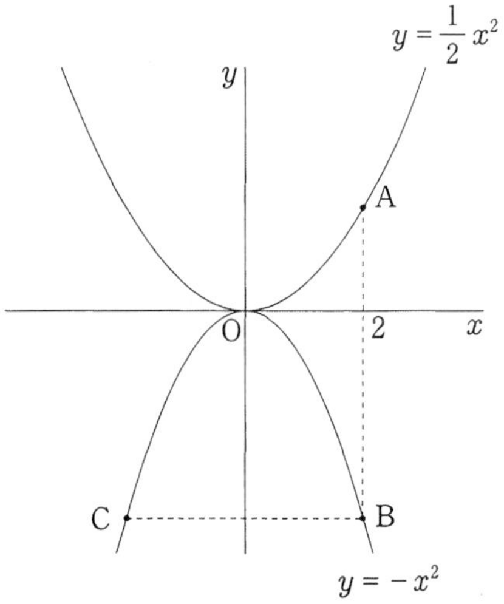

(1)　点Cの座標を求めなさい。

(2)　2点A，Cを通る直線の式を求めなさい。

2　図Ⅰのような，半径が3cmの円Oを底面とし，高さが4cmの円錐《すい》があります。
次の(1)，(2)の問いに答えなさい。ただし，円周率をπとします。

(1)　この円錐の体積を求めなさい。

図Ⅰ

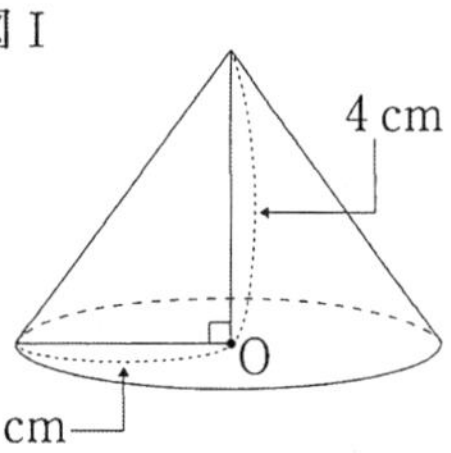

(2)　図Ⅱは，図Ⅰにおいて，円錐の頂点をAとし，線分AO上に，AB：BO＝3：2となる点Bをとったものです。この円錐を，点Bをふくむ，底面に平行な平面で分けたときにできる2つの立体のうち，円錐の方をP，もう一方の立体をQとします。円錐Pと立体Qの体積の比を求めなさい。

図Ⅱ

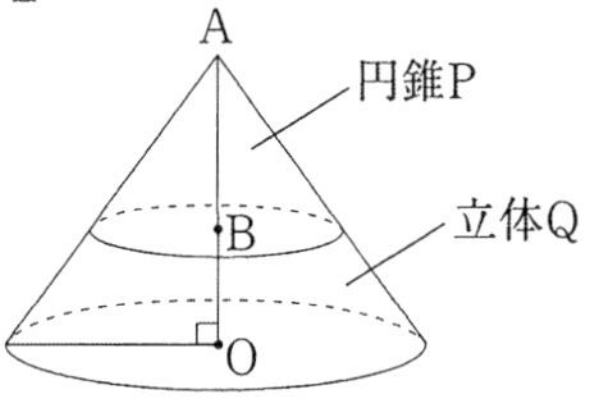

3　ある中学校で，生徒を対象に，好きな給食の献立を調査しました。この調査では，生徒が，好きな給食の献立を1人1つだけ回答しました。下の表は，1年生と2年生のそれぞれについて，回答した人数が多かった上位3つの献立と，その献立を回答した人数の，学年全体の人数に対する割合を整理したものです。

あとの(1)，(2)の問いに答えなさい。

1年生

献立	割合
カレーライス	30%
から揚げ	25%
ハンバーグ	20%

2年生

献立	割合
から揚げ	36%
カレーライス	24%
ハンバーグ	16%

(1)　1年生全体の人数をx人とするとき，カレーライスと回答した1年生の人数を，xを使った式で表しなさい。

(2)　1年生全体の人数と2年生全体の人数は，合わせて155人でした。また，カレーライスと回答した，1年生の人数と2年生の人数は，合わせて42人でした。から揚げと回答した2年生の人数は何人ですか。

4　Ａ中学校の3年生男子100人とＢ中学校の3年生男子50人の，ハンドボール投げの記録をとりました。下の図は，Ａ中学校，Ｂ中学校の記録をそれぞれ，階級の幅を5ｍとして整理した度数分布表を，ヒストグラムに表したものです。たとえば，5ｍ以上10ｍ未満の階級の度数は，Ａ中学校は3人，Ｂ中学校は1人です。

あとの(1)，(2)の問いに答えなさい。

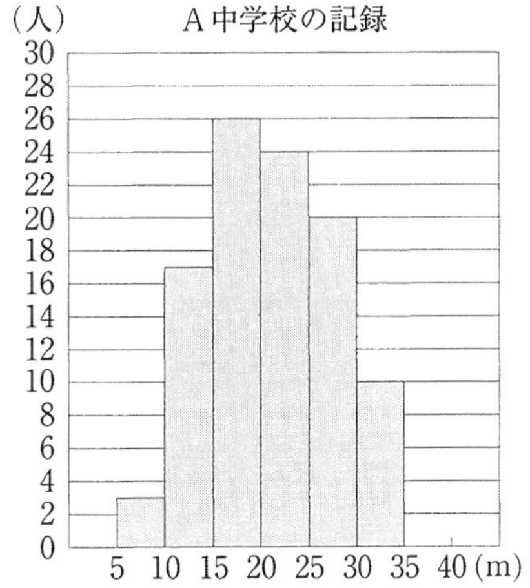

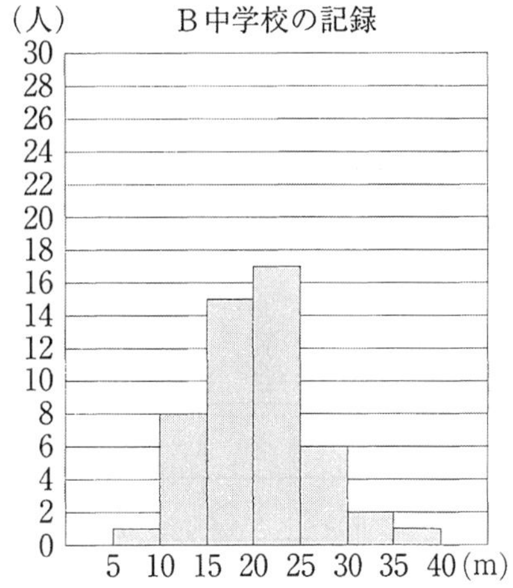

(1)　Ａ中学校のヒストグラムで，中央値は，何ｍ以上何ｍ未満の階級に入っていますか。

(2)　Ａ中学校とＢ中学校の，ヒストグラムから必ずいえることを，次の**ア**～**オ**からすべて選び，記号で答えなさい。

ア　記録の中央値が入っている階級は，Ａ中学校とＢ中学校で同じである。
イ　記録の最大値は，Ａ中学校の方がＢ中学校よりも大きい。
ウ　記録の最頻値は，Ａ中学校の方がＢ中学校よりも大きい。
エ　記録が25ｍ以上30ｍ未満の階級の相対度数は，Ａ中学校の方がＢ中学校よりも大きい。
オ　記録が15ｍ以上20ｍ未満の階級の累積相対度数は，Ａ中学校の方がＢ中学校よりも大きい。

第　三　問　あるショッピングモールで，イベントを開催します。そこで，子供向けのゲームを企画しました。また，会場に飾りつけるイルミネーションを点灯させる計画を立てました。

次の**1**，**2**の問いに答えなさい。

1　イベントで行うゲームのために，3行3列のマス目があるカードと，2つの箱Ａ，Ｂを用意しました。カードには，図Ⅰのように，カードのマス目の2行目の，1列目と3列目のマスに星形のシールが貼ってあり，残りの7つのマスには1から7の数字が1つずつ書かれています。また，図Ⅱのように，箱Aには，1，2，3の数字が1つずつ書かれた3個の球が，箱Bには，4，5，6，7の数字が1つずつ書かれた4個の球が，それぞれ入っています。2つの箱とも，それぞれ中の球をよくかき混ぜておきます。

図Ⅰ

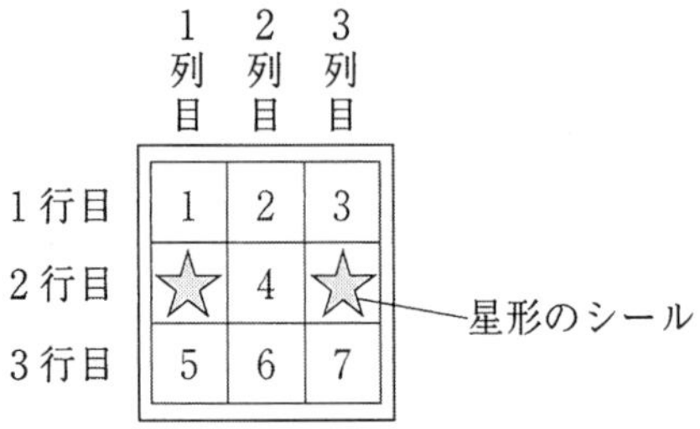

カード

図Ⅱ

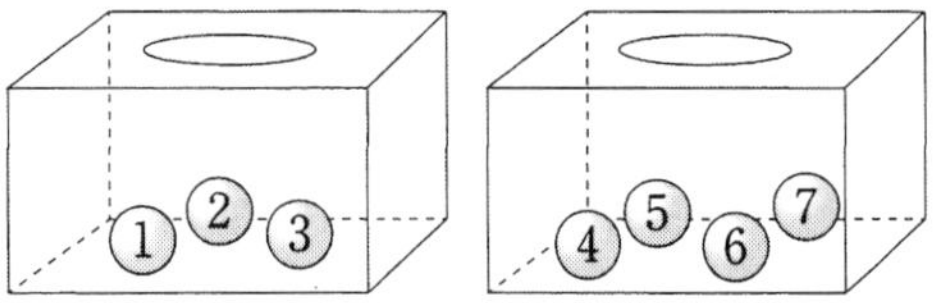

箱A　　箱B

ゲームのルールは，次の　　　　のとおりです。

【ルール】
・箱Aと箱Bのそれぞれから球を1個ずつ取り出し，カードのマス目の，取り出した球に書かれた数字と同じ数字が書かれたマスに，星形のシールを貼る。
・カードの縦，横のいずれかに，星形のシールが3つ並ぶと，景品がもらえる。

次の(1)，(2)の問いに答えなさい。

(1)　箱Aと箱Bのそれぞれから球を1個ずつ取り出すとき，球の取り出し方の組み合わせは，全部で何通りありますか。

(2)　箱Aと箱Bのそれぞれから球を1個ずつ取り出すとき，景品がもらえる確率を求めなさい。

2 イルミネーションの点灯について，平日と休日で，異なる計画を立てました。イルミネーションは，1時間あたりの消費する電力量が異なる，2つの設定A，Bのいずれかで点灯させることができます。下の表は，2つの設定A，Bの，1時間あたりの消費する電力量をまとめたものです。どちらの設定も，消費する電力量は，点灯させる時間に比例します。

次の(1)，(2)の問いに答えなさい。

(1) イルミネーションを設定Aで点灯させる場合，10分間で消費する電力量は，何Whですか。

設定	1時間あたりの消費する電力量（Wh）
A	300
B	100

（Whは消費する電力量の単位）

(2) 次の2つの［　　］は，平日と休日の計画です。
次の(ア)，(イ)の問いに答えなさい。

【平日の計画】
・17時から18時30分まで，設定Aにする。
・18時30分から20時まで，設定Bにする。

【休日の計画】
・17時から17時30分まで，点灯しない。
・17時30分から18時まで，設定Bにする。
・18時から20時まで，設定Aにする。

(ア) 平日の17時から20時までの，イルミネーションを点灯させる時間と消費する電力量との関係を表すグラフを，**解答用紙の図**にかき入れなさい。

(イ) 平日と休日の，17時からある時刻までに消費する電力量を比較したところ，平日の消費する電力量と休日の消費する電力量が等しくなる時刻が，17時30分よりあとに1回あることがわかりました。その時刻を求めなさい。
なお，図Ⅲを利用してもかまいません。

図Ⅲ

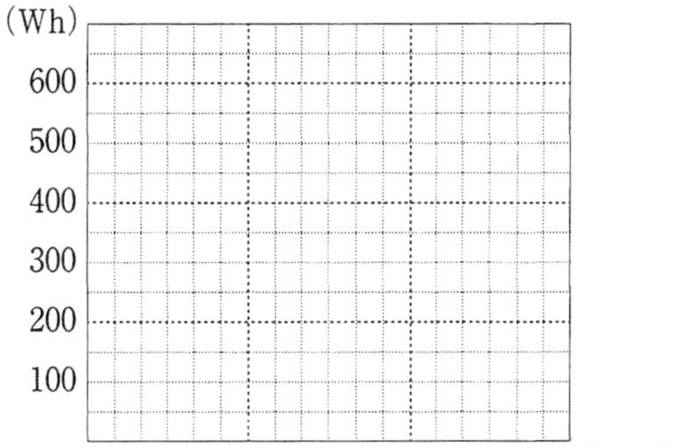

第 四 問 長さが 6 cm の線分AB を直径とする円O があります。図Ⅰのように，円O の周上に AC＝4 cm となる点C をとり，点B と点C を結びます。また，線分AB 上に AC＝AD となる点D をとり，点C と点D を結びます。さらに，点D から線分AC に垂線をひき，線分AC との交点をE とします。

次の **1** ～ **4** の問いに答えなさい。

図Ⅰ

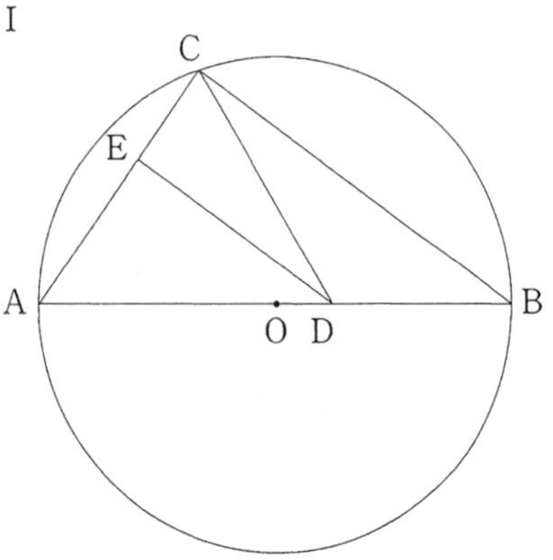

1 線分BC の長さを求めなさい。

2 △ABC∽△ADE であることを証明しなさい。

3 △CED の面積を求めなさい。

4 図Ⅱは，図Ⅰにおいて，線分CD をD の方に延長した直線と円O との交点をF とし，点F と点B を結んだものです。また，線分ED をD の方に延長した直線と線分BF との交点をG とします。線分ED と線分DG の長さの比を求めなさい。

図Ⅱ

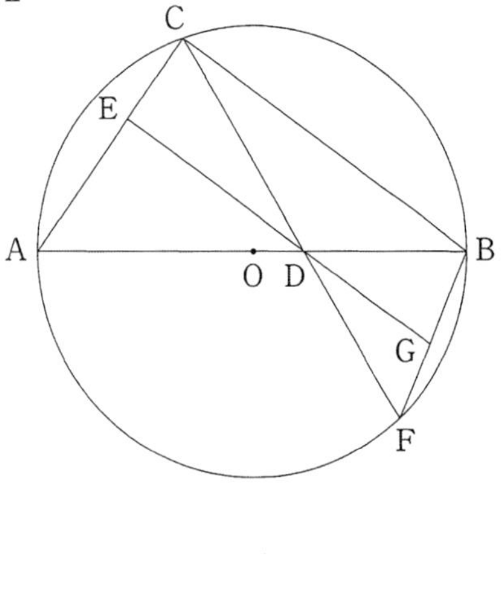

令和４年度

第２時　数学解答用紙

□の欄には，記入しないこと。

第一問 /26

	解答	配点
1		/3
2		/3
3		/3
4		/3
5		/3
6		/3
7		/4
8	[度]	/4

第二問 /32

		解答	配点
1	(1)		/3
	(2)		/5
2	(1)	[cm^3]	/3
	(2)	円錐P：立体Q＝　　：	/5
3	(1)	[人]	/3
	(2)	[人]	/5
4	(1)	m以上　　m未満の階級	/3
	(2)		/5

受験番号	

令和４年度
公立高等学校入学者選抜

学力検査

社　会

（第３時　11：25～12：15）

注　　意

1 「始め」の合図があるまで，開いてはいけません。

2 解答用紙は，この表紙の裏面になります。

3 「始め」の合図があったら，この表紙を取り外し，表裏それぞれの面に受験番号を記入してから，解答用紙が表になるように折り返しなさい。

4 問題は，８ページまであります。

5 問題は，第一問から第六問まであります。

6 答えは，全て解答用紙に書き入れなさい。

7 「やめ」の合図で，すぐ鉛筆をおきなさい。

第五問

/17

			配点
1	(1)		/3
	(2)		/3
2	(1)		/3
	(2)		/5
3			/3

第六問

/17

			配点
1		→ →	/3
2			/3
3			/3
4	(1)		/3
	(2)		/5

※100点満点

受験番号	

得点	

社会

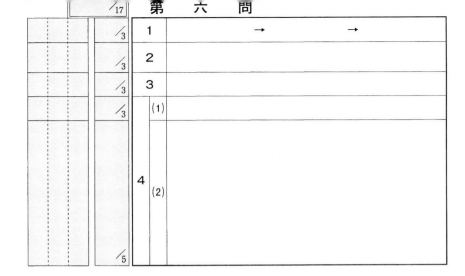

令和４年度
公立高等学校入学者選抜学力検査問題
社　　会

第　一　問　民主政治の成り立ちについて，**資料A**を読んで，あとの**1**～**4**の問いに答えなさい。

> **資料A　民主政治の成り立ち**
>
> 紀元前５世紀頃，［　①　］のアテネなどの都市国家では市民による政治が行われており，これが民主政治の起源とされます。しかし，奴隷《どれい》制のうえに成り立っていたことなど，古代の民主政治には，現代の民主政治とは異なる面がありました。②17世紀から18世紀に欧米諸国で起こった革命を経て，③民主政治は，基本的人権の尊重などの原理と結びついて発達し，世界に広がっていきました。また，現代では，多くの民主主義国家が，間接民主制を採用しつつ，④直接民主制の考え方を一部取り入れた政治を行っています。

1　［　①　］にあてはまる地名として，正しいものを，次の**ア**～**エ**から**1**つ選び，記号で答えなさい。

ア　インド　　**イ**　エジプト　　**ウ**　イラク　　**エ**　ギリシャ

2　下線部②について，**資料B**は，フランス革命のときに発表された人権宣言の一部です。人権宣言の内容に影響を与えたフランスの思想家を，次の**ア**～**エ**から**1**つ選び，記号で答えなさい。

> **資料B　人権宣言の一部**
>
> 第３条
>
> あらゆる主権の原理は，本質的に国民に存する。（以下略）

ア　ルソー　　**イ**　ロック　　**ウ**　マルクス　　**エ**　ナポレオン

3　下線部③について，次の(1)，(2)の問いに答えなさい。

(1)　民主主義を求める動きが高まりをみせていた，大正時代の日本のできごとについて述べた文として，最も適切なものを，次の**ア**～**エ**から**1**つ選び，記号で答えなさい。

ア　自由民権運動が始まった。　　**イ**　大日本帝国憲法が制定された。

ウ　選挙権が男女に等しく認められた。　　**エ**　初の本格的な政党内閣が成立した。

(2)　日本国憲法が保障する基本的人権のうち，自由権に含まれる権利を，次の**ア**～**エ**から**1**つ選び，記号で答えなさい。

ア　参政権　　**イ**　生存権　　**ウ**　財産権　　**エ**　裁判を受ける権利

4　下線部④について，日本の政治において，直接民主制の考え方が取り入れられているものとして，最も適切なものを，次の**ア**～**エ**から**1**つ選び，記号で答えなさい。

ア　憲法改正の発議　　**イ**　最高裁判所裁判官に対する国民審査

ウ　内閣総理大臣の指名　　**エ**　裁判官に対する弾劾裁判

第 二 問 光一さんは，社会科の授業で，「九州地方の農業」について調べました。次の**1**，**2**の問いに答えなさい。

1 光一さんは，九州地方の自然環境と農業について，地域ごとの特色を調べるため，**略地図**を準備しました。次の⑴～⑶の問いに答えなさい。

⑴ **略地図**中に ▒▒ で示した平野では，米の生産がさかんです。福岡県と佐賀県にまたがって広がる，この平野の名称を書きなさい。

⑵ **略地図**中に示した，**P**～**S**の地域それぞれにおいて，広くみられる地形や土壌について説明した文として，最も適切なものを，次の**ア**～**エ**から**1**つ選び，記号で答えなさい。

ア **P**の地域には，海の近くまで続く険しい山地と，複雑に入り組んだリアス海岸が，広範囲にわたってみられる。

イ **Q**の地域には，火山活動にともなう噴出物が積み重なってできた，シラスとよばれる，水はけのよい灰白色の土の層が広がっている。

ウ **R**の地域には，河川が運んだ，粒の細かな土が堆積してできた大規模な三角州が，河口に向かって広がっている。

エ **S**の地域には，火山の噴火にともなう陥没《かんぼつ》などによってできた，カルデラとよばれる，大きくくぼんだ地形がみられる。

略地図

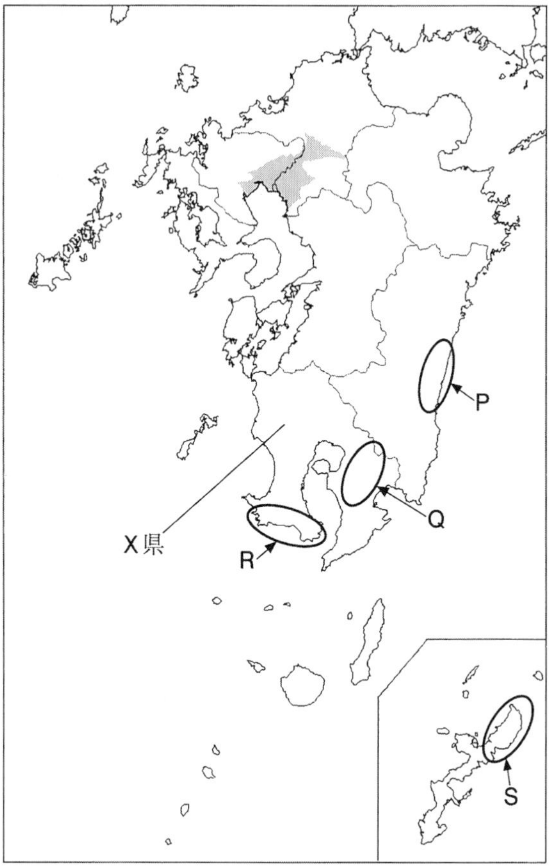

⑶ 光一さんは，九州地方の各県で生産されるおもな農産物について調べ，**資料A**を作成しました。**資料A**は，九州地方の各県の農産物産出額上位４品目をまとめたものです。**略地図**中の**X**県を示すものを，**資料A**中の［ア］～［エ］から**1**つ選び，記号で答えなさい。

資料A 九州地方の各県の農産物産出額上位４品目（2019年）

	福岡県	佐賀県	熊本県	宮崎県	ア	イ	ウ	エ
品目〔金額(億円)〕	米〔376〕	肉用牛〔163〕	肉用牛〔427〕	肉用牛〔780〕	肉用牛〔239〕	米〔210〕	肉用牛〔1278〕	肉用牛〔254〕
	いちご〔220〕	米〔155〕	トマト〔408〕	ブロイラー〔687〕	さとうきび〔152〕	肉用牛〔152〕	豚〔847〕	豚〔127〕
	鶏卵〔111〕	みかん〔136〕	米〔368〕	豚〔521〕	豚〔132〕	豚〔83〕	ブロイラー〔695〕	いちご〔119〕
	生乳〔82〕	ブロイラー〔92〕	生乳〔276〕	きゅうり〔178〕	きく（切り花）〔70〕	生乳〔76〕	鶏卵〔263〕	みかん〔118〕

（注）ブロイラーとは，食肉用鶏の一品種である。また，数字は四捨五入している。

（「令和元年生産農業所得統計」より作成）

2 光一さんは，宮崎県の農産物産出額が，第二次世界大戦後に大きく伸びていることを知り，宮崎県の農業に着目して，調べを進めました。次の(1)，(2)の問いに答えなさい。

(1) 光一さんは，宮崎県産のきゅうりが関東地方に多く出荷されていることを知り，宮崎県と同様に関東地方へのきゅうりの出荷量が多い福島県と比較するために，関東地方への月別の卸売数量を調べ，**資料B**，**C**を作成しました。**資料C**中の［ a ］にあてはまる記号と，［ b ］にあてはまる語句の組み合わせとして，正しいものを，あとの**ア**～**エ**から**1**つ選び，記号で答えなさい。

資料B 宮崎県産と福島県産のきゅうりの関東地方への月別卸売数量（2019年）

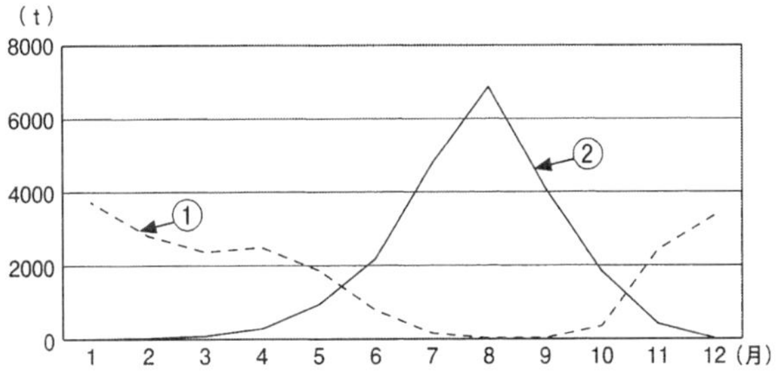

（「令和元年青果物卸売市場調査」より作成）

資料C 宮崎県のきゅうり生産の特徴

資料B中の，関東地方に出荷された宮崎県産のきゅうりの卸売数量を示した［ a ］のグラフをみると，卸売数量が最も多くなる時期が，福島県とは異なることがわかります。これは，宮崎県の気候の特徴を生かした［ b ］を取り入れることで，出荷時期の調整が行われているからです。

ア a − ①　　b − 促成栽培
イ a − ①　　b − 抑制栽培
ウ a − ②　　b − 促成栽培
エ a − ②　　b − 抑制栽培

(2) 光一さんは，宮崎県が，自然環境や農業を取りまく情勢の変化に対応した農業計画を策定し，その実現に向けて取り組んできたことを知り，**資料D**～**F**を作成しました。宮崎県が策定した農業計画には，どのようなねらいがあったと考えられるか，**資料D**～**F**を参考にして，簡潔に述べなさい。

資料D 宮崎県が策定した農業計画の内容の一部

・宮崎県防災営農計画（1960年）
　早期に収穫できる水稲，施設を利用する園芸農業，畜産を導入し，定着を図る。

・第四次農業振興長期計画（1991年）
　宮崎牛などのみやざきブランドを確立する。

（「みやざき新農業創造プラン」などより作成）

資料E 台風による宮崎県の被害

○ 宮崎県では，1945年から1960年のあいだに，台風の影響による大きな災害が6回起こった。

○ 1954年9月の台風12号による豪雨災害では，約1万3,700haの田畑が，流失したり，埋没したりした。

（「九州災害履歴情報データベース」などより作成）

資料F 牛肉の国内生産量と輸入量

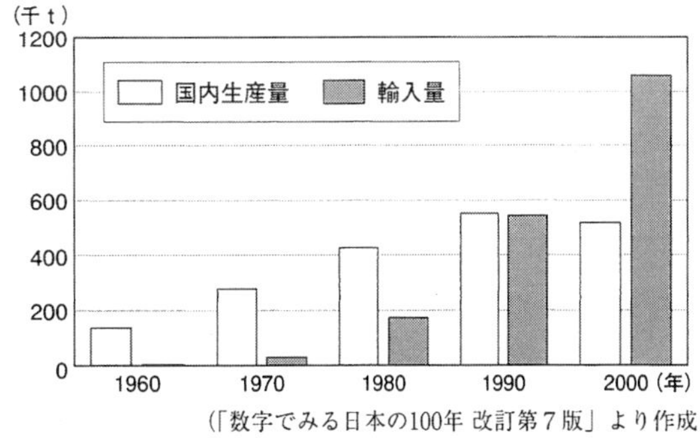

（「数字でみる日本の100年 改訂第7版」より作成）

第 三 問　京子さんは，社会科の授業で，「みそとしょうゆの歴史」について調べました。**資料A**は，京子さんが調べたことをまとめたものの一部です。これをみて，あとの**1**～**5**の問いに答えなさい。

資料A　みそとしょうゆの歴史

みそとしょうゆの起源	みその広まり	しょうゆの広まり
古代中国でつくられていた醤《ひしお》が，みそとしょうゆの起源とされる。日本では，①飛鳥時代には，醤がつくられていたと考えられている。	②農業生産力が向上した鎌倉時代に，原料の大豆の生産量が増えた。③中世のあいだに，戦いのときの携帯食としての利用が広がり，みそ汁も普及した。	④江戸時代にそばなどの庶民の料理が発展し，しょうゆの需要が高まった。⑤大量に生産されたしょうゆが各地に運ばれ，流通が拡大した。

1　下線部①について，この時代の日本では，中国・朝鮮の文化を取り入れ，政治制度が整備されました。家がらによらず有能な人材を採用するために，７世紀初めに，役人の序列を定めた制度を何というか，書きなさい。

2　下線部②について，この時代の農業の特徴を述べた文として，最も適切なものを，次の**ア**～**エ**から**１つ**選び，記号で答えなさい。

ア　大陸から鉄器が伝わり，鉄の刃先をつけた農具が使われはじめた。
イ　農具の改良が行われ，千歯こきや備中ぐわが使われるようになった。
ウ　農法が進歩し，二毛作や牛馬による耕作が行われるようになった。
エ　木版印刷が広まり，出版された農書を通じて農業技術が普及した。

3　下線部③について，戦乱の多かった中世には，多くの武士や農民が戦いに加わりました。日本の中世の戦いについて述べた次の**ア**～**ウ**の文を，起こった年代の古い順に並べかえ，記号で答えなさい。

ア　幕府に不満をもつ武士を味方に付けた後醍醐天皇が兵を挙げ，幕府を倒した。
イ　南朝と北朝に分かれて対立していた朝廷が統一され，長く続いた動乱が収まった。
ウ　幕府に忠誠をちかった武士が，モンゴルの襲来に対して，防衛のために戦った。

4　下線部④について，**資料B**は，そばを運ぶ人の姿がえがかれている，江戸時代の作品の一部です。**資料B**に関わる文化について述べた次の文中の［ a ］，［ b ］にあてはまる語句の組み合わせとして，最も適切なものを，次の**ア**～**エ**から**１つ**選び，記号で答えなさい。

ア　a － 化政　b － 錦絵
イ　a － 化政　b － 水墨画
ウ　a － 元禄　b － 錦絵
エ　a － 元禄　b － 水墨画

この作品がえがかれたころ，［ a ］文化とよばれる，江戸を中心とした庶民の文化が発展し，この作品のような，庶民の生活のようすや風景をえがいた［ b ］が流行した。

資料B　江戸時代の風景画の一部

5　下線部⑤について，京子さんは，しょうゆの生産と輸送に興味をもって調べ，**資料C**，**D**を作成しました。18世紀から19世紀のあいだに，江戸に供給されるしょうゆの，おもな生産地と江戸までの輸送は，どのようにうつりかわったと考えられるか，**資料C**，**D**を参考にして，簡潔に述べなさい。

資料C　1726年と1821年に江戸に入荷したしょうゆの量と生産地

1726年	入荷したしょうゆは約13万樽《たる》で，そのうち約76％が関西地方産。
1821年	入荷したしょうゆは約125万樽で，そのうち約98％が関東地方産。

(注) 数字は四捨五入している。

資料D　18世紀から19世紀の水運の航路の一部としょうゆのおもな生産地

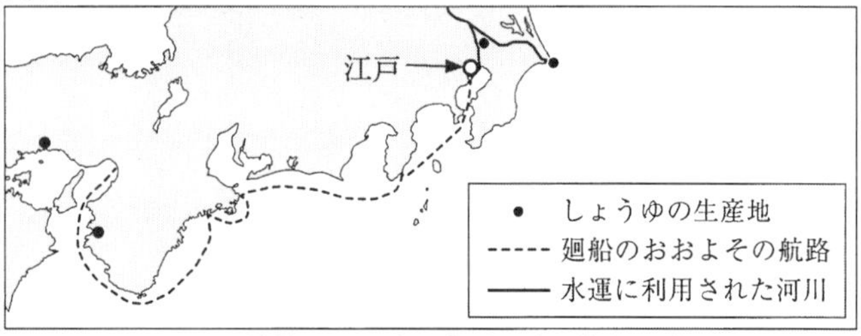

(資料C，Dともに「日本の味　醤油の歴史」などより作成)

第　四　問　科学技術の発展と社会の変化について，**資料A**を読んで，あとの**1**～**3**の問いに答えなさい。

資料A　科学技術の発展と社会の変化

科学技術の発展は，社会に大きな変化をもたらしました。たとえば，①情報化の進展は，新しい産業を創出し，市場を拡大させました。また，②医療技術の進歩は，医療のあり方にも影響を与えています。私たちには，科学技術の発展にともなう変化に対応するとともに，③社会をよりよい方向に変える手助けになるように，科学技術を活用することが求められています。

1　下線部①について，次の(1)～(3)の問いに答えなさい。

(1)　情報化の進展についてまとめた**資料B**中の［　a　］，［　b　］にあてはまる語句の組み合わせとして，最も適切なものを，次の**ア**～**エ**から**1つ**選び，記号で答えなさい。

資料B　情報化の進展

［　a　］と略称される情報通信技術は，急速に発展し，私たちの生活の利便性を大きく向上させました。一方で，情報化社会に対応するために，情報を正しく読み取り活用する能力である［　b　］を身に付けることが求められています。

ア　a－ＩＣＴ　　b－情報リテラシー
イ　a－ＩＣＴ　　b－マスメディア
ウ　a－ＡＩ　　b－情報リテラシー
エ　a－ＡＩ　　b－マスメディア

(2)　科学技術の発展にともない，情報通信などの分野で，形のない商品の流通が増えています。市場で取り引きされる商品のうち，形のない商品のことを何というか，次の**ア**～**エ**から**1つ**選び，記号で答えなさい。

ア　資本　　**イ**　サービス　　**ウ**　株式　　**エ**　利潤

(3)　日本において，市場の独占を規制して自由競争をうながすために，独占禁止法にもとづいて監視や指導を行う国の機関を何というか，書きなさい。

2　下線部②について，医療のあり方の変化を背景に，医療現場でインフォームド・コンセントが求められるようになりました。インフォームド・コンセントについて説明したものとして，最も適切なものを，次の**ア**～**エ**から**1つ**選び，記号で答えなさい。

ア　医師が，医療に関する十分な専門的知識を身に付けたうえで，患者の治療にあたること。
イ　医師が，治療の内容について記録を残し，患者からの要望があれば情報を開示すること。
ウ　患者の個人情報を，患者の許可なく他者に知られないよう，医師が厳重に管理すること。
エ　治療方法などを患者が最終決定できるよう，医師が十分に説明して患者の同意を得ること。

3　下線部③について，科学技術を医療に生かす取り組みとして，情報通信機器を通して診察や診断などを行うオンライン診療の導入が進められています。オンライン診療について，導入することで高齢の患者が得られる利点と，導入にあたっての課題を，**資料C**～**E**を参考にして，簡潔に述べなさい。

資料C　医療サービス利用時の移動手段（2017年）

		自分で運転する自動車等	公共交通機関	家族による送迎
都市規模別（%）	大都市	25.0	23.1	4.1
	中都市	46.8	9.9	11.2
	小都市	59.2	5.2	17.0
	町村	55.2	4.6	16.7
年齢別（%）	55～59歳	65.4	11.8	1.3
	60歳代	59.8	7.7	6.2
	70歳代	40.9	12.0	12.8
	80歳以上	21.9	14.0	26.5

（注）調査対象は全国の55歳以上の男女である。また，数字は四捨五入している。
（「平成29年高齢者の健康に関する調査」より作成）

資料D　年齢階層別インターネット利用率（2017年）

年齢階層	インターネット利用率（%）
60歳代	73.9
70歳代	46.7
80歳以上	20.1

（「令和元年版情報通信白書」より作成）

資料E　オンライン診療に患者への配慮を取り入れた例

看護師などが通信用機器を持参して患者宅を訪問し，機器の設置と診療のサポートを行う。

（「厚生労働省ホームページ」より作成）

第 五 問 美雪さんは，社会科の授業で，「南アメリカ州の人々の生活と文化」について調べました。次の**1**～**3**の問いに答えなさい。

1 美雪さんは，南アメリカ州の自然環境と生活とのかかわりについて調べ，**資料A**を作成しました。あとの⑴，⑵の問いに答えなさい。

資料A 南アメリカ州の自然環境と生活とのかかわり

○ アマゾン川の流域に暮らす先住民は，焼畑農業を行い，キャッサバとよばれるいもなどを栽培してきました。また，川でとれる豊富な魚は，流域に暮らす人々の食生活にかかせないものとなっています。

○ ラプラタ川流域の平地には，河口付近を中心に，[①]とよばれる広大な草原が広がっています。この地域では，19世紀から大規模な牧畜が発展し，牛肉を使った料理がよく食べられてきました。

○ ②アンデス山脈の高山地帯に暮らす先住民は，とうもろこしやじゃがいもなどを，それぞれの栽培に適した標高の場所でつくり，それらの作物を標高の異なる地域のあいだで互いに交換してきました。

⑴ [①]にあてはまる語句を書きなさい。

⑵ 下線部②について，美雪さんは，南アメリカ州の気候について，アンデス山脈の高山地帯の気候を他の地域の気候と比べるために，**資料A**中に示したⅠ～Ⅲの３つの都市の標高と気候を調べ，**資料B**，**C**を作成しました。都市Ⅰ～Ⅲと，**資料C**中のグラフ**X**～**Z**の組み合わせとして，正しいものを，あとの**ア**～**カ**から**1つ**選び，記号で答えなさい。

資料B 都市Ⅰ～Ⅲの標高

	都市Ⅰ	都市Ⅱ	都市Ⅲ
標高（m）	3,826	72	1,159

（「気象庁ホームページ」より作成）

資料C 都市Ⅰ～Ⅲの気温と降水量

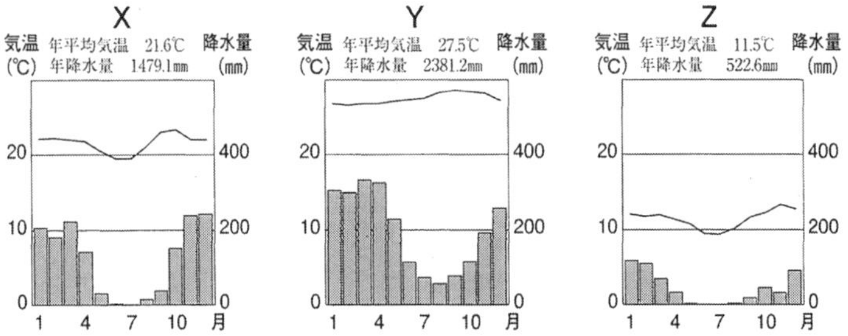

（「気象庁ホームページ」より作成）

	都市Ⅰのグラフ	都市Ⅱのグラフ	都市Ⅲのグラフ
ア	X	Y	Z
イ	X	Z	Y
ウ	Y	X	Z
エ	Y	Z	X
オ	Z	X	Y
カ	Z	Y	X

2　美雪さんは，南アメリカ州では，多様な人々が混ざり合って暮らす社会が形成されていることに気づきました。そこで，そのような社会が形成された背景について，南アメリカ州で最も人口が多いブラジルに着目して調べを進め，**資料D**を作成しました。あとの(1)，(2)の問いに答えなさい。

資料D　ブラジルに暮らす人々の特徴

公用語	ポルトガル語
人種・民族の構成	ヨーロッパ系（約48％） 混血（約43％） アフリカ系（約８％） アジア系（約1.1％） 先住民（約0.4％）

○　ブラジルには，ヨーロッパ系とアフリカ系とのあいだの混血の人々が多く暮らしています。これは，メスチソ（メスチーソ）が多い，ペルーなどの，アンデス山脈に位置する国とは異なる特徴です。

○　ブラジルには，移民の子孫が多く暮らしています。農園での労働力として，ヨーロッパやアジアから多くの移民がブラジルに渡りました。③1908年に日本からブラジルへの最初の移民が渡り，1920年代から1930年代には特に増加しました。

（「外務省ホームページ」などより作成）

(1)　下線部③について，ブラジルへの移民の増加がみられた，1920年代から1930年代の日本のようすについて述べた文として，最も適切なものを，次の**ア**～**エ**から**1つ**選び，記号で答えなさい。

ア　高度経済成長と急激な人口の増加により，エネルギー不足が心配されるようになった。
イ　関東大震災や恐慌の影響で失業者が増え，各地で激しい労働争議や小作争議が起こった。
ウ　日露戦争の開戦により軍事費が急増し，それにともなう増税が国民の生活を圧迫した。
エ　地租改正で決められた税負担などに対する不満が高まり，改正反対の一揆が起こった。

(2)　美雪さんは，ブラジルに暮らす人々の食文化について調べ，さまざまな食材が使われている伝統料理に興味をもち，**資料E**を作成しました。ブラジルの食文化の形成には，どのような歴史的背景があると考えられるか，**資料D**，**E**を参考にして，簡潔に述べなさい。

資料E　ブラジルの代表的な伝統料理

料理名	フェイジョアーダ
特　徴	○　黒いんげん豆と豚肉・牛肉などを煮こんだ料理で，米やキャッサバとともに食べる。 ○　豚・牛はヨーロッパから持ちこまれた。また，キャッサバは先住民の伝統的な主食の一つであり，米は西アフリカで古くからつくられてきた作物である。 ○　かつて，アフリカ系の人々が，ヨーロッパ系の人々が食べなかった豚の部位を，黒いんげん豆とともに煮こんで食べたことが始まりとされる。

（「世界の食文化13　中南米」などより作成）

3　美雪さんは，ブラジルに暮らす人々について調べるなかで，先住民の生活と文化を保護することが課題となっていることを知り，**資料F**を作成しました。**資料F**中の［　　　　　　］にあてはまるものとして，最も適切なものを，あとの**ア**～**エ**から**1つ**選び，記号で答えなさい。

資料F　ブラジル先住民の生活と文化の保護

ブラジルの先住民の多くは，アマゾン川の流域で，部族ごとに独自の文化を守りながら暮らしています。しかし，アマゾン川の流域では，［　　　　　　］が起こっており，このことが，先住民の生活をおびやかしています。アマゾン川流域の自然環境を保護することは，先住民の生活と文化を保護し，ブラジルの多様な文化を守ることにもつながります。

ア　酸性雨による森林の立ち枯れと湖沼の水質変化　　**イ**　温暖化による干ばつの頻発と砂漠の拡大
ウ　農地開発などのための伐採による森林の減少　　**エ**　大規模なかんがいによる地下水の減少

第 六 問　拓矢さんは，社会科の授業で，「国際問題と日本の国際貢献」について調べ，**資料A**を作成しました。これを読んで，あとの**1**～**4**の問いに答えなさい。

資料A　国際問題と日本の国際貢献

①世界各地で起こっている戦争や地域紛争，テロは，多くの難民を生み出し，貧困や飢餓などの問題を深刻化させています。これらの問題を解決し，よりよい社会を実現するためには，従来の安全保障の考え方に加えて，一人一人の生命や人権を大切にして平和と安全を実現する「 ② の安全保障」という考え方が重要です。日本を含む多くの国が，③国際連合をはじめとする国際機関と協力しながら，④政府開発援助などを通じて途上国への支援を行っています。今後も，国際社会が協調して，国際問題の解決に向けた継続的な取り組みを進めていく必要があります。

1　下線部①について，第二次世界大戦後に起こった，戦争や地域紛争，テロにかかわるできごとについて述べた次の**ア**～**ウ**の文を，起こった年代の古い順に並べかえ，記号で答えなさい。

ア　アメリカのニューヨークなどで，同時多発テロが起こった。

イ　ベトナムで起こった戦争に，アメリカが軍事介入した。

ウ　冷戦による東西対立の象徴であったベルリンの壁が崩壊した。

2　 ② にあてはまる語句を書きなさい。

3　下線部③について，国際連合と連携して活動する専門機関のうち，医療や衛生などに関する活動を行う機関として，最も適切なものを，次の**ア**～**エ**から**1つ**選び，記号で答えなさい。

ア　ＰＫＯ　　**イ**　ＷＨＯ　　**ウ**　ＵＮＥＳＣＯ　　**エ**　ＵＮＩＣＥＦ

4　下線部④について，次の(1)，(2)の問いに答えなさい。

(1)　**資料B**は，政府開発援助の援助額上位６か国の援助額の内訳を示したものです。**資料B**から読みとれることについて述べた文として，正しいものを，次の**ア**～**エ**から**1つ**選び，記号で答えなさい。

ア　援助額計の上位６か国のうちでは，援助額計が大きい国ほど，国際機関向け援助額が大きくなる。

イ　援助額計の上位３か国はいずれも，援助額計に占める二国間援助額の割合が９割以上である。

ウ　日本は，援助額計の上位６か国のうちで，二国間援助額に占める技術協力の額の割合がもっとも大きい。

エ　オランダは，援助額計に占める国際機関向け援助額の割合が，日本と比べて大きい。

資料B　政府開発援助の援助額上位６か国の援助額の内訳
(2019年)

	援助額計（億ドル）	二国間援助（億ドル）	うち技術協力	国際機関向け援助（億ドル）
アメリカ	335	293	7	42
ドイツ	242	186	61	56
イギリス	194	131	20	63
日本	156	118	20	38
フランス	122	74	17	48
オランダ	53	34	5	19

（注）二国間援助とは，相手国に直接援助を行うものである。また，数字は四捨五入している。

（「外務省ホームページ」より作成）

(2)　拓矢さんは，日本で，ある団体が行う，「市民参加協力事業」という事業について知り，**資料C**，**D**を作成しました。この事業によって，日本での国際貢献の取り組みと活動対象地域の発展に，どのような効果が期待されるか，**資料C**，**D**を参考にして，簡潔に述べなさい。

資料C　ある団体が行う「市民参加協力事業」

開発途上地域の住民に対して経済・社会の開発や復興のための協力活動を行う，個人，ＮＧＯ，自治体，大学，民間企業などを募集する。

志望者に対して，それぞれの国際協力活動の経験や提案内容に応じて，活動資金や研修などを提供する。

資料D　ある団体が行う「市民参加協力事業」を通じた活動の例

○　ＮＧＯが，カンボジアで，乳幼児の栄養状態を改善するために，母親への離乳食の指導や，地元の食材で作れる離乳食レシピの開発などを，乳幼児検診を担当する現地スタッフと共同で行った。

○　ＮＰＯ法人が，インドネシアで，現地の人を対象に，故障した車いすを整備・修理する技術を身に付けるための講座を開き，マニュアルを作成した。

（資料Ｃ，Ｄともに「国際協力機構ホームページ」より作成）

令和４年度

第３時

社 会 解 答 用 紙

□の欄には，記入しないこと。

第 一 問

／15

1			／3
2			／3
3	(1)		／3
	(2)		／3
4			／3

第 二 問

／17

1	(1)	平野	／3
	(2)		／3
	(3)		／3
2	(1)		／3
	(2)		／5

第 三 問

／17

1		／3
2		／3
3	→ →	／3
4		／3
5		／5

第 四 問

／17

1	(1)		／3
	(2)		／3
	(3)		／3
2			／3
3			／5

受験番号	

令和４年度
公立高等学校入学者選抜

学力検査

英　語

（第４時　13：00〜13：50）

注　意

1 「始め」の合図があるまで，開いてはいけません。

2 解答用紙は，この表紙の裏面になります。

3 「始め」の合図があったら，この表紙を取り外し，表裏それぞれの面に受験番号を記入してから，解答用紙が表になるように折り返しなさい。

4 問題は，８ページまであります。

5 問題は，第一問から第五問まであります。

6 答えは，全て解答用紙に書き入れなさい。

7 「やめ」の合図で，すぐ鉛筆をおきなさい。

第　四　問

/26

1			/2
2			/4
3	(1)		/4
	(2)		/4
4	(1)		/3
	(2)		/3
	(3)		/3
	(4)		/3

第　五　問

/11

1		/3
2		/8

※100点満点

受験番号	

得点	

英語

令和４年度

公立高等学校入学者選抜学力検査問題

英　　語

※教英出版注
音声は，解答集の書籍ＩＤ番号を教英出版ウェブサイトで入力して聴くことができます。

第　一　問　（放送によるテスト）次の**問題１**から**問題４**に答えなさい。

問題１　英語を聞いて，その内容を最も適切に表しているものを，それぞれ**ア**，**イ**，**ウ**，**エ**の中から１つ選んで，その記号を**解答用紙**に書きなさい。

１番

ア

イ

ウ

エ

２番

ア

来週の予定

月	
火	
水	サッカー観戦
木	ピアノ教室
金	

イ

来週の予定

月	
火	サッカー観戦
水	ピアノ教室
木	
金	

ウ

来週の予定

月	
火	ピアノ教室
水	
木	サッカー観戦
金	

エ

来週の予定

月	
火	サッカー観戦
水	
木	ピアノ教室
金	

第一問（放送によるテスト）は，次のページにつづきます。

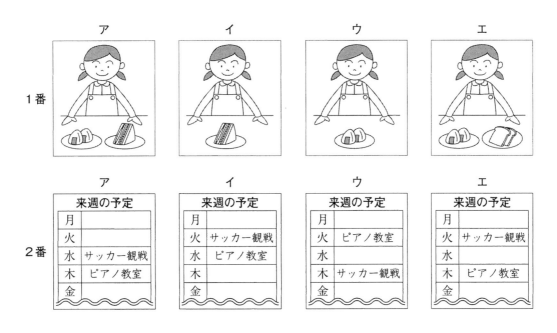

問題２　太郎（Taro）とサリー（Sally）が会話をします。二人の会話は，問題用紙に示されている順に進みます。［　　　　　　］に入る発言として最も適切なものを，それぞれ**ア**，**イ**，**ウ**，**エ**の中から**１つ**選んで，その記号を**解答用紙**に書きなさい。会話の［　　　　　　］のところでは，チャイム音が鳴ります。

１番　*Taro:*　・・・・・・・・・・・・・・・
Sally:　・・・・・・・・・・・・・・・
Taro:　・・・・・・・・・・・・・・・
Sally:　［（チャイム音）］

ア　It was too big for me.
イ　It was 1,000 yen.
ウ　I bought it at a sports shop.
エ　I thought it was nice.

２番　*Taro:*　・・・・・・・・・・・・・・・
Sally:　・・・・・・・・・・・・・・・
Taro:　・・・・・・・・・・・・・・・
Sally:　［（チャイム音）］

ア　I don’t have good news today.
イ　Our favorite singer will come to our city.
ウ　We watch TV every morning.
エ　I have never heard about the news.

問題３　聡太（Sota）と留学生のジェーン（Jane）が会話をします。そのあとで会話について３つの質問をします。それらの質問に対する答えとして最も適切なものを，それぞれ**ア**，**イ**，**ウ**，**エ**の中から**１つ**選んで，その記号を**解答用紙**に書きなさい。

１番　**ア**　To see his family member.
イ　To clean the beach.
ウ　To study English.
エ　To stay with Jane’s family.

２番　**ア**　Sota should study English with his sister.
イ　Sota should talk more with his father.
ウ　Sota shouldn’t go swimming in the sea.
エ　Sota shouldn’t walk along the beach.

３番　**ア**　He can visit a lot of famous places with his family.
イ　He can learn how to swim in the cold weather.
ウ　He can have a good time without watching the sea.
エ　He can talk with his family and watch the beautiful sea together.

K 教英出版

問題4　ジャック（Jack）と彩（Aya）が会話をします。二人の会話は，問題用紙に示されている順に進み，ジャックが彩に質問をします。彩になったつもりで，［　　　　］に入る適切な発言を考えて，**英語**で**解答用紙**に書きなさい。会話の［　　　　］のところでは，チャイム音が鳴ります。

Jack:　・・・・・・・・・・・・・・・・
Aya:　・・・・・・・・・・・・・・・・
Jack:　・・・・・・・・・・・・・・・・
Aya:　［　　（チャイム音）　　］

第一問（放送によるテスト）は，ここまでです。

第　二　問　次の１～３の問いに答えなさい。

１　次の⑴～⑶の二人の会話が成立するように，（　　　）に入る最も適切なものを，それぞれあとのア～エから**１つ**選び，記号で答えなさい。

⑴ *Kelly:*　(　　　　) you late for school yesterday?
Nana:　Yes. I had to go to the hospital.
ア　Did　　イ　Could　　ウ　Would　　エ　Were

⑵ *John:*　Who is the tall boy over there?
Kei:　He is my brother, Kazuyuki. Everyone calls (　　　　) Kazu.
ア　his　　イ　him　　ウ　we　　エ　our

⑶ *Tom:*　Let's watch a movie at my house this evening.
Naoya:　Sorry, Tom. I need to take care (　　　　) my dog.
ア　after　　イ　on　　ウ　of　　エ　in

2　次の(1)，(2)の二人の会話が成立するように，（　　　）に入る適切な**英語**を，それぞれ**1語**書きなさい。ただし，答えはすべて（　　　）内に示された文字で書き始めなさい。

(1)　*Child:*　Mom, I'm hungry. Can I eat this apple?
　　Mother:　Yes. Have you (w　　　) your hands?

(2)　*Hayato:*　You have visited many countries, right?
　　Steven:　Yes. For (e　　　), I've visited France, Spain and India.

3　次の(1)，(2)の二人の会話が成立するように，（　　　）内の語句を正しい順に並べかえ，(1)はア～エ，(2)はア～オの記号で答えなさい。ただし，文頭にくる語も小文字で示しています。

(1)　*Yumi:*　Nancy, if it's sunny tomorrow, let's take a walk in the park. It'll be fun.
　　Nancy:　Sounds interesting. (ア　do　イ　time　ウ　you　エ　what) want me to get to the park?

(2)　*David:*　Akito, look at those cherry blossoms!
　　Akito:　They are beautiful. I (ア　of　イ　like　ウ　all　エ　the best　オ　spring) seasons.

第　三　問　次の英文は，中学生の友美（Tomomi）が，英語の授業でスピーチをしたときのものです。この英文を読んで，あとの1～5の問いに答えなさい。

I moved to this town just after summer vacation. I didn't know anyone in this school, so I wanted to make friends. I tried to talk to my classmates on my first day of this school, but ①I couldn't. I was too nervous to talk to them. I felt lonely and sad.

After school on that day, Mr. Saito, my homeroom teacher, came to me. He said, "Tomomi, you look sad. If you're worried about something, you can always talk to me." I was glad to hear that and wanted to tell him about my feelings. However, it was difficult for me. Then he said, "When you can't talk about your feelings, I want you to write about them in a notebook. If you write about what happened to you and how you felt about it, you can sort your feelings out."

After talking with Mr. Saito, I saw one of my classmates. She said, "See you, Tomomi." I was happy to hear that, but I couldn't say anything. I felt bad for her, but I didn't know what to do. That night, I remembered Mr. Saito's advice. I opened my notebook and started to write about what happened to me and how I felt about it. When I finished writing, I realized one thing. She called my name, but I didn't know ②hers. I wanted to make friends in the classroom, but I didn't even try to learn about my classmates. Then I found what I should do. I decided to talk to her and ask her name.

令和４

第４時
英　語

英語「放送によるテスト」台本

※教英出版注
音声は，解答集の書籍ＩＤ番号を教英出版ウェブサイトで入力して聴くことができます。

これから，**第一問**の放送によるテストを行います。放送を聞いて**問題１**から**問題４**に答えなさい。放送中に問題用紙にメモをとってもかまいません。

問題１，英語を聞いて，その内容を最も適切に表しているものを，それぞれ**ア**，**イ**，**ウ**，**エ**の中から**１つ**選んで，その記号を**解答用紙**に書きなさい。英語は，それぞれ**２回**放送されます。では，始めます。

１番　I didn’t have bread to make some sandwiches. So I made two rice balls.

（この間約 4 秒）

繰り返します。

I didn’t have bread to make some sandwiches. So I made two rice balls.

（この間約 4 秒）

２番　I usually have a piano class on Tuesday, but it will be on Thursday next week.
I can go to watch a soccer game next Tuesday.

（この間約 4 秒）

繰り返します。

I usually have a piano class on Tuesday, but it will be on Thursday next week.
I can go to watch a soccer game next Tuesday.

（この間約 7 秒）

次の問題に移ります。ページをめくり，２ページに進んでください。

（この間約 4 秒）

問題２，太郎（Taro）とサリー（Sally）が会話をします。二人の会話は，問題用紙に示されている順に進みます。空欄に入る発言として最も適切なものを，それぞれ**ア**，**イ**，**ウ**，**エ**の中から**１つ**選んで，その記号を**解答用紙**に書きなさい。会話の空欄のところでは，チャイム音（チャイム音）が鳴ります。会話は，それぞれ**２回**放送されます。では，始めます。

１番
Taro:　You’re wearing a nice T-shirt.
Sally:　Thank you, Taro.
Taro:　Where did you get it?
Sally:　（チャイム音）

（この間約 4 秒）

繰り返します。

Taro:　You’re wearing a nice T-shirt.
Sally:　Thank you, Taro.
Taro:　Where did you get it?
Sally:　（チャイム音）

（この間約 4 秒）

2番 *Taro:* Hi, Sally. You look happy today.
Sally: Actually, I have good news for us.
Taro: What is it?
Sally: (チャイム音)
(この間約 4 秒)

繰り返します。
Taro: Hi, Sally. You look happy today.
Sally: Actually, I have good news for us.
Taro: What is it?
Sally: (チャイム音)
(この間約 7 秒)

次に**問題3**に移ります。聡太（Sota）と留学生のジェーン（Jane）が会話をします。そのあとで会話について3つの質問をします。それらの質問に対する答えとして最も適切なものを，それぞれ**ア**，**イ**，**ウ**，**エ**の中から**1つ**選んで，その記号を**解答用紙**に書きなさい。はじめに会話，続いて質問の順で，**2回**放送されます。では，始めます。

Sota: Jane, guess what! I'm going to go to Australia this summer.
Jane: That's nice!
Sota: My sister is studying English in Sydney. My father and I are going to see her.
Jane: I see. I hope you enjoy your stay.
Sota: Thanks. I want to spend a lot of time with my sister there. Now I'm planning to go swimming in the sea with her.
Jane: I think you shouldn't do that. It's so cold that you can't swim. It will be winter when you are in Sydney.
Sota: Oh, that's too bad. I wanted to swim because Sydney is famous for its beautiful sea.
Jane: Well, how about walking along the beach? You can enjoy talking with your sister and watching the beautiful sea. I think your father also wants to talk with your sister a lot.
Sota: I like your idea! We can talk together and watch the beautiful sea at the same time. Thanks, Jane.

続いて質問に移ります。

1番 Why is Sota going to go to Sydney?
(この間約 4 秒)

2番 What does Jane say about Sota's plan in Sydney?
(この間約 4 秒)

3番 Why does Sota like Jane's idea?
(この間約 7 秒)

会話を繰り返します。

Sota: Jane, guess what! I'm going to go to Australia this summer.

Jane: That's nice!

Sota: My sister is studying English in Sydney. My father and I are going to see her.

Jane: I see. I hope you enjoy your stay.

Sota: Thanks. I want to spend a lot of time with my sister there. Now I'm planning to go swimming in the sea with her.

Jane: I think you shouldn't do that. It's so cold that you can't swim. It will be winter when you are in Sydney.

Sota: Oh, that's too bad. I wanted to swim because Sydney is famous for its beautiful sea.

Jane: Well, how about walking along the beach? You can enjoy talking with your sister and watching the beautiful sea. I think your father also wants to talk with your sister a lot.

Sota: I like your idea! We can talk together and watch the beautiful sea at the same time. Thanks, Jane.

続いて質問に移ります。

1番 Why is Sota going to go to Sydney?

（この間約 4 秒）

2番 What does Jane say about Sota's plan in Sydney?

（この間約 4 秒）

3番 Why does Sota like Jane's idea?

（この間約 9 秒）

次に**問題4**に移ります。ジャック（Jack）と彩（Aya）が会話をします。二人の会話は，問題用紙に示されている順に進み，ジャックが彩に質問をします。彩になったつもりで，空欄に入る適切な発言を考えて，**英語**で**解答用紙**に書きなさい。会話の空欄のところでは，チャイム音（チャイム音）が鳴ります。会話を**2回**放送したあとに，答えを記入する時間をとります。では，始めます。

Jack: Aya, it will be rainy tomorrow.

Aya: Then I can't go to the mountain. I will stay home tomorrow.

Jack: What are you going to do?

Aya: (チャイム音)

（この間約 3 秒）

繰り返します。

Jack: Aya, it will be rainy tomorrow.

Aya: Then I can't go to the mountain. I will stay home tomorrow.

Jack: What are you going to do?

Aya: (チャイム音)

（この間約 15 秒）

これで放送によるテストを終わります。次の問題に移ってください。

The next morning, I saw the girl near our school. I was still nervous, but I knew what I should do then. I said to her, "Hi! Thank you for talking to me yesterday. Can I ask your name?" Her name was Masako. We walked to school together and talked a lot. I made my first friend in this school.

From this experience, I learned that writing about my feelings is an effective way to sort them out. By sorting my feelings out, I could see my problem from a different viewpoint. It helped me find what to do to solve the problem. When you have a problem, I want you to remember my speech.

＜注＞ move(d)　引っ越す　　lonely　さびしい　　homeroom teacher　担任の先生
worried about～　～を心配して　　sort(ing)～out　～を整理する
felt bad ← feel bad　申し訳なく思う　　advice　助言　　realize(d)～　～に気がつく
viewpoint　視点

1　下線部①のような状況になった理由を，具体的に**日本語**で書きなさい。

2　次の質問に対する答えを，本文の内容に合うように**英語**で書きなさい。
What did Mr. Saito want Tomomi to do when she couldn't talk about her feelings?

3　下線部②が示す内容として最も適切なものを，次の**ア**～**エ**から**1**つ選び，記号で答えなさい。
ア　her advice　　**イ**　her classroom　　**ウ**　her notebook　　**エ**　her name

4　次の**ア**～**オ**を友美のスピーチの流れに合うように並べかえ，記号で答えなさい。
ア　Tomomi made a new friend in the new school.
イ　Tomomi felt bad because she couldn't talk to the girl.
ウ　Tomomi wrote about how she felt in a notebook.
エ　Mr. Saito gave advice to Tomomi because she looked sad.
オ　Tomomi didn't have any friends on her first day of school.

5　次の英文は，友美のスピーチを聞いたクラスメートが書いた感想文です。本文の内容をふまえて，［　　　　　］に入る最も適切な**ひとつづきの英語4語**を，本文中から抜き出して書きなさい。

Tomomi's speech was good. From her speech, I learned one thing. It is important to write about my feelings and sort them out when I have a problem. By doing so, I will find ［　　　　　］.

第 四 問 次の英文は，中高生にさまざまな職業を紹介するウェブサイトに掲載されていたものです。これらの英文を読んで，あとの**1**～**4**の問いに答えなさい。

Emma

I work at a toy company in America. I make stuffed animals there. I like to make things with my hands, so I enjoy this job. I learned something interesting about my job. Police officers in my city carry stuffed animals in their patrol cars for small children. ①They are used because small children may be afraid of police officers. Even when children are crying, stuffed animals can make children relieved. I didn't know about this. I also learned that all the patrol cars in my city carry the stuffed animals my company made. The stuffed animals that I make connect the police officers and the children in my city and make them happy. I'm so proud of my job.

Bob

I started working as a chef five years ago. My restaurant is in a small town of the U.K. It is different from other restaurants. At my restaurant, I use the vegetables that local farmers can't sell because of their strange shapes. One day, one of the local farmers said to me, "Thank you for using my vegetables. I'm happy because I'm always working hard to grow them. They don't look good, but they taste good." When I heard this, I also felt happy. I'm supporting the local farmers through my job, and ②I'm also supported by them. I can make delicious food by using their vegetables for my customers. I'm glad to see the happy faces of both the local farmers and my customers.

Lily

When I was a student, I worked as a volunteer for blind people. I read books aloud for them. I still remember the first person I helped. She didn't look happy when I was reading a book aloud. Later, I recorded my voice and listened to it. Then I found that I was speaking too fast and my voice was small. The story I read aloud was interesting, but it didn't sound interesting. I understood why she wasn't happy. To improve my reading, I started to practice reading books aloud. Now I work at a company that makes audiobooks in Canada. I've been working for 15 years, but I still practice reading stories aloud every day to be a good reader. I believe that blind people can feel happy when they listen to their favorite audiobooks.

＜注＞ stuffed animal(s) 動物のぬいぐるみ　patrol car(s) パトカー
afraid of～ ～を恐れて　relieved 安心した　connect～ ～を結びつける
proud of～ ～を誇りに思って　volunteer ボランティア
blind 目の不自由な　aloud 声に出して　record(ed)～ ～を録音する
audiobook(s) オーディオブック。本の朗読を録音したもの。　reader 朗読者

1 下線部①が示す内容として最も適切なものを，次の**ア**～**エ**から**1**つ選び，記号で答えなさい。

ア small children　**イ** stuffed animals　**ウ** police officers　**エ** patrol cars

2 下線部②のようにボブ（Bob）が考える理由を，本文の内容から具体的に**日本語**で書きなさい。

3 次の(1)，(2)の質問に対する答えを，本文の内容に合うように**英語**で書きなさい。

(1) Why does Emma enjoy her job at the company?

(2) What did Lily find when she recorded her voice and listened to it?

4 次の英文は，このウェブサイトを見たパウロ（Paulo）と春香（Haruka）の会話です。本文の内容をふまえて，あとの(1)～(4)の問いに答えなさい。

Paulo: These stories gave me a chance to think about my future job.

Haruka: I agree. I'm interested in Emma's job because I like making clothes with my hands.

Paulo: She didn't know that her stuffed animals were used by police officers. I learned our job may be （ Ⓐ ） to someone we never imagine.

Haruka: That's true. I was interested in Bob's way of working. He thinks about not only （ Ⓑ ） but also （ Ⓒ ）.

Paulo: That's right. I learned an important thing from Lily's story. We should do our best to improve our job skills. Lily does it by [Ⓓ].

Haruka: These three people have different jobs, but they're sending us the same message, "[Ⓔ]."

＜注＞ chance 機会　job skill(s) 仕事の技能

(1) （ Ⓐ ）に入る最も適切なものを，次のア～エから１つ選び，記号で答えなさい。

ア famous　イ popular　ウ helpful　エ difficult

(2) （ Ⓑ ），（ Ⓒ ）に入る語句の組み合わせとして最も適切なものを，次のア～エから１つ選び，記号で答えなさい。

ア Ⓑ his restaurant — Ⓒ other restaurants

イ Ⓑ his customers — Ⓒ local farmers

ウ Ⓑ his customers — Ⓒ other restaurants

エ Ⓑ other restaurants — Ⓒ local farmers

(3) [Ⓓ] に入る最も適切なものを，次のア～エから１つ選び，記号で答えなさい。

ア talking with her customers

イ practicing reading stories aloud every day

ウ writing her own stories

エ listening to interesting stories

(4) [Ⓔ] に入る最も適切なものを，次のア～エから１つ選び，記号で答えなさい。

ア It is necessary to make things with our hands

イ We should start a new company for local people

ウ Working as a volunteer will be a good experience

エ Our jobs can make other people happy

第 五 問 高校生の果歩（Kaho）と，果歩の高校に留学しているマイク（Mike）が，次のような会話をしています。この英文を読んで，あとの１，２の問いに答えなさい。

Kaho:	A new exchange student is going to come to our class next month.
Mike:	I know! Her name is Alice, right? I'm very excited.
Kaho:	Do you know anything about her?
Mike:	Yes, a little. I heard about her from our English teacher. She is interested in Japanese culture.
Kaho:	[①]
Mike:	She likes Japanese comics. So she studies Japanese.
Kaho:	Oh, really? Then, let's have a welcome party for her.
Mike:	That will be nice. Kaho, what do you want to do for her at the party?
Kaho:	[②]

＜注＞ exchange student 交換留学生

１ 二人の会話が成立するように，本文中の [①] に入る**英語**を**１文**書きなさい。

２ 二人の会話が成立するように，本文中の [②] に**３文以上**の**英語**を書きなさい。

令和４年度 **第４時** 英語解答用紙

（灰色の欄）の欄には，記入しないこと。

第一問

/25

			配点
問題１	１番		/3
	２番		/3
問題２	１番		/3
	２番		/3
問題３	１番		/3
	２番		/3
	３番		/3
問題４			/4

第二問

/20

			配点
1	(1)		/2
	(2)		/2
	(3)		/2
2	(1)		/3
	(2)		/3
3	(1)	→ → →	/4
	(2)	→ → → →	/4

第三問

/18

		配点
1		/4
2		/4
3		/3
4	→ → → →	/4
5		/3

受験番号	

令和４年度
公立高等学校入学者選抜

学力検査
理　　科

（第５時　14：10～15：00）

注　　　意

1 「始め」の合図があるまで，開いてはいけません。

2 解答用紙は，この表紙の裏面になります。

3 「始め」の合図があったら，この表紙を取り外し，表裏それぞれの面に受験番号を記入してから，解答用紙が表になるように折り返しなさい。

4 問題は，８ページまであります。

5 問題は，第一問から第五問まであります。

6 答えは，全て解答用紙に書き入れなさい。

7 「やめ」の合図で，すぐ鉛筆をおきなさい。

/16

第　四　問

1		/3
2	[cm]	/3
3	[図] 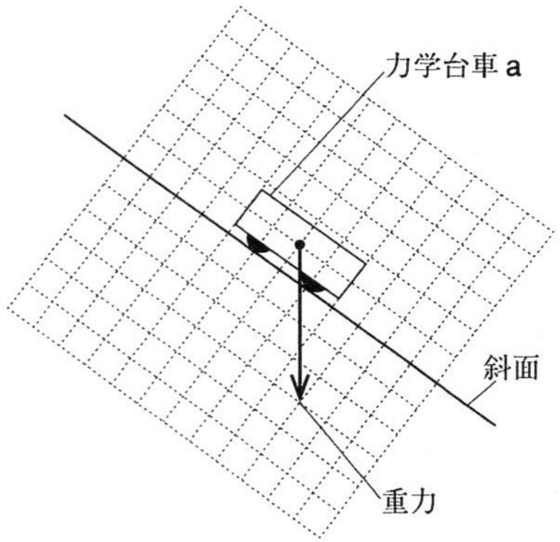	/3
4		/3
5	[cm]	/4

/16

第　五　問

1		/3
2		/3
3	[図] 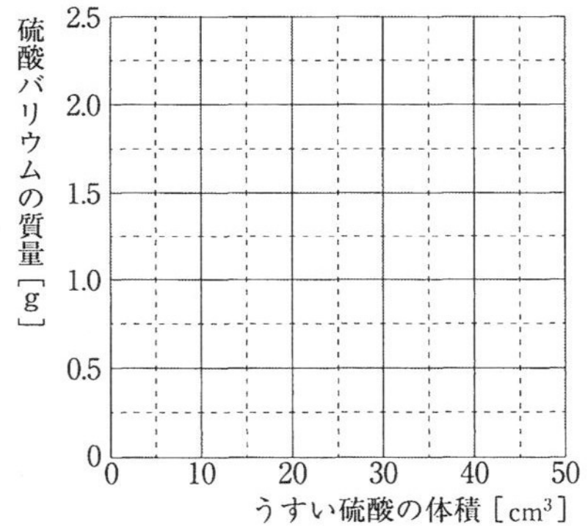	/3
4		/3
5	[g]	/4

※100点満点

受験番号		得点	

理科

2022(R4) 宮城県公立高

K 教英出版

令和４年度

公立高等学校入学者選抜学力検査問題

理　　科

第　一　問　次の**1**～**3**の問いに答えなさい。

1　**図1**は，ヒトの血液が体内を循環する経路を模式的に表したものです。あとの(1)～(3)の問いに答えなさい。

図1

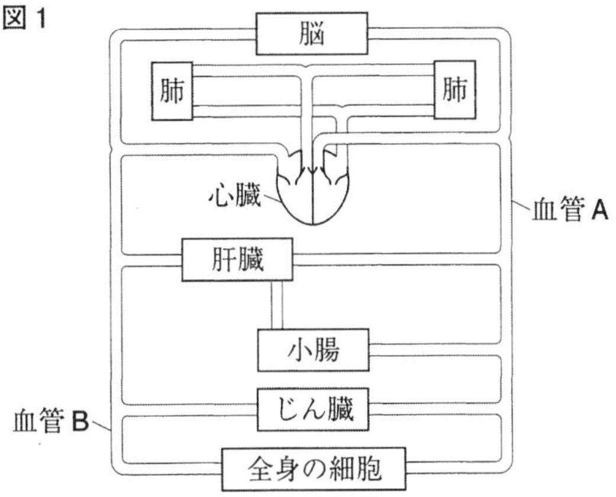

(1)　**図1**の**血管A**を流れる，酸素を多くふくむ血液を何というか，答えなさい。

(2)　さまざまな物質をふくむ血液が，体内を循環することで，物質は器官に運ばれます。血液にふくまれる物質と，器官のはたらきについて述べたものとして，最も適切なものを，次の**ア**～**エ**から**1つ**選び，記号で答えなさい。

ア　血小板中のヘモグロビンと結びついた酸素は，脳に運ばれ，細胞内で使われる。
イ　血液にふくまれる二酸化炭素は，肝臓に運ばれ，無害なアンモニアに変わる。
ウ　小腸で吸収された食物中の繊維は，肝臓に運ばれ，たくわえられる。
エ　尿素などの不要な物質は，じん臓に運ばれ，血液中からとり除かれる。

(3)　**図1**の**血管B**には，ところどころに弁があります。この弁のはたらきを，簡潔に述べなさい。

2　宮城県に住む久美さんは，理科の学習の中で，自然と人間とのかかわりについて調べており，インターネットを利用して，伊豆大島に住む佐藤さんに質問しています。下の［　　　　］は，久美さんと佐藤さんの会話です。あとの(1)～(3)の問いに答えなさい。

久美さん

伊豆大島には，現在も活動を続ける火山がありますが，伊豆大島に住む方々の生活は，火山とどのようなかかわりがありますか。

佐藤さん

伊豆大島は，島全体が火山です。温泉は観光資源として，また，島に広く分布する，火成岩である玄武岩は，建材として活用されています。このように，火山の恵みを利用する一方，噴火により自然災害が発生し，被害を受けることもあります。

久美さん

伊豆大島では，自然災害に備えて，何か取り組んでいることがありますか。

佐藤さん

伊豆大島では，火山の特徴に加えて，島の地形や気象の特徴を調べ，ご覧のようなハザードマップを作成しています。さまざまな自然災害に備えるために，火山の特徴を理解し，ハザードマップを活用して，被害を減らすための計画を考えています。

佐藤さんが示したハザードマップの一部

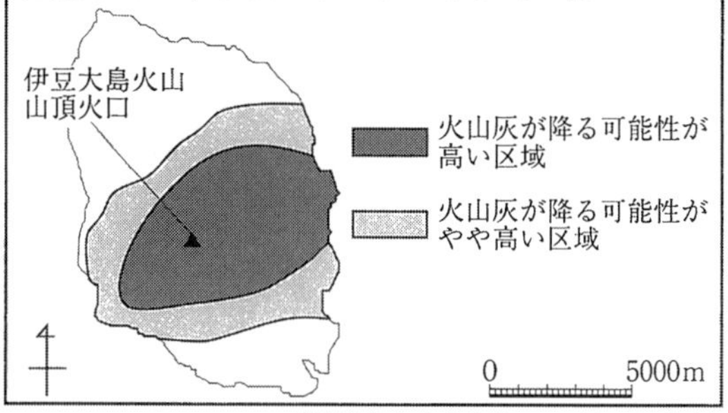

（「伊豆大島火山防災マップ」より作成）

(1)　下線部の玄武岩のように，マグマが地表付近まで運ばれ，地表や地表付近で短い時間で冷えて固まった火成岩を何というか，答えなさい。

(2)　下線部の玄武岩が，伊豆大島に広く分布していることから，伊豆大島火山から噴出した火山灰の特徴がわかります。火山灰にふくまれる鉱物の特徴と，火山灰の色の組み合わせとして，最も適切なものを，次のア～エから１つ選び，記号で答えなさい。

ア　角張った鉱物が多い　－　白っぽい　　　**イ**　丸みを帯びた鉱物が多い　－　白っぽい
ウ　角張った鉱物が多い　－　黒っぽい　　　**エ**　丸みを帯びた鉱物が多い　－　黒っぽい

(3)　次の文章は，久美さんたちの会話とハザードマップをもとにして，伊豆大島火山の火山活動にともなって発生する可能性がある，自然災害について述べたものです。内容が正しくなるように，①のア，イ，②のウ，エからそれぞれ１つ選び，記号で答えなさい。

伊豆大島火山の地下にあるマグマのねばりけは①（ア　弱い　イ　強い）ため，溶岩流が火山の斜面に沿って流れ，火口から離れたところまで，広がる可能性がある。また，伊豆大島の上空には，②（ウ　北西や南東　エ　北東や南西）の風がふくことが多く，島の北部や南部と比べて，東部や西部には，火山灰が降り積もる可能性が高い。

3 ダニエル電池をつくり，抵抗器に加わる電圧と，電極のようすを調べた**実験**について，あとの(1)～(6)の問いに答えなさい。

〔 **実験** 〕

1 ビーカーに，5％の硫酸亜鉛水溶液と亜鉛板を入れた。

2 透析用セロハンチューブの片方を結んで閉じたものに，5％の硫酸銅水溶液と銅板を入れた。

3 **図2**のように，2の透析用セロハンチューブを，1のビーカーの中の硫酸亜鉛水溶液に入れ，発泡ポリスチレンの板を使って2つの金属板を立てた。

4 **図3**のように，3の金属板，40Ωの抵抗器，電圧計を導線でつなぎ，ダニエル電池をつくった。①電圧計の針はつねに＋《プラス》側にふれ，②電圧計の値は1.0Ｖを示した。しばらくした後，③銅板には赤い物質が付着した。

図2

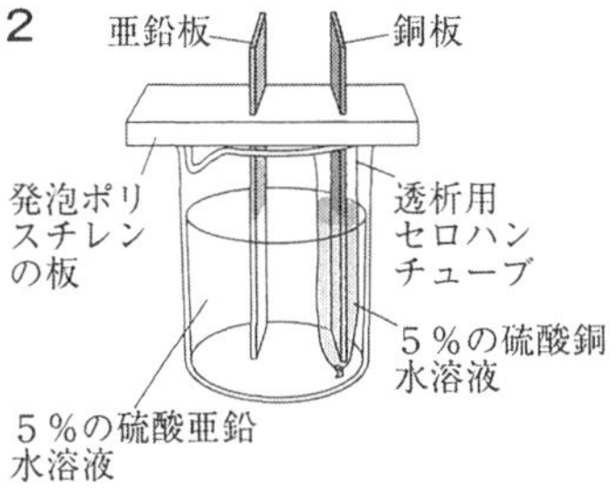

図3

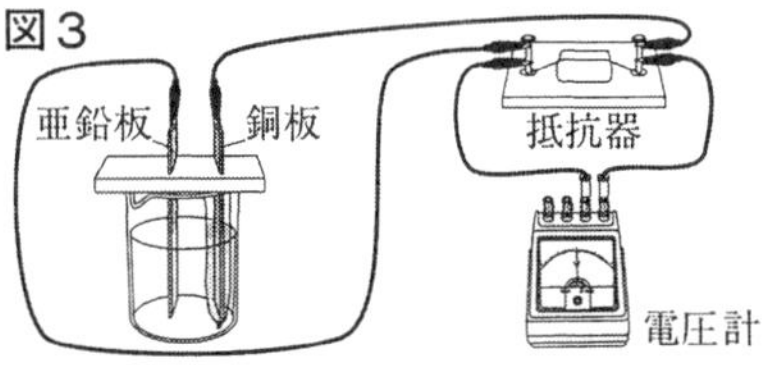

(1) 硫酸銅水溶液における水のように，物質をとかしている液体を溶媒といいますが，硫酸銅水溶液における硫酸銅のように，溶液にとけている物質を何というか，答えなさい。

(2) 下線部①のようになったのは，**図3**の回路を流れた電流の向きが変わらなかったためです。このように，一定の向きに流れる電流を何というか，答えなさい。

(3) **図3**の回路を流れた電流について述べたものとして，正しいものを，次の**ア**～**エ**から**1つ**選び，記号で答えなさい。

ア ＋極である亜鉛板から，導線や抵抗器を通って，－《マイナス》極である銅板に流れた。
イ ＋極である銅板から，導線や抵抗器を通って，－極である亜鉛板に流れた。
ウ －極である亜鉛板から，導線や抵抗器を通って，＋極である銅板に流れた。
エ －極である銅板から，導線や抵抗器を通って，＋極である亜鉛板に流れた。

(4) 次の［　　　　］は，4で，ダニエル電池によって外部に電気エネルギーをとり出したときの，エネルギーの変換を表したものです。（　　　）に入る語句として，最も適切なものを，次の**ア**～**エ**から**1つ**選び，記号で答えなさい。

ア 光　　**イ** 弾性
ウ 化学　　**エ** 熱

（　　　）エネルギー　→　電気エネルギー

(5) 下線部②のとき，回路を流れた電流の大きさは何Ａか，求めなさい。

(6) 下線部③の赤い物質を集め，薬品さじでこすると，金属光沢が見られたことから，赤い物質は銅であることがわかりました。銅板に銅が付着した理由について述べたものとして，最も適切なものを，次の**ア**～**エ**から**1つ**選び，記号で答えなさい。

ア 硫酸銅水溶液中の銅イオンが，陽子を失って銅となったから。
イ 硫酸銅水溶液中の銅イオンが，電子を失って銅となったから。
ウ 硫酸銅水溶液中の銅イオンが，陽子を受けとって銅となったから。
エ 硫酸銅水溶液中の銅イオンが，電子を受けとって銅となったから。

第　二　問　誠さんと恵さんは，理科の授業で，植物に出入りする二酸化炭素の量について疑問をもち，**仮説**を立て，**調べ方**を考えて，**実験**を行いました。あとの**1**～**5**の問いに答えなさい。

〔**仮説**〕

植物は常に呼吸を行うので，植物を入れた密閉容器内の二酸化炭素の量は，植物が光合成を行うと変わらず，光合成を行わないと増えるだろう。

図1

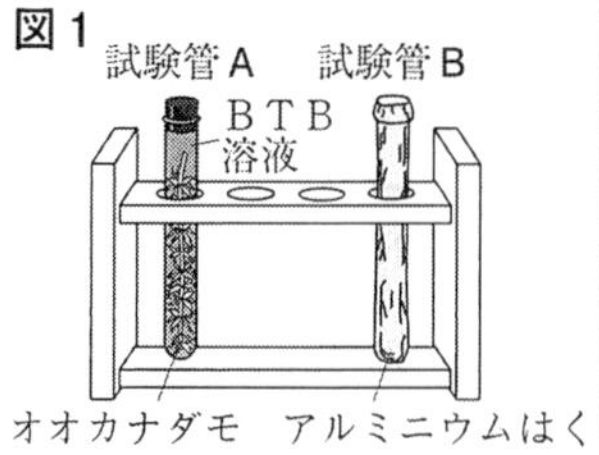

〔**調べ方**〕

1　青色のＢＴＢ溶液に，二酸化炭素を吹きこみ，緑色にする。

2　**図1**のように，1のＢＴＢ溶液と，同じ長さに切ったオオカナダモを試験管**A**，**B**に入れ，ゴム栓で密閉し，光合成を行わないように，試験管**B**の全体をアルミニウムはくで包む。

3　暗室で，**図2**のように，2の試験管**A**，**B**に，１m離れた地点から電球の光を当てる。１時間後，ＢＴＢ溶液の色の変化を観察する。

図2

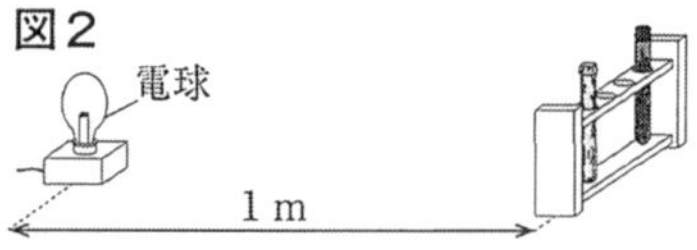

〔**実験**〕**調べ方**をもとに操作と観察を行い，その結果を**表**にまとめた。

表

	ＢＴＢ溶液の色
試験管**A**	青色に変化した
試験管**B**	黄色に変化した

1　植物の細胞の中にある，光合成を行う緑色の粒を何というか，答えなさい。

2　**調べ方**で，誠さんたちは，気体の二酸化炭素がもつ性質をもとにして，溶液中の二酸化炭素の増減を調べようとしました。気体の二酸化炭素がもつ性質のうち，**実験**で，誠さんたちが利用した性質として，最も適切なものを，次の**ア**～**エ**から**1つ**選び，記号で答えなさい。

ア　空気よりも重い。　　**イ**　石灰水を白くにごらせる。
ウ　ものを燃やすはたらきがない。　　**エ**　水にとけると酸性を示す。

3　誠さんたちが立てた**仮説**が正しい場合に予想される，試験管**A**，**B**に入れたＢＴＢ溶液の色の変化について述べたものとして，最も適切なものを，次の**ア**～**エ**から**1つ**選び，記号で答えなさい。

ア　試験管**A**は変化せず，試験管**B**は青色に変化する。　　**イ**　試験管**A**，**B**ともに青色に変化する。
ウ　試験管**A**は変化せず，試験管**B**は黄色に変化する。　　**エ**　試験管**A**，**B**ともに黄色に変化する。

4　**実験**の結果から考えられることについて述べた次の文章の内容が正しくなるように，①の**ア**，**イ**，②の**ウ**，**エ**，③の**オ**，**カ**からそれぞれ**1つ**選び，記号で答えなさい。

試験管**A**では，植物から放出された二酸化炭素の量より，植物に吸収された二酸化炭素の量の方が①（**ア**　多かった　**イ**　少なかった）と考えられる。試験管**B**では，植物が②（**ウ**　光合成　**エ**　呼吸）を行わず，二酸化炭素は③（**オ**　吸収　**カ**　放出）されるのみだったと考えられる。

5　下の［　　　］は，**実験**をふり返ったときの，先生と誠さんたちの会話です。

先生　：**実験**で，<u>ＢＴＢ溶液の色の変化が，植物のはたらきによることを</u>，確かめられたかな。
誠さん：**実験**をふり返ると，植物のはたらきによるものかは，確かめられなかったと思います。
恵さん：そうだね。では，どうすれば，確かめられるだろう。

誠さんたちは，下線部について確かめるために，試験管**C**を準備し，１つの条件以外を同じにして対照実験を行うことにしました。**調べ方**で準備した試験管**A**の条件に対して変える，試験管**C**の条件と，期待される，試験管**C**のＢＴＢ溶液の色の観察結果を，それぞれ簡潔に述べなさい。

教英出版

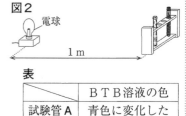

第　三　問　宮城県内のある地点において，同じ年の夏至の日と秋分の日の太陽の動きを調べた**観察**について，あとの**1**～**4**の問いに答えなさい。

〔 **観察** 〕 夏至の日と秋分の日の８時から15時まで，１時間ごとに太陽の位置を観察し，その位置を●印で透明半球に記録した。**図１**のように，●印をなめらかな曲線で結び，この曲線を透明半球のふちまで延長して，透明半球上に太陽の通り道をかいた。さらに，夏至の日の曲線と透明半球のふちとの東側の交点を**X**点，夏至の日の８時の太陽の位置を**A**点とした。

図１

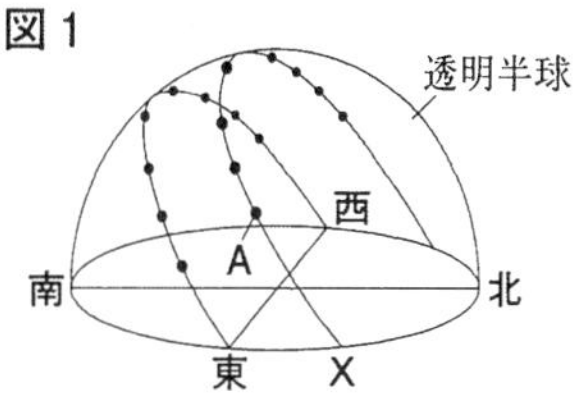

1　太陽などの天体は，地球から天体までの距離が非常に遠いため，観測者を中心とした大きな球体の天井にはりついているように見えます。この見かけ上の球体の天井を何というか，答えなさい。

2　**観察**の結果について説明した次の文章の内容が正しくなるように，①の**ア**，**イ**，②の**ウ**，**エ**からそれぞれ**１つ**選び，記号で答えなさい。

透明半球上で，●印は東から西に向かうように記録された。これは，地球が①（**ア**　西から東　**イ**　東から西）へ自転しているためである。また，夏至の日と秋分の日の南中時刻が，12時より②（**ウ**　前　**エ**　後）だったのは，観測地点が兵庫県明石市より東に位置するためである。

3　**図１**で，**A**点と**X**点の間の弧の長さは8.7cm，夏至の日の，１時間ごとの●印の間の弧の長さは2.3cmでした。夏至の日の，日の出の時刻は，何時何分だったと考えられるか，最も適切なものを，次の**ア**～**エ**から**１つ**選び，記号で答えなさい。

ア　３時47分　　**イ**　４時13分　　**ウ**　４時47分　　**エ**　５時13分

4　**図２**は，**図１**の透明半球を東側から真横に見たものです。次の(1)，(2)の問いに答えなさい。ただし，**図２**では，**図１**にある●印を省略しています。

図２

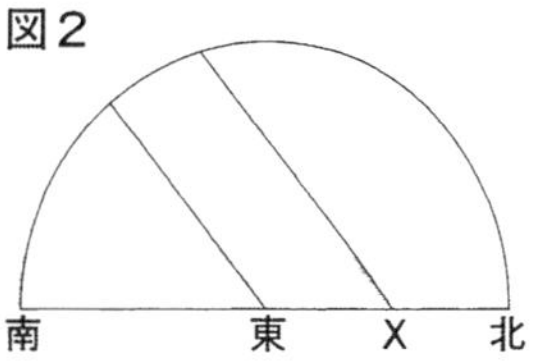

(1)　**図２**で，夏至の日から秋分の日にかけての，太陽の通り道の変化について述べたものとして，最も適切なものを，次の**ア**～**エ**から**１つ**選び，記号で答えなさい。

ア　南中高度は高くなり，日の出の位置は北寄りになっていった。
イ　南中高度は高くなり，日の出の位置は南寄りになっていった。
ウ　南中高度は低くなり，日の出の位置は北寄りになっていった。
エ　南中高度は低くなり，日の出の位置は南寄りになっていった。

(2)　現在，地球は，公転面に垂直な方向に対して地軸を23.4°傾けて公転しています。この地軸の傾きは，約４万年から５万年の周期で少しずつ変化しています。地軸の傾きが22°になったときの，夏至の日の太陽の通り道を，**図２**に太い点線（………）でかき入れたものとして，最も適切なものを，次の**ア**～**エ**から**１つ**選び，記号で答えなさい。ただし，**観察**と同じ地点で太陽の動きを調べ，地球の地軸の傾き以外の変化は考えないものとします。

ア

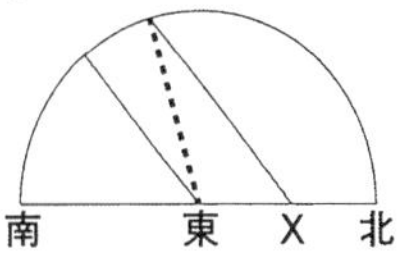

イ

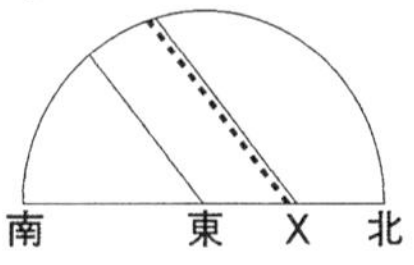

ウ

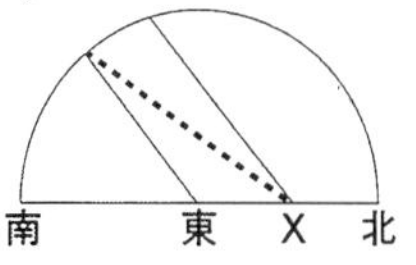

エ

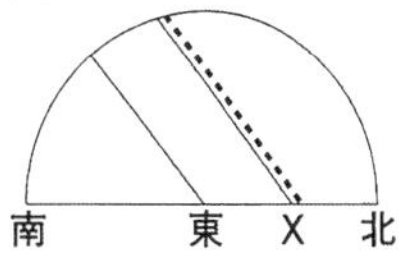

第　四　問　ばねに加わる力の大きさと，ばねののびとの関係について調べた**実験Ⅰ**，**Ⅱ**について，あとの**1**～**5**の問いに答えなさい。ただし，質量100ｇの物体にはたらく重力の大きさを１Ｎとし，ばねの質量や力学台車にはたらく摩擦は考えないものとします。

〔 **実験Ⅰ** 〕

[1]　**図１**のように，長さが10.0cmのばね**Ａ**を，スタンドに固定したつり棒につり下げた。

[2]　ばね**Ａ**の下端に，質量が50ｇのおもりを１個ずつつるしていき，つるすおもりを増やすたびに，ばね**Ａ**とおもりが静止した状態で，ばね**Ａ**ののびをものさしで測定した。

[3]　ばね**Ａ**を，長さが10.0cmのばね**Ｂ**にかえ，[2]と同様にして，ばね**Ｂ**ののびを測定した。

[4]　[2]と[3]の結果をもとに，ばね**Ａ**とばね**Ｂ**のそれぞれについて，ばねに加わる力の大きさとばねののびとの関係をグラフにまとめたところ，**図２**のようになった。

図１

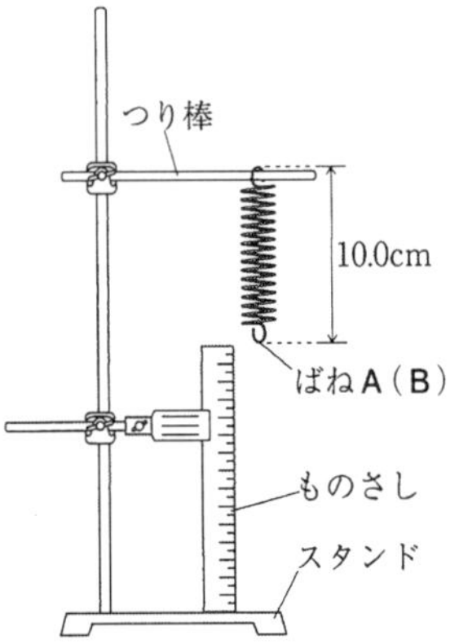

図２

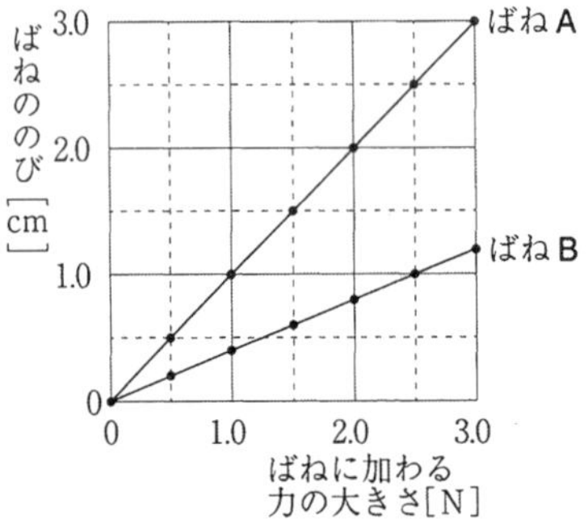

〔 **実験Ⅱ** 〕

[1]　**図３**のように，水平な台の上に置いた斜面上に質量が500ｇの力学台車**ａ**を置き，**実験Ⅰ**で使用したばね**Ａ**をつないで斜面に沿って上向きに引き，力学台車**ａ**を斜面上に静止させたとき，ばね**Ａ**の長さは13.0cmであった。

[2]　**図４**のように，水平な台の上に置いた，[1]と同じ傾きの斜面上に質量が1000ｇの力学台車**ｂ**を置き，**実験Ⅰ**で使用したばね**Ｂ**をつないで斜面に沿って上向きに引き，力学台車**ｂ**を斜面上に静止させたとき，ばね**Ｂ**の長さは12.4cmであった。

図３

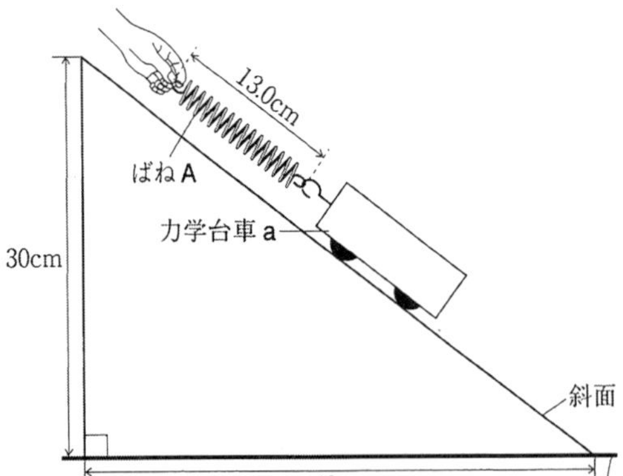

図４

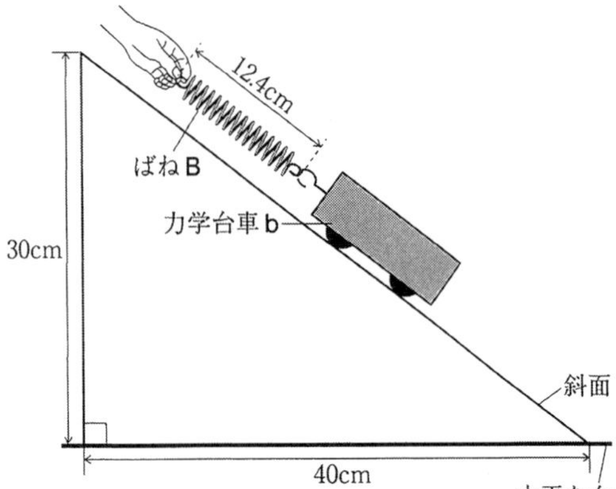

教英出版

1　**実験Ⅰ**で，ばねに力を加えるとばねがのびたことと共通する，力のはたらきによる物体のようすの変化について述べたものとして，最も適切なものを，次の**ア**～**エ**から**1つ**選び，記号で答えなさい。

ア　ボールを机の上にのせると，ボールは静止した。

イ　ボールを机におしつけると，ボールの形が変わった。

ウ　ボールを落とすと，ボールは速さを増しながら落下した。

エ　ボールを机の上で転がすと，ボールは少し転がって止まった。

2　**実験Ⅰ**の[3]で，ばね**B**に加わる力の大きさが3.0Nのとき，ばね**B**ののびは何cmか，求めなさい。

3　**図5**は，**実験Ⅱ**の[1]で，斜面上に置いた力学台車**a**にはたらく重力を，力の矢印で表したものです。力学台車**a**にはたらく重力を，斜面下向きの分力と斜面に垂直な分力に分解し，**解答用紙の図**に力の矢印で表しなさい。

図5

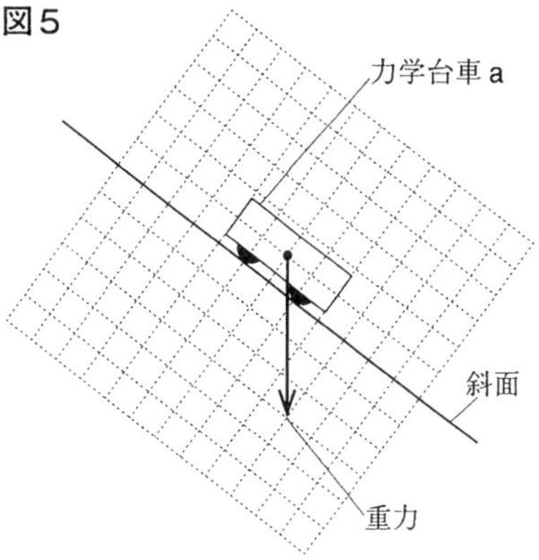

4　**実験Ⅱ**で，力学台車**a**にはたらく重力の斜面下向きの分力の大きさを**X**，力学台車**b**にはたらく重力の斜面下向きの分力の大きさを**Y**とします。**X**，**Y**の値について述べたものとして，正しいものを，次の**ア**～**エ**から**1つ**選び，記号で答えなさい。

ア　**図3**の斜面の傾きと**図4**の斜面の傾きは等しいため，**X**と**Y**は同じ値である。

イ　力学台車**a**と力学台車**b**は，どちらも斜面上に静止しているため，**X**と**Y**は同じ値である。

ウ　力学台車**b**の重さは，力学台車**a**の重さの2倍なので，**Y**は**X**の2倍の値である。

エ　ばね**B**ののびは，ばね**A**ののびの0.8倍なので，**Y**は**X**の0.8倍の値である。

5　**実験Ⅱ**の[1]の状態の力学台車**a**に，質量が100gのおもりを1個ずつ固定していき，固定するおもりを増やすたびに，力学台車**a**を斜面上に静止させ，ばね**A**の長さを測定します。また，**実験Ⅱ**の[2]の状態の力学台車**b**に，質量が200gのおもりを1個ずつ固定していき，固定するおもりを増やすたびに，力学台車**b**を斜面上に静止させ，ばね**B**の長さを測定します。このとき，力学台車**a**，**b**に固定したおもりが，それぞれある個数の場合に，ばね**A**ののびと，ばね**B**ののびが等しくなることがあります。このうちで，ばね**A**，**B**ののびが最も小さいとき，ばね**A**，**B**ののびは何cmか，求めなさい。

第 五 問　うすい塩化バリウム水溶液に，うすい硫酸を加えたときの変化を調べた**実験**について，あとの**1**～**5**の問いに答えなさい。

〔 **実験** 〕

[1]　ビーカーA，B，C，D，Eに，うすい塩化バリウム水溶液を同じ試薬びんから，50.0cm^{3}ずつはかりとった。

[2]　うすい硫酸を同じ試薬びんから，ビーカーAには10.0cm^3，ビーカーBには20.0cm^3，ビーカーCには30.0cm^3，ビーカーDには40.0cm^3，ビーカーEには50.0cm^{3}加え，十分に反応させると，ビーカーA～Eのそれぞれで硫酸バリウムの白色沈殿が生じた。

[3]　ビーカーA～Eのそれぞれの液をよくかき混ぜ，硫酸バリウムがビーカーに残らないようにろ過した。次に，それぞれのろ紙に残った硫酸バリウムをよく乾燥させ，硫酸バリウムだけの質量を測定した。

[4]　[3]の結果を，**表**にまとめた。

表

	ビーカーA	ビーカーB	ビーカーC	ビーカーD	ビーカーE
うすい硫酸の体積 [cm^3]	10.0	20.0	30.0	40.0	50.0
硫酸バリウムの質量 [g]	0.50	1.00	1.50	1.50	1.50

1　硫酸バリウムのように，2種類以上の原子でできている物質を，次の**ア**～**エ**から**1つ**選び，記号で答えなさい。

ア　水素　　**イ**　アンモニア　　**ウ**　硫黄　　**エ**　マグネシウム

2　**実験**における，塩化バリウムと硫酸の反応を化学反応式で表すとき，次の[①]にあてはまる化学式を答えなさい。

$$BaCl_2 + H_2SO_4 \longrightarrow 2\boxed{\ ①\ } + BaSO_4$$

3　**表**をもとに，加えたうすい硫酸の体積と生じた硫酸バリウムの質量との関係を表すグラフを，**解答用紙の図**にかき入れなさい。

4　**表**から，ビーカーC，D，Eのそれぞれに生じた硫酸バリウムの質量が等しいことがわかります。生じた硫酸バリウムの質量が等しくなった理由を，簡潔に述べなさい。

5　新たに準備したビーカーFに，[1]の試薬びんからうすい塩化バリウム水溶液を45.0cm^{3}はかりとりました。次に，[2]の試薬びんからうすい硫酸25.0cm^{3}をビーカーFに加え，十分に反応させました。このときに生じる硫酸バリウムの質量は何gか，求めなさい。

令和４年度

第５時　理科解答用紙

□の欄には，記入しないこと。

第一問

／36

		解答	配点
1	(1)		／3
	(2)		／3
	(3)		／3
2	(1)		／3
	(2)		／3
	(3)	①(　　　　) ②(　　　　)	／3
3	(1)		／3
	(2)		／3
	(3)		／3
	(4)		／3
	(5)	[A]	／3
	(6)		／3

第二問

／16

	解答	配点
1		／3
2		／3
3		／3
4	①(　　　　) ②(　　　　) ③(　　　　)	／3
5	[条件] [観察結果]	／4

第三問

／16

		解答	配点
1			／3
2		①(　　　　) ②(　　　　)	／3
3			／3
4	(1)		／3
	(2)		／4

2022(R4) 宮城県公立高
K 教英出版